Matthias Kreuzeder

Widerstand eines Zwerges

Gegen Bauern- und Handwerkersterben, Zerstörung von Natur und Heimat

Der Autor

Matthias (Hias) Kreuzeder,
geb. am 24. Februar 1949 als ältestes von zehn Geschwistern,
wuchs in Eham auf, einem kleinen Bauerndorf mit ehemals vier Höfen in der Stadtgemeinde Freilassing in Oberbayern, wo er noch heute lebt.
Kreuzeder ist seit 39 Jahren Biobauer. Er war von 1983 bis 1989 der erste grüne Stadtrat in Freilassing und von 1987 bis 1990 Mitglied des Deutschen Bundestags. Dort war er vier Jahre lang agrarpolitischer Sprecher seiner Fraktion. 1991 trat er aus der Partei der Grünen aus.
Kreuzeder ist Gründer und Vorsitzender des Vereins „Auferstehung der freien Bauern Russlands e.V." Er ist immer noch aktiver Bauer, geschieden und Vater von fünf Kindern.

Zweite Auflage November 2020

Coverbild: Uwe Kurenbach
Lektorat: Rainer Georg Zehentner
und Isabella Stockhammer
Buchgestaltung: Kenlly Zehentner Flores
Druck: OH Druck GmbH, 83410 Laufen

ISBN 978-3-928836-09-8

Dieses Buch wurde auf Blauer-Engel-Papier gedruckt,
welches zu 100 % aus Altpapier hergestellt ist.
Dadurch werden viele Ressourcen gespart,
die Wälder geschont und die Belastung der Umwelt reduziert.

ISBN 978-3-928836-09-8

Inhaltsverzeichnis

GELEITWORT

Ochsen sind keine Stiere

Ein freier und rebellischer Bauer blickt zurück

Mein jüngster Bruder hatte Ende der 1980er Jahre den verschuldeten Hof unserer Eltern übernommen und ein schweres Erbe angetreten. Denn um die Zukunft der landwirtschaftlichen Familienbetriebe war es schon damals schlecht bestellt, Tausende und Abertausende mussten infolge der katastrophalen deutschen und europäischen Agrarpolitik aufgeben. In Hamburg lief sogar ein Theaterstück mit dem trefflichen Titel „Bauernsterben".

Was sollte also mein Bruder tun? Konventionell bis zum Untergang weiterwursteln? Den Grund verpachten? Verkaufen? Auf ökologischen Landbau umstellen? Wir beschlossen seinerzeit, diese Fragen einer Reihe von Fachleuten, Funktionären des Bauernverbandes und Politikern zu stellen. Sogar der damalige Landwirtschaftsminister Ignaz Kiechle empfing uns. Aber seine Antworten fielen genauso unbrauchbar aus wie die aller anderen Gesprächspartner: weitermachen, durchhalten, investieren, Stall bauen. Ihre Empfehlung lautete unisono: wachse oder weiche!

Nur einer hatte ganz andere Vorschläge, ein kerniger Oberbayer, der für die Grünen im Bundestag saß: Matthias Kreuzeder, von allen Hias genannt. Er war in jenen Jahren vermutlich der bekannteste Biobauer Deutschlands. Unvergessen seine deftige Rede vor dem Hohen Haus, in der er im bayerischen Dialekt die skandalöse Landwirtschaftspolitik der Regierung anprangerte, die immer mehr kleine und mittlere Familienbetriebe in den Ruin trieb. Als ihn der Parlamentsstenograph ersuchte, auf Hochdeutsch fortzufahren, konterte Kreuzeder: „Es tut mir leid, wenn Sie kulturellen Nachholbedarf haben. Ich verstehe Hochdeutsch auch." Den Schluss seiner Rede habe ich noch in bester Erinnerung, es war eine Attacke gegen den obersten Agrarpolitiker Ignaz Kiechle: „Herr Minister, Sie sind für mich und meine Kollegen schlimmer als ein Hagelschlag kurz vor der Ernte." Da war endlich einmal ein Volksvertreter, ein Bauer, der Tacheles redete!

Wir trafen den Hias auf seinem Hof in Eham bei Freilassing, einem 25 Hektar großen Mischbetrieb, der schon damals ein Musterbeispiel biologischer Wirtschaftsweise war. Er produzierte gesunde Nahrungsmittel – Milch, Fleisch, Getreide – und verkaufte sie frei Hof. Direktvermarktung, wenig Fremdmittel, kein Einsatz von Kunstdünger, Pestiziden, Unkrautvernichtungsmitteln und Hormonspritzen, hieß sein einfaches Erfolgsrezept. Das war die Alternative, die er auch meinem Bruder ans Herz legte: „Mach' den Wahnsinn nicht mehr mit, stell' um auf biologischen Landbau." Und der folgte seinem Rat.

Als Bonn noch die Bundeshauptstadt war, bin ich Hias Kreuzeder zum ersten Mal begegnet. Er saß in einem kahlen Abgeordnetenbüro im Hochhaus Tulpenfeld, schmauchte eine Pfeife und wetterte gegen die Agrarmafia, gegen dieses Interessensgeflecht aus Chemiekonzernen, Futtermittelfirmen, Landmaschinenherstellern, Molkereien, Supermarktketten, Raiffeisenbanken und Bonzenbauern, die über mächtige Lobbyorganisationen wie den Bauernverband die landwirtschaftliche Erzeugerschlacht vorantrieben und durch Milliardensubventionen der EU immer größere Überschüsse produzierten. Hias kritisierte auch die Obrigkeitshörigkeit der kleineren Bauern, die nicht wahrhaben wollten, dass sie gerade die Machenschaften des agroindustrielles Komplexes in Existenznot brachten: „Die meisten lassen sich halt einen Ochsen für einen Stier vorgaukeln."
Ich war seinerzeit der einzige Bauernsohn in der politischen Redaktion der Hamburger Wochenzeitung DIE ZEIT und unter anderem für Landwirtschaftspolitik zuständig. Schon damals hat mich fasziniert, wie leidenschaftlich Kreuzeder seine Vision von einem freien Bauerntum vertrat. Irgendwann hat er sich gefragt, wie sie sich politisch umsetzen ließe. Die SPD gab es in seiner Heimatregion praktisch nicht, und sie hatte in Agrarfragen ohnehin nichts anzubieten. Die CSU kam erst recht nicht in Frage, sie war in Kreuzeders Augen nur ein „Bauerlegerverein". Also ging er zu den Grünen, der einzigen Partei, die seine alternativen Konzepte unterstützte.

Aber der Hias blieb der Hias, er war nie ein Ökofreak, der in Latzhose und Birkenstocksandalen herumrannte. Er trug auch in Bonn seinen groben Schafwolljanker und hatte für die naiven Agrarromatiker aus der Großstadt nur ein müdes Lächeln übrig. Dieser Abgeordnete war ein echter Bauer, ein Pragmatiker und Praktiker, der für eine ökologisch modernisierte Landwirtschaft kämpfte und seine Forderungen beharrlich wiederholte: Subventionsstopp für Agrarfabriken; gestaffelte Erzeugerpreise; Verteilung der Soziallasten nach Einkommenshöhe; flächenbezogene Produktion; umweltschonende Wirtschaftsweise.

Kreuzeder biss oft auf Granit, gab aber nie auf. Dennoch verließ er ernüchtert die Grünen, als 1990 sein Mandat im Bundestag auslief. Sein politisches Engagement für die Sache der Bauern und Bäuerinnen aber ging weiter, jetzt erst recht. Wenn wir uns unterhalten, bin ich immer wieder erstaunt, wie weit er über den deutschen und westeuropäischen Tellerrand hinausschaut. Er kennt die Nöte der afrikanischen Subsistenzbauern, deren fragile Märkte durch hochsubventionierte Erzeugnisse aus der EU und den USA überschwemmt und vernichtet werden. Er beschäftigt sich mit der ungleichen Welternährungslage, mit der Macht global operierender Lebensmittel-, Chemie- und Saatgutkonzerne, mit den kriminellen Spekulationen an den Getreidebörsen, mit den Hungersnöten in Zeiten des Überflusses.

Seit 25 Jahren ist er Vorsitzender eines Vereins, der Kleinbauern in Russland unterstützt – ein „Zwerg", wie er sich selbst nennt, der sich in einem diktatorischen Riesenland um kleine Fortschritte bemüht. Man müsse sich Sisiphos, den griechischen Helden der Vergeblichkeit, als einen glücklichen Menschen vorstellen, schrieb Albert Camus einmal. Manchmal dachte ich: der Hias ist so ein Mensch. Weil er unverdrossen weiterkämpft gegen die Bauernvernichtung, gegen verlogene Politiker und Wachstumsfanatiker, gegen Agrarbonzen und scheinheilige Funktionäre des Bauernverbandes, die sich als Traditionsbewahrer aufspielen und nach der CSU-Devise „Laptop und Lederhosen" das schöne Bayernland kaputtmodernisieren.

Ich bin jedes Mal aufs Neue schockiert, wenn ich aus dem fernen Südafrika in meine oberbayerische Heimat zurückkehre. Denn sie ist kaum noch wiederzuerkennen, manchmal verfahre ich mich sogar, weil wieder irgendein aberwitziges Verkehrsprojekt durchgezogen wurde, eine Autobahntrasse, eine Umgehungsstraße, ein geteerter Wirtschaftsweg, über den Riesentraktoren mit Riesengülletanks donnern. Wo Wiesen und Wälder waren, breiten sich Neubaugebiete, Gewerbezonen und Einkaufzentren aus. Rundherum nitrophoskablaue Fluren, selbst die Feldraine, auf denen früher noch Kornblumen und Klatschmohn wuchsen, sind chemisch „gesäubert". Und die Zeit, in der in der Nacht noch Glühwürmchen herumflogen, scheint unwiederbringlich vorbei zu sein. Der ländliche Raum wird flächendeckend zerstört, versiegelt, überbaut, die Erzeugerschlacht tobt weiter, und jedes Jahr gibt es in meinem Heimatdorf ein paar Bauern weniger.

„Ja mei, des is hoid da Strukturwandel", höre ich dann beim Dorfwirt, „do konnst nix macha." Die meisten Bürger nehmen diese Entwicklung nicht nur schicksalsergeben hin, sondern befördern den Fortschrittswahn auch noch. Man könnte angesichts der allgemeinen Gleichgültigkeit und Dummheit depressiv werden – wenn es nicht unermüdliche Kämpfer wie den Kreuzeder Hias gäbe. In diesem Buch beschreibt er seinen Widerstand gegen den Irrsinn, seine Niederlagen und kleinen Siege, seine Enttäuschungen und Hoffnungen. Die radikalen Reformen, die er schon in seiner Bonner Zeit forderte, sind heute, im Zeitalter der Genmanipulation und des Glyphosat-Krieges, dringlicher denn je.

Es geht nicht nur um die Zukunft einer nachhaltig betriebenen Landwirtschaft und die Rettung bäuerlicher Familienbetriebe. Es geht darum, wie wir mit begrenzten natürlichen Ressourcen umgehen, wie sich die schnell wachsende Weltbevölkerung im 21. Jahrhundert ernährt, welche Alternativen wir einem entfesselten Agrokapitalismus entgegenstellen.

Wer die lokalen und globalen Herausforderungen verstehen und trotz der Misere Zuversicht bewahren will, der muss Kreuzeders provokatives Buch lesen: Es ist die Lebensgeschichte eines freien und rebellischen Bauern.

Bartholomäus Grill ist Auslandskorrespondent des Nachrichtenmagazins DER SPIEGEL. Er lebt in Kapstadt und berichtet aus Afrika, die Themen Landwirtschaft und Ernährung beschäftigen ihn auch dort seit vielen Jahren.

VORWORT

Ich bin Bauer seit sechsundfünfzig Jahren. Nie in dieser Zeit war ich „Landwirt". Ich hasse diesen Begriff geradezu. In keinem Geschichtsbuch werden Sie von einem „Landwirteaufstand" oder einem „Landwirtekrieg" lesen. Es waren immer und zuerst die Bauern, die sich gegen die Obrigkeit erhoben. Dieses Buch ist ein Versuch, neuen Widerstand anzufachen und bei jungen Menschen, die Bäuerinnen oder Bauern sind oder werden wollen, mit meiner Geschichte die Freiheit und Unabhängigkeit, die ein Bauer hat oder haben könnte, wiederzubeleben, junge Menschen zu fördern und zu fordern.

All diese Geschichten, Erlebnisse und Gedanken hat mein Freund und geistiger Weggefährte Rainer Georg Zehentner zu einem Buch gemacht. Er, der gelernte Maurer, studierte Historiker und praktizierende Journalist, ebenso Bauernbub wie ich, kennt mich fast in- und auswendig. In vielen Gesprächen, Projekten und Aktionen über viele Jahre hat sich eine vertrauensvolle Zusammenarbeit entwickelt.

Mit achtundsechzig Lebensjahren ist es mir immer noch ein großes Bedürfnis, für meinen unglaublich schönen Beruf, Bauer, zu kämpfen und alles dafür zu tun, dass wenigstens die Reste der bäuerlichen Höfe den katastrophalen Niedergang der letzten fünfzig Jahre überleben. Denn selbst der „Widerstand eines Zwerges" – und so sehe ich mich – trägt vielleicht Früchte.

Hias Kreuzeder
Eham im Januar 2017

WIDMUNG:

Dieses Buch habe ich geschrieben für meine fünf Kinder, damit sie ihren Kindern einmal vorlesen, wie es war, wie es geworden ist und wie es sein könnte in Zukunft, in ihrer Zukunft.
Das Märchen über unsere Handwerker widme ich Karl Ludwig Schweisfurth und seiner Familie für ihr Lebenswerk und ihren Pioniergeist.

KAPITEL EINS: KINDHEIT UND JUGENDJAHRE

Es war der vierundzwanzigste Februar 1949, als ich im Krankenhaus von Freilassing das Licht und die Schatten der Welt erblickte. Freilassing war damals eine noch überschaubare Gemeinde, direkt gegenüber von Salzburg gelegen, auf der bayerischen Seite der Saalach. Meine Mutter war bei meiner Geburt zweiundzwanzig Jahre alt und Magd auf dem Nachbarhof des Anwesens, aus dem wiederum ihre Mutter stammte. Es war ein kalter Tag, draußen lag viel Schnee. Es gab noch richtige Winter. Das frostige Klima reichte bis ins Krankenzimmer der jungen Mutter, denn die Krankenschwestern waren Nonnen und ich ein uneheliches Kind, ein lediges, wie man bei uns sagt. Anstatt der jungen Frau Wärme zu vermitteln für die große Leistung, einem 4,5 Kilogramm schweren Jungen das Leben geschenkt zu haben, schlug ihr eisige Kälte entgegen.

Mein Vater kam natürlich schon am ersten und am zweiten Tag zu Besuch. Den jedoch kannten die Schwestern nicht. Die Stimmung blieb abweisend. Am dritten Tag erhielt meine Mutter von ihrem zukünftigen Schwiegervater Besuch. Er war der Bürgermeister. Die Nonnen begrüßten ihn aufs herzlichste mit der Frage, wen er denn besuchen komme und ob er Kaffee und Kuchen möchte. Seine Antwort war: Geben Sie Kaffee und Kuchen den Kranken, die haben es nötig, und zeigen Sie mir das Zimmer, in dem Frau Maria Hiebl mit ihrem Sohn liegt.

Noch heute stelle ich mir die dummen Gesichter vor, die mein Großvater wohl gesehen hat. Zu erwähnen wäre noch, dass im Jahr neunundvierzig echter Bohnenkaffee und Kuchen eine Rarität waren und dass mein Großvater, bevor er das Krankenhaus verließ, kontrolliert hat, ob die Patienten auch welchen bekommen haben. Als ich sechs oder sieben Jahre alt war, wurde mir die Geschichte meiner Geburt das erste Mal erzählt, dazu das Sprichwort: „Betende Leute und Hunde, die nur die Zähne fletschen, musst du fürchten."

Die Jahre der Kindheit und Jugend sind jene, die einen Menschen am stärksten prägen. Somit ist die Geschichte meiner Geburt wohl eine der ersten, die mich in den Widerstand getrieben und mir beigebracht hat, das zu tun, was Mutter ihren zehn Kindern immer wieder auf den Weg mitgegeben hat: „Tue Recht und scheue niemand."
Meine Kindheit war wunderbar. Aufgewachsen bin ich auf dem Hof meiner Vorfahren, einem Bauernhaus, das 1857 aus Naturstein erbaut worden ist. Der

Das Hochzeitsfoto meiner Eltern aus dem Jahr 1951 zeigt die vier Menschen, die mich prägten. Links meinen Großvater Ludwig Hiebl, meine Mutter Maria Kreuzeder, meinen Vater Mathias Kreuzeder und meinen Großvater Mathias Kreuzeder.

Dachstuhl wurde mit der Axt gehackt. So steht das Gebäude bis heute da. Das Dorf heißt Eham: vier Höfe und ein „Sacherl". So nennt man bei uns einen Kleinstbetrieb mit einer Kuh, zwei Schweinen und ein paar Hühnern.
Was Natur und Umwelt im Dorf und seiner Umgebung anbelangt, kann man ohne Übertreibung von einem kleinen Paradies für uns Kinder sprechen. Ob Tiere oder Pflanzen, es gab einfach alles. Der Eisvogel, der Wiedehopf, der Pirol, das Rebhuhn, die Wachtel, der Fasan waren alltäglich. Meine Nachbarn und auch wir selbst hatten eine Vielfalt an Nutztieren, die man heute auf keinem Dorf mehr finden wird. Pferde, Ochsen, Rinder jeder Größe, Schafe, Ziegen, Gänse, Enten, Hühner, Truthähne, Tauben, ja sogar Pfauen stolzierten durch das Dorf. Und natürlich hatten alle Familien mindestens ein Schwein, die meisten sogar eine Muttersau dazu, die zweimal im Jahr Ferkel warf. Die Geburt der Schweinchen war für uns Kinder ein besonderes Erlebnis.

Mein Großvater mütterlicherseits war als Geburtshelfer ein Spezialist. Ich war erst drei oder vier, als er mir zeigte, wie man erkennt, dass eine Geburt bevorsteht. Da hieß es dann: Komm, schauen wir mal, ob die Schweinemama schon ein Nest baut. Der Nestbau war das untrügliche Zeichen, dass es bald so weit sein würde. Die Muttersau nimmt das Stroh ins Maul und trägt es zu einem Haufen zusammen, einer Art Nest. Kamen die Ferkel nachts, war nur mein

Großvater behilflich. Wir Kinder mussten ins Bett. Der erste Gang nach dem Aufstehen war dann in den Stall. In einem großen geflochtenen Korb, der mit viel Stroh ausgelegt war, lag er dann, der Schweinenachwuchs. Meistens so um die zehn Ferkel, manchmal auch mehr, einmal nur ein einziges. Dann durften wir zuschauen, wie Großvater sie ihrer Mutter übergab. Der Korb war eine Vorsichtsmaßnahme, damit während der Geburt keins verletzt oder gar zertreten wurde.

War die Geburt tagsüber, dann waren ich und später auch meine Geschwister natürlich dabei. Es gibt kaum etwas Putzigeres als kleine Schweinchen in ihren ersten Lebenswochen. Seit es Schweine gibt auf diesem Planeten, bauen sie Nester für ihren Nachwuchs, ob Haus- oder Wildschwein. Und heute? Abferkelboxen aus Eisen und Spaltenböden aus Beton. Aus den Spalten stinken Kot und Urin, kein Stroh, nichts. Die kleinen Ferkel liegen kalt und schmutzig in der Scheiße. Nie würde sich ein Schwein, wenn es wählen könnte, in solchen Gefängniszellen aufhalten. Auf den Menschen übertragen, würde es heißen, die Frau bringt ihr Kind auf einem betonierten Parkplatz auf die Welt. Grenzt es nicht an Schizophrenie, wenn alle Medien tagelang darüber berichten, dass in irgendeinem Zoo ein kleiner Eisbär geboren wurde oder ein Pandababy, und tausend Menschen gespannt auf die Meldung warten, dass man diesen „Nachwuchs“ endlich besichtigen kann? Meine Geschwister und ich hatten noch einen natürlichen Zugang zu den Tieren. Wir lebten mit ihnen, wir erlebten sie in der Natur, nicht auf dem Bildschirm oder im Zoo.
Was die Tierwelt meiner Kindheit betrifft, möchte ich auf keinen Fall die Bienen oder Schmetterlinge vergessen oder gar die Tiere, die im oder am Wasser lebten. Von den fünf Anwesen im Dorf hatten drei ein Bienenhäuschen. Bienen zu halten, war damals in den meisten Bauerndörfern normal. Meine erste Bekanntschaft mit ihnen machte ich im Alter von drei Jahren. Mutter und Großvater mähten Gras mit der Sense, ich und mein Bruder, der damals gut eineinhalb Jahre alt war, durften mitlaufen und spielten im Gras. Nicht weit von der ersten Mahd stand das Bienenhaus, und wir näherten uns neugierig. Mutter wollte uns gerade wegholen, aber Großvater sagte: „Lass die Buben, dann wissen sie, was sie in Zukunft nicht mehr tun.“

Und so kam es. Ich sah die Bienen in ihrem Flugloch verschwinden, und steckte den Finger dort hinein. Das Ergebnis war schmerzhaft. Jeder von uns Buben bekam etwa zehn Stiche an den Armen und am Kopf ab. Ziemlich harte Erziehungsmethoden waren das, aber nachhaltig. Trotzdem waren die Tage, an denen der Honig geschleudert wurde, absolute Festtage für uns Kinder. Es gab Honig ohne Ende. Wir durften die Wabstücke aussaugen. Hände und Gesicht, alles verklebte sich. Es war einfach märchenhaft für uns, auch deshalb, weil es keine Süßigkeiten oder Schokolade gab. Selbst mit Zucker wurde sparsam umgegangen.

Das Nahrungsangebot für die Bienen, aber auch für die Schmetterlinge, Hummeln und all die anderen Insekten war groß und vielfältig, was hauptsächlich an der damals praktizierten Landbewirtschaftung lag. Im und um das Dorf gab es Obstbäume jeder Art und Größe. Auf den Wiesen und Äckern gedieh ein Reichtum an Nutzpflanzen, Gräsern, Blumen und Kräutern, wie man ihn sich heute gar nicht mehr vorstellen kann. Die bayerische Durchschnittswiese besteht heute aus drei bis fünf verschiedenen Pflanzenarten, aber grün ist sie. Mittlerweile verhungern die Bienen in der Hauptvegetationszeit. Wie sagte doch Albert Einstein: Zuerst verschwinden die Bienen, dann der Mensch ...
Denke ich an meine Kindheit und vergleiche sie mit dem Heute, stelle ich einen ungeheuren Niedergang meiner Umwelt fest, wie ich es nie für möglich gehalten hätte. Als Kind habe ich nicht eine Sekunde daran gedacht, dass es so etwas geben könnte.

Ich (links) im Alter von drei Jahren daheim auf der Türschwelle mit meinem Bruder Hans.

So wuchsen wir auf: mit der Lederhose. Von links: ich und meine Brüder Hans und Sebastian etwa im Schulalter.

Ein Element der Natur, das meine Kindheit prägte, hat mich geradezu magnetisch angezogen: das Wasser. Unser Hof steht oberhalb einer Hangkante. Am Fuß dieses Hangs entspringen ein Dutzend Quellen mit glasklarem Wasser, das selbst im Sommer nicht wärmer als 11,5 Grad wird. Jeder Quellenausgang war mit Brunnenkresse, Butterblumen, Minze und vielen weiteren Kräutern gesäumt. Das Wasser aller Quellen mündete in ein Bächlein, das dort seinen Ursprung hatte. Es war etwa zwei Meter breit und sechzig Zentimeter tief und beheimatete einen Fischreichtum, von dem Petrijünger heute nur träumen können. Ein Glücksfall war es, dass der Bach auf unserem eigenen Grundstück entsprang und somit das Fischrecht bis zur Grundstücksgrenze zum Hof gehörte, wobei ehrlicherweise gesagt werden muss, dass dieser Umstand für uns Kinder bei unseren „Fischzügen" keine Rolle spielte. Bachforellen von einem Kilogramm und mehr waren keine Seltenheit. Schleien, Hechte, Ruten, Aitel gab es zuhauf, ja sogar Flusskrebse kamen vor und jede Menge Frösche und Schlangen.

Mit der Zeit eigneten wir uns zwei Methoden, um Fische zu fangen, bis zur Perfektion an. Fische, die sich am Ufer unter Wurzelstöcken und Grasbüscheln versteckten, fingen wir mit der Hand, „handeln" hieß das. Hielt sich der Fisch im freien Wasser auf, wo man ihn sehen konnte, erbeuteten wir ihn mit einer Schlinge. Diese „Angel" bestand aus einem etwa drei Meter langen Haselnussstecken, an dessen schmälerem Ende eine Drahtschlinge befestigt war. Für diese Schlinge benötigten wir einen ganz speziellen Draht. Nach so vielen Jahren kann ich das zu Papier bringen: Wir verwendeten die Lichtkabel von Fahrrädern. Mit der Zeit gab es im Dorf kein Fahrrad mehr, bei dem das Licht funktionierte. Ich denke, meine Nachbarn werden es mir verzeihen. Der Draht bestand aus von einer Kunststoffschicht ummanteltem Kupfer und war sehr biegsam und gleichzeitig stabil. Man konnte damit durchaus eine Wasserpflanze zur Seite biegen, damit man den Fisch besser sah.

Damit verbinde ich eine Geschichte, über die ich mich heute noch freue. Ich war in der fünften Klasse. Im Naturkundeunterricht beim Lehrer Hauk lernten wir über Gewässer, ihre Fauna und Flora. Irgendwann war das Thema Fische an der Reihe. Der Lehrer fragte in die Klasse, ob es einen Schüler gebe, dessen Vater Fischer sei. Mehrere Kinder meldeten sich und erzählten, wie man einen Fisch fängt. Ich war überrascht von ihren Berichten über Angel und Kescher und meldete mich: „Ich fange die Fische mit der Schlinge." Herr Hauk konnte sich nicht vorstellen, wovon ich sprach, und bat mich ungläubig, ich sollte das genauer erklären, was ich dann auch tat. Das Ergebnis: Er glaub-

te mir kein Wort! Daraufhin lud ich ihn ein, er solle es sich von mir vorführen lassen. Gesagt, getan. Ein paar Tage später besuchte mich der Lehrer daheim. Was ich ihm dann vorführte, machte ihn staunen: In einer halbe Stunde fing ich drei Hechte, von denen jeder ein gutes Kilo wog. Von diesem Tag an hatte ich bei ihm, wie man so sagt, einen Stein im Brett. Mein Selbstwertgefühl ist nach dieser Begebenheit enorm gewachsen.
Der Bach, von dem ich erzähle, verließ unser Grundstück, lief einige Kilometer am Hang entlang und mündete dann in ein Flüsschen, die Sur. Beide Gewässer waren unser „Jagdgebiet". Je älter ich wurde, desto weiter führten mich meine Fischzüge von zuhause weg. Und heute? In den 70er-Jahren wurde direkt am Bach, in einem Abstand von fünf Metern und etwa 300 Meter von den Quellen abwärts, die erste Mülldeponie des Landkreises errichtet, wobei „errichtet" nicht das richtige Wort ist. Müll jeder Art, Altautos samt Öl und Batterie, halbleere Kanister, kaputte Möbel und dergleichen wurden auf den blanken Boden abgeladen. Eine Abdichtung gab es nicht, dafür aber eine nagelneue Müllschubraupe zum Einwalzen des Unrats. Es dauerte keine zwei Jahre, und der einst von Fischen und Amphibien wimmelnde Bach war eine Kloake ohne Leben. Das ist er heute noch. Der Fischereiverein, der das Fischrecht hat, wurde vom Planer mit einer Tausend-Mark-Spende ruhiggestellt. Nie wieder in der nächsten Generation wird ein Kind die schönen Erlebnisse haben, die ich an diesem Bach hatte. Welch ein Unglück. Aber, na ja, schließlich sind Fischstäbchen ja auch Fisch. Und für Naturliebhaber gibt es die Landesgartenschau.

Land und Garten bildeten Jahrhunderte lang eine Symbiose. Niemand wäre früher auf die Idee gekommen, daraus eine „Schau" zu machen. Allein schon die Hausgärten, nicht nur die in Eham, waren eine kaum zu überbietende Pracht und zugleich eine Notwendigkeit. Angelegt direkt am Haus, geschützt durch einen einfachen Lattenzaun, an ihren Rändern der Stolz der Bäuerinnen, die Blumen: Astern, Tulpen, Nelken, Vergissmeinnicht, Veilchen und Rosen umgaben die Beete, in denen das Gemüse wuchs, das täglich gebraucht wurde. Salate verschiedener Art, Schnittlauch, Petersilie, Gurken, Stangenbohnen, aber auch Zwiebeln, Knoblauch und und und. In keinem Garten fehlten Johannisbeeren, Himbeeren, Stachelbeeren, aus denen Marmelade gekocht oder Kompott eingeweckt wurde. An den Sonnenseiten der Gebäude, gleichgültig ob Wohnhaus oder Stall, gab es rote und grüne Weintrauben und Wandbirnen aller möglichen Sorten, von der „Semmelbirne" – wir nannten sie so wegen ihrer semmelgelben Farbe – bis zur „Pfundbirn'", die nicht selten das Gewicht erreichte, von dem sie ihren Namen hat.

Die Obstgärten der Bauern im Dorf waren für uns Kinder eine wahre Fundgrube. Wir genossen die große Auswahl an verschiedenen Apfel-, Birnen-, Zwetschgen-, Kirschensorten und Nüssen, selbst wenn manche Früchte noch nicht reif waren. Die ersten Äpfel des Jahres waren so hart und sauer, dass es uns das Gesicht verzog. Gegessen wurden sie trotzdem. Ein Apfelbaum hatte es uns besonders angetan, der „Siassei", auf hochdeutsch: der Süße. Biss man in einen solchen Apfel, war es fast, als würde man Zucker essen. Allerdings gehörte er den Nachbarn, und die Altbäuerin passte auf wie ein Luchs. Doch laufen konnten wir schneller als sie. Fallobst wurde täglich aufgesammelt. Die faulen Stellen wurden ausgeschnitten und aus den Früchten Kompott gekocht für das Mittag- oder Abendessen. Der Rest wurde an die Schweine verfüttert. Im Herbst war die große Ernte der späten Sorten. Die Früchte wurden eingelagert. In der Regel gab es Obst bis in den April des nächsten Jahres hinein. Die alten Sorten wie Zwiebelapfel, rheinischer Bodenapfel oder Boskop, um nur einige zu nennen, waren Lagerobst bester Qualität. Es wurde von uns Kindern fast täglich in irgendeiner Form verspeist.

Mein Elternhaus heute. Es steht jetzt 160 Jahre und wird noch weitere 160 Jahre stehen, ganz im Gegensatz zum Landratsamt des Landkreises Berchtesgadener Land, das nach 40 Jahren abgerissen und mit unseren Steuergeldern neu gebaut werden soll, oder zum Anbau des Gymnasiums Laufen, der bereits nach 20 Jahren abgerissen werden soll. Wohlstand und Wachstum?

In diesem 1857 mit Natursteinen errichteten Haus „beim Schmid in Eham“ wohnten Generationen meiner Vorfahren: Es gab fünf Schlafzimmer, eine Speis', eine Küche und eine Stube. Toilette und Bad wurden erst später eingebaut. Die Fotografie stammt aus dem Jahr 1897. Man mag denken, die Familie hatte viel Wohnraum. Das relativiert sich allerdings, wenn man weiß, dass dort 14 Menschen und drei Generationen unter einem Dach zusammenlebten.

Auf den Äckern und Wiesen des Dorfs gab es die gleiche Vielzahl an Pflanzen, von denen die Familien ihr Auskommen bestritten. Jeder Hof hatte sein Feld mit zwei oder drei Reihen Lagergemüse: Weißkraut, Blaukraut, Rote Beete wurden dort in der Regel angebaut, dazu Futterrüben für die Rinder und Schweine. Der Rübenschneider im Stall, den zumeist wir Kinder bedienen mussten, war ein gängiges Werkzeug auf den Höfen. Und die Getreidefelder waren wie bunte Bänder in der Landschaft. Angebaut wurden Roggen und Weizen, aber auch Hafer, Gerste und sogar Leinen bis in die 60er-Jahre. Es gab Rotkleefelder zur Bodenverbesserung, Unkrautverdrängung und Gewinnung von besonders gutem Futter. Gemäht wurde der Klee erst, wenn er in voller Blüte stand. Die Felder waren ein Paradies für Bienen, Hummeln und Schmetterlinge. Auf unserem Hof wurde jedes Jahr etwa ein Hektar Klee angebaut. Wenn wir nicht bei der Arbeit mithelfen mussten, hielten wir Kinder uns dort stundenlang auf. Es gab nicht einzelne, es waren hunderte Schmetterlinge der verschiedensten Arten.

Eine Pflanze, die ich seit vielen Jahren nicht mehr sehe, ist mir in Duft und Aussehen in starker Erinnerung geblieben: das echte wilde Veilchen. An Straßenrändern, kleinen Böschungen und unter den Obstbäumen war es zu finden, nicht häufig, aber auch nicht selten. Zum Muttertag ein kleines Sträußchen war für Mama eine große Freude, auch weil die ganze Stube danach duftete. Heute fährt dort, wo die Blume gedeihen könnte, ein hundertfünfzig PS starker Traktor und fräst alles nieder. Davor geht ein Mann, der die Straßenbegrenzungspfosten wegräumt. Sein Kollege mit dem Monsterfahrzeug zerstört alles, was an der Böschung wächst, und ein dritter Arbeiter setzt die Plastikpfosten wieder zurück an ihren Platz.
Man könnte meinen, unsere Gesellschaft ist vollkommen verblödet. Sie zahlt Steuern dafür, dass drei Mitarbeiter des städtischen Bauhofs tagelang damit beschäftigt sind, die letzten Reste der natürlichen Vegetation an den Straßenrändern zu vernichten, denn auf den meisten Wiesen und Feldern der Bauern ist die „Natur" schon längst nicht mehr anzutreffen. Es macht traurig und schmerzt, diese Bilder aus meiner Kindheit wachzurufen und mich zu erinnern, in welch wunderschöner, fast unberührter Umwelt ich aufgewachsen bin. Meine jüngste Tochter Anna ist dreizehn Jahre alt. Sie wächst in einer anderen Welt auf.

Meine Töchter Heidi und Rosi vor meiner Lieblingslinde.

Es ist kaum zu glauben, wie viel Unsinn eine einzige Generation anstellen kann, und meine Geschichten können das Gewesene nicht ersetzen.
Es fehlt noch etwas: mein Freund, der Wald. Zwei Arbeiten haben es mir angetan, ich freue mich immer noch auf die Kartoffelernte, die von Hand erledigt wird, mit zehn „Klaubern“ bin ich schneller als der Vollernter. Der Erdapfel ist der letzte Akt. Ist die Ernte des Jahres eingefahren, steht noch die Saat von Dinkel, Weizen und Roggen an. Dann – ja dann liegt der Bauer bis zum Frühjahr auf dem Kanapee und lässt es sich gut gehen. So wird des öfteren gespottet. Ja. Es ging und es geht mir gut in der Herbst- und Winterzeit und zwar auch im Wald, nicht nur in der „Stubn“. Unser Wald, zirka zehn Hektar Mischwald an der Salzach, dem Grenzfluss zu Österreich, ist ein wahres Wunderwerk der Natur, eine Vielfalt, die einen staunen lässt. „I geh ad Au“ oder: „I geh as Hoiz“ waren die Sätze, denen man die Vorfreude schon anhörte.
Nicht bloß zum Arbeiten, in meinem Alter kann man von Jahrzehnten sprechen, war mein Weg am Sonntag nach der Stallarbeit nicht der in die Kirche, in die Wirtschaft oder an den Stammtisch, sondern in unseren „Woid“.

Meine Tochter Moni und ich.

In der Kindheit war der Wald unser Spielplatz, ab den Jugendjahren unser Arbeitsplatz. Und heute würde man sagen: Er ist Erholungsraum, fast jeden Feiertag für ein paar Stunden. Es gibt keine in unseren Breiten heimische Baumart, die es dort nicht gab. Mein Liebling, immer noch, ist eine Linde, an die zweihundert Jahre alt, höher als dreißig Meter. Auf der „Wetterseite", also in der Hauptwindrichtung, hat sie einen Stammdurchmesser von ungefähr achtzig Zentimetern, auf der windabgewandten Seite ist sie fast einsfünfzig stark - wie schlau doch die Bäume sind.

Im Frühling wachsen in unserem Wald, Teppichen gleich, Leberblumen, Josefiblumen, Schlüsselblumen, vorher schon Schneeglöckchen oder „Schneegodern", Hänsel-und-Gretelblumen, so nannten wir sie, an einem Stiel eine rote und eine blaue Blüte. Später gibt es flächendeckend Bärlauch. Ende April, Anfang Mai kommen nach dem ersten warmen Regen die Speisemorcheln hervor. Es gibt die „roggern" (mit dunkelgrauen) und die „woazan" (mit fast weißen Hüten). Wir trugen sie kübelweise nach Hause und aßen sie noch am selben Tag. Ein Kilo davon, getrocknet, kostet heute an die tausend Euro.

Es gab drei Fuchsbauten, die bewohnt waren, Marder, alle Spechtarten, den Pirol, Fasane, Rebhühner, im Herbst Schnepfen, die aus den nahen Bergen in die Auwälder zogen, Hasen und Rehe sowieso, um nur einige wenige Arten einer unglaublichen Vielfalt der Fauna und Flora zu nennen, die ein Auwald beheimatet.
Als Bauer hat man den Wald aber nicht nur, um sich am Sonntag zu erholen, sondern auch, um ihn als Einkommensquelle zu nutzen, viel mehr als Sparkasse für größere Reparaturen in Haus und Hof, die oft nicht vorhersehbar auf einen zukommen. Wenn man den Wald dann braucht, sollte man ihn mit Liebe und Achtsamkeit nutzen, also mit Plenterwirtschaft, mit Einzelstammauslese, nicht mit riesigen „Erntemaschinen" wie Harvester, der alles niederwalzt, was ihm im Weg ist, bevor er den Baum erreicht, den er haben will, denn der Harvester zerstört die Ernte meiner Enkel und Urenkel.

Wo bleibt die Achtung, ja die Erfurcht vor dem Baum, der mehr als hundert Jahre die Menschen erfreut, ja beeindruckt hat? Muss er unbedingt innerhalb von zehn Minuten „geschlachtet" werden? Haben wir keine Zeit mehr, auch nur ein bisschen darüber nachzudenken, was dieser Riese alles für uns Menschen geleistet hat als Luftfilter, als Wasserspeicher, als Schattenspender? Unsere Vorfahren hatten da noch eine andere Beziehung, zur Esche zum Beispiel. Etwa siebzig Prozent meines Walds bestehen aus dieser Art. In der germanischen Mythologie bildete sie die Mitte des Universums, mit der Krone schafft sie die Verbindung zum Himmel, mit ihrem Stamm die Verbindung zur Erde und mit ihren Wurzeln die zur Unterwelt.

Heute leitet uns weltweit ein anderer Mythos, der von der „Globalisierung des Welthandels“ - und was dieser neue Mythos mir und meinem Wald alles gebracht hat! Wo es früher unvergleichlich gut schmeckende Waldhimbeeren und Brombeeren gab, wächst heute das Indische Springkraut. Ein aus Asien eingeschleppter Pilz, das „falsche weiße Stängelbecherchen“, zerstört in rasender Geschwindigkeit meinen Eschenbestand von klein bis groß, von jung bis alt. Und der „Ulmensplintkäfer“ hat in den letzten dreißig Jahren den wunderbaren Baum, der ihm den Namen gab, fast ausgerottet. Eine einzige Ulme lebt noch in meinem Wald, weil ich sie vor vielen Jahren nach dem „Rezept“ eines alten österreichischen Bergbauern behandelt habe. Kennen Sie die Ulme, bei uns auch Rüster genannt? Über Jahrhunderte war sie das Möbelholz, da die Eiche zum Schiffbau gebraucht wurde.

Ihr Holz ist das Härteste, das ich kenne. Es hat einen wunderschönen braunen Farbton. Einige Waldnachbarn haben mir ihre Ulmen geschenkt, weil ihnen die Arbeit mit dem harten Holz zu schwer war. Fast alle Möbel in meinem Haus sind aus Ulmenholz, vom Schreiner gefertigt, also von einem Handwerker, nicht von Ikea oder anderen Multis. Nehmen Sie einen meiner Schränke und einen Schrank aus einer großen Möbelfabrik. Stellen wir beide ins Freie unter die Dachrinne und lassen sie ein Jahr dort stehen. Meinen Schrank werde ich danach wieder ins Zimmer stellen. Das Spanplattenmöbelteil können Sie getrost wegwerfen. So ist das: Unser Leben ist teuer, weil wir uns nur noch das Billige leisten. Nach drei Umzügen muss der größte Teil des Mobiliars erneuert werden. Mein Schrank wird auch noch meine Urenkel erfreuen.
Was machen wir eigentlich mit unserem Lebensspender Wald? Sind wir denn völlig verrückt geworden? Wir ordern Palisander, Mahagoni, türkischen Nussbaum oder sibirische Birke, also Holz, das aus klimaspendenden Urwäldern stammt. Wir ordern es aber nicht für Massivmöbel, nein, das wäre unbezahlbar. Trotzdem will man ja seinen Wohlstand zeigen: wenigstens Furnier auf Pressspan soll es sein. Unsere einheimischen Hölzer hingegen fahren wir in die Spanplattenfabrik. Dort werden sie zu Sägespänen zerkleinert, mit chemischer Masse, die natürlich keinerlei Ausdünstung erzeugt, zu Platten gepresst und dann mit einem Millimeter Furnier von Hölzern aus aller Welt beklebt. Und nach ein paar Jahren oder Umzügen werden diese Möbel dann weggeworfen. Das ist kein Wohlstand, das ist Vernichtung wertvoller Rohstoffe.

Eine extreme Möglichkeit, diesen Unsinn abzustellen, wäre, dass jeder Mensch den Baum selbst fällen muss, aus dem er seine Möbel machen will. Aber das geht auch nicht, sonst würden die Weichhölzer aussterben. Ein solcher „Raubbau" wäre natürlich auch keine Lösung, da der bundesdeutsche Wald durch Gesetze und Verordnungen zu Recht geschützt ist. Freilich wird auch hier mit zweierlei Maß gemessen. Der Bau der Bundesstraße, von dem später die Rede sein wird, hat tausenden Bäumen das Leben gekostet. Aber das war genehmigt, um diese Straße „über Wälder, Wiesen und Felder" errichten zu können. So etwas kann Menschen auch auf dumme Gedanken bringen. So dachten sich zwei meiner Nachbarn wohl: „Was der Staat kann, können wir auch". Sie begannen zu roden, nicht am Rand, sondern mitten im Auwald, der eine Nachbar 1,6, der andere einen Hektar. Den Waldweg dorthin verbreiterten sie und befestigten ihn mit Kies. Den Kahlschlag erledigten die Arbeiter der Straßenbaufirma von Freitagmittag bis Samstagabend. So strichen sie einige Monate lang ein schönes Nebeneinkommen ein. Dann wurde dort Mais angebaut, auf leichtem Sandboden. Den Sand hatte der Fluss gebracht, als er noch nicht begradigt war, und über Jahrhunderte dort abgelagert. Ein solcher Boden ist höchst ungeeignet für den Maisanbau. Um dem abzuhelfen, düngten meine Nachbarn mit Gülle im Übermaß. Sie wurden angezeigt und vom Amtsgericht verurteilt. Der eine musste siebentausend, der andere fünftausend Mark Strafe bezahlen. Außerdem mussten sie ihre Kahlschläge wieder mit Bäumen bepflanzen. Ja, so geht´s dem einfachen Mann.

Dass der Staat sich jemals selbst angeklagt hätte für die Zerstörung eines wesentlich größeren Areals unserer Aulandschaft, ist bis heute nicht vorgekommen. Dabei ist die Grundlage aller Gesetze, Verordnungen und allen erlaubten Handelns in unserer Republik immer dieselbe und gilt für alle, ob Bauer, Politiker oder Beamter im Straßenbauamt: das Grundgesetz der Bundesrepublik Deutschland. Dort heißt es in Artikel drei, Satz eins: „Alle Menschen sind vor dem Gesetz gleich." Und in Satz drei: „Niemand darf wegen seines Geschlechts, seiner Abstammung, seiner Rasse, seiner Sprache, seiner Heimat und Herkunft, seines Glaubens, seiner religiösen oder politischen Anschauungen benachteiligt oder bevorzugt werden." Und weiter: „Niemand darf wegen seiner Behinderung benachteiligt werden."
Würde man sich strikt daran halten, wären die Gefängnisse überfüllt mit vormals staatstragenden Persönlichkeiten, Chefs multinationaler Handelskonzerne und Massentierhaltern. Wenn „alle Menschen vor dem Gesetz gleich", also auch „gleich zu behandeln" sind – und es heißt ausdrücklich nicht „alle Menschen der Bundesrepublik Deutschland", sondern alle Menschen, dann

bin ich wieder bei meinem Freund, dem Wald. Denn die Urwälder in Südostasien, in Afrika, in Russland, in Südamerika, alle Urwälder auf unserem Planeten und alle Menschen, die dort wohnen und leben, sind genau so schützenswert wie wir Menschen in Deutschland und unser Wald.

Wenn also korrupte Regierungen und Großkonzerne Millionen Hektar Wald roden lassen, damit dort Soja, Palmöl und andere Rohstoffe produziert werden können, mit denen die Massentierhalter in Europa Überschüsse erzeugen, die niemand braucht, mit denen aber einige wenige Milliarden verdienen, dann verstößt das meiner Meinung nach gegen diesen Grundsatz des Grundgesetzes und zwar selbst dann, wenn das Verbrechen nicht in Deutschland, sondern in Brasilien begangen wird. Denn Mitwisserschaft ist ebenfalls strafbar, und wir wissen seit langem, was sich abspielt.
Trotzdem wird der Wald stündlich um tausende Bäume weiter vernichtet. „Wir sägen mit Höchstgeschwindigkeit an dem Ast, auf dem wir sitzen." Dieses Sprichwort passt auf traurige Weise. Doch die „Retourkutsche" ist bereits unterwegs: Die Klimakatastrophe wird dazu führen, dass der Brotbaum der Deutschen, die Fichte, verschwindet. Es wird ihr zu warm. Mitte Mai hatten wir 30 Grad plus. Viele Menschen in den armen Ländern werden sich auf den Weg zu uns machen, nur weil es ihren Wald nicht mehr gibt. Ohne Hirn und Verstand tun wir alles dafür, dass es so kommt.

Die Klimakatastrophe

Unser Untergang hat bereits begonnen.
Nicht nur in Afrika, Asien oder auf dem amerikanischen Kontinent. Und wieder missbrauchen die Medien unsere Sprache als Beruhigungstablette für die Bevölkerung. Das Wort „Klimakatastrophe" ist tabu, allenthalben heißt es „Klimaveränderung". Bei Veränderungen gibt es zwei Möglichkeiten: Entweder wird es besser, oder es wird schlechter. Das Wort suggeriert also auch eine mögliche positive Entwicklung. Und tatsächlich, überall hört man: „Welch ein herrlicher Sommer", wenn doch in ganzen Landstrichen die Ernten wegen Trockenheit ausfallen, oder: „Welch tolles Wetter zum Baden", wenn die gesamte Vegetation in Deutschland unter Hitzestress leidet und Bauarbeiten im Freien eingestellt werden müssen.

Das Wort „Klimakatastrophe" lässt keine andere Deutung zu als eben die einer Katastrophe. Und die ist Fakt, schon jetzt. Die Welt brennt. Das Jahr 2018 war geprägt von riesigen Bränden in Kalifornien, in Griechenland und Portu-

gal. Auch im Norden Europas brannte es, in Deutschland und in Schweden, wo man solche Katastrophen bis dahin nicht kannte. In Norwegen brachte das Jahr wegen Hitze und Trockenheit Ernteausfälle von 50 Prozent bei Getreide. Auch in einigen deutschen Bundesländern fiel die Ernte wegen anhaltender Trockenheit katastrophal aus.
Die Permafrostböden in Sibirien haben zu tauen begonnen. Dabei wird Methan freigesetzt. Mit einem einzigen Zündholz kann man dort einen Brand in Gang setzen und zum Beispiel in einer Pfanne auf dem Boden ein Spiegelei braten. Große Mengen Methangas steigen auf, zig Milliarden Kubikmeter befinden sich noch in den Böden. Es ist das Klimagas Nummer eins. Wenn sich diese Entwicklung fortsetzt, ist jedwedes Leben auf der Erde in Gefahr. Und niemand kann behaupten, er hätte es nicht gewusst.

Schon in den 80er-Jahren des letzten Jahrhunderts kamen Studien darüber, was auf uns zukommt, wenn wir so weitermachen, zu eindeutigen Ergebnissen. Hielt man damals eine Versammlung ab und erwähnte auch nur mit einem Wort das Klima, gar in Verbindung mit einer kommenden Katastrophe, löste man bei den Zuhörern Befremden aus, keinesfalls Besorgnis, meistens erntete man ein abschätziges Lächeln und Diskussionsbeiträge wie: „Erderwärmung und Eiszeiten gab es schon immer." Oder: „Nichts als Angstmacherei!"
Jetzt, vierzig Jahre später, scheint es zu spät. Die Klimakatastrophe ist nicht mehr abwendbar. Wie hieß es damals so unschön: „Gestern standen wir am Abgrund, heute sind wir einen Schritt weiter."
Noch immer das meistgebrauchte Wort bei unseren angeblichen „Vertretern des Volks" ist „Wachstum". Wachstum bedeutet Wohlstand, Wachstum um jeden Preis. Deutschland ist weltweit der drittgrößte Exporteur von Industrieprodukten.

Unser Maschinen- und Autobau, unsere Chemieindustrie genießen Weltruf. Erst kürzlich wurde eine Maschine, die in unglaublich kurzer Zeit zweitausend Plastikbecher herstellt, nach China exportiert. Bei zwei Milliarden Menschen dort scheint das von enormer Wichtigkeit. Weniger rosige Folgen hat dieser „Erfolg" für unsere Weltmeere, oder?
Man kann es drehen und wenden, wie man will. Es steht fest: So weiterzumachen, bedeutet das Ende unserer wunderbaren Welt, eines Planeten, der uns das Leben ermöglicht. Zur Zeit trägt die Menschheit wesentlich dazu bei, ihn in eine Mondlandschaft zu verwandeln, auf dem nicht mal Ratten überleben werden. Das weltweit letzte männliche Nördliche Breitmaulnashorn hat den Unfug, den wir uns zurzeit leisten, schon hinter sich. Es starb am Montag,

19. März 2018, im Alter von fünfundvierzig Jahren in Kenia. Wieder eine Art weniger auf dieser Welt. Mehr als eine Spezies sind wir Menschen auch nicht, irgendwann sind auch wir an der Reihe. Und wenn ich mir die aktuelle Botschaft der bayerischen Staatsregierung vom 4. September 2018, versendet um 15.38 Uhr, durchlese, weiß ich, dass es nicht mehr allzu lang dauern wird, bis es soweit ist.

Es ist ein großer Sprung von der globalen Katastrophe zu meinem Heimatland Bayern, diesem Winzling, den man ohne exakte Landkarte gar nicht finden würde, der aber die siebtgrößte Industrienation der Welt ist. Deswegen ist es sinnvoll, einen kleineren Maßstab anzulegen und ins Bayernland hinunterzusteigen, wo die Menschen wie überall auf der Welt nur deshalb leben, weil es dort etwas zu essen gibt, noch. Denn die hier lebenden Bäuerinnen und Bauern, werden immer weniger, und die verantwortlichen Politiker/innen begreifen nichts, gar nichts.

Ihre Botschaft vom 4. September verspricht, ich zitiere: eine „Agrarpolitik für zukunftsfähige bäuerliche Betriebe“ zu machen, so Ministerpräsident Markus Söder und weiter: „Landwirtschaft ist die Seele Bayerns“. Das heißt also auf gut deutsch, es gibt auch „nicht zukunftsfähige Höfe“, und die werden nicht gefördert. Das Bauernsterben geht weiter. Wenn die Landwirtschaft also die Seele Bayerns ist und mehr als 80 Prozent der Seele schon verschwunden sind, nähern wir uns einer seelenlosen Gesellschaft? Nein, wir sind es schon. In der sechsseitigen Presseaussendung vom 4. September kommt das Wort „Klimawandel“ viermal vor. Zuerst stellt die Regierung fest:
„Unsere Bauern, Waldbesitzer, Gärtner und Winzer sind die Hauptbetroffenen des Klimawandels.“ Weiter wird versprochen, man unterstütze „die Landwirtschaft im Freistaat mit einem Agrarpaket dabei, sich für den fortschreitenden Klimawandel zu rüsten ...“. Und: „Angesichts der klimabedingt zunehmenden Ertragsrisiken setzt sich Bayern für eine staatlich unterstützte Mehrgefahrenversicherung in der Landwirtschaft ein.“ Des weiteren vorgesehen: „Die Agrarforschung im Freistaat soll weiter intensiviert werden – vor allem, um noch rascher Anpassungsstrategien an den Klimawandel entwickeln zu können. Die Züchtung neuer, trockenheitsresistenter Sorten soll damit ebenso vorangetrieben werden wie die Erforschung effizienter Bewässerungssysteme, alternativer Energiepflanzen und innovativer Stallbau-Lösungen.“

Die Staatsregierung belügt also die Bevölkerung, indem sie vorgibt, gewappnet zu sein gegen die heraufziehende Klimakatastrophe – dieses Wort fehlt natürlich in der Erklärung, es könnte ja Unruhe auslösen, würde man es, um der Wahrheit willen, verwenden. Die Erklärung enthält nicht ein einziges Wort, nicht einen einzigen Vorschlag, wie man sie verhindern könnte, wie man es wenigstens versuchen müsste. Im Gegenteil, die Staatsregierung spricht sogar von einem „fortschreitenden Klimawandel", also sozusagen: Er kommt sowieso. Welch ein Geschwätz wird da im Volk verbreitet in Form eines staatstragenden Beschlusses des bayerischen Kabinetts „zur Stärkung der bayerischen Landwirtschaft"!

Wo sind die Forderungen nach mehr Arbeitsplätzen in einer ökologischen, biologischen Landbewirtschaftung, wo sind die Forderungen nach mindestens einer Verdoppelung der Preise für die dann dort erzeugten Lebensmittel? Wo bleibt das Milliarden Euro kostende Existenzgründungsprogramm für das bayerische Handwerk, damit die Bevölkerung des Freistaats wieder regional mit Nahrungsmitteln versorgt werden kann? Wo bleibt das Verbot von flächenunabhängiger Massentierhaltung?
Stattdessen lautet ein Vorschlag, die Zahl der Tätigen in einem neuen Berufsfeld in Bayern, dem des „Wildlebensraumberaters", deutlich zu erhöhen. Diese Tätigkeit haben die bayerischen Bauernfamilien über Jahrhunderte hinweg und ganz nebenbei selbst mit großem Erfolg ausgeübt – ganz egal, ob sie nun in den Augen der Staatsregierung zukunftsfähig waren oder nicht! –, bevor sie von eben dieser Regierung an die Interessen der Industriegesellschaft verkauft wurden und verschwanden, sehr zum Schaden des Klimas und der Artenvielfalt.

Diesen Weg fortzusetzen und der Versuch, unser Land in „Schutz- und Schmutzgebiete" einzuteilen, das wird nicht funktionieren. Es geht dem Ende zu, so wie es der Schriftsteller Rudolf Marko in seinem grandiosen Endzeitroman „Erntemond" schildert. Ein solches Ende, viel mehr: Ein solcher Neubeginn, wie er in „Erntemond" beschrieben wird, wird für Bayern leider nicht mehr möglich sein. Glaubt denn – außer der Staatsregierung – irgendjemand bei uns wirklich daran, dass es möglich ist, trockenheitsresistente Pflanzen als Alternative zu kultivieren, dass Boskopapfel, Kartoffel, Beeren, Getreide jeder Art, Gräser und so weiter mit weniger Wasser auskommen werden und dass Kühe nur noch fünf Liter Wasser brauchen und bei Temperaturen um vierzig Grad den Stall gerne verlassen werden, weil sie so gezüchtet wurden? Glaubt irgendjemand daran, dass die Artenvielfalt der Vergangenheit wieder zurückkehrt, weil unsere Forscher dank Gentechnik in hundert Jahren alles können werden?

Oben meine jüngste Tochter Anna und unten mein Sohn Hiasl beim Angeln in einem norwegischen Fjord.

Ich glaube es nicht. Als Ungläubiger weiß ich, in hundert Jahren gibt es uns nicht mehr. Und trotzdem, trotz der scheinbaren Ausweglosigkeit, lieber Leser: Wehren Sie sich mit Händen und Füßen, mit allem, was dem Menschen zur Verfügung steht, seinem Gehirn, seinem Gemüt, um Widerstand zu leisten. Um es mit den Worten Stéphane Frédéric Hessels zu sagen: „Neues schaffen, heißt Widerstand leisten. Widerstand leisten, heißt, Neues schaffen." Denn die Klimakatastrophe wird unser letztes Problem sein, es ist ein Endzeitproblem.

KAPITEL ZWEI: DER TEUFELSKREIS BEGINNT

Von der oben beschriebenen Artenvielfalt fehlt heute jede Spur. Selbst die Erinnerung daran ist verschwunden. Monotonie bestimmt das Denken des Bauern, eine Monotonie im Kopf, die sich auf den Fluren widerspiegelt. Viel ist geschehen. Eine Handvoll gesunder Erde birgt mehr Lebewesen, als es auf der Erde Menschen gibt. Diese Mikroorganismen sind die Grundlage unseres Nahrungskreislaufs und damit unseres Lebens. Sie brauchen Schutz. Bekommen sie ihn? Diese Thematik ist genauso vielfältig, wie es die Natur in meiner Kindheit war.

Die vielen kleinen Höfe von damals sind verschwunden. Wir haben das rechte Maß verloren. Die geistigen Grundlagen einer nachhaltigen Landwirtschaft sind uns seit den 50er-Jahren des 20. Jahrhunderts nach und nach abhandengekommen. Früher wusste jeder Bauer, dass er erst mähen darf, wenn die Blütenstände im Gras zu stauben beginnen, weil sich dann die Wiese von selbst erneuert und fortpflanzt. Das war Ende Mai, Anfang Juni der Fall. Heute ist es üblich, fünfmal im Jahr zu mähen. Das wäre früher undenkbar gewesen. Die erste Mahd ist sechs Wochen früher. Die abgeerntete Wiese wird anschließend mit meist unbehandelter ätzender Gülle gedüngt. Neue Gräser können nicht mehr aufkommen. Viele Gras- und Kräuterarten verbrennen. Die überdüngten Wiesen verarmen. Vor diesem Hintergrund lernen junge Bauern heute in der Schule Techniken zur Erneuerung des Grünlands, die nach meiner Meinung ebenso überflüssig wie schwachsinnig sind, zum Beispiel die „umbruchlose Grünlanderneuerung". Meine Wiesen wurden die letzten Jahrhunderte nie erneuert, aber über siebzig verschiedene Pflanzensorten sind dort zu finden.

Warum gibt es die vielen kleinen Bauern von damals heute nicht mehr? Mit ihnen wäre unsere Natur intakter. Die kleinen Höfe mussten verschwinden, weil sie der Entwicklung im Weg standen. Unser Turbokapitalismus wäre mit ihnen gar nicht möglich. Ich behaupte, an ihrem Verschwinden wurde systematisch gearbeitet. Sie fielen Eingriffen „von außen" zum Opfer. „Wachsen oder weichen" lautete über Jahrzehnte das Motto für die Landwirtschaft in Deutschland. Politiker sprechen von einem „natürlichen Strukturwandel" – welch eine Sprachverfälschung! Viel zu lange wurde außer Acht gelassen, dass die vielen kleinen Höfe zu einer Kleingliedrigkeit auf der Flur führten, dank derer sich auf den Wiesen und Äckern eine große Vielfalt entwickeln konnte. Denn in jedem Dorf wurde etwas anderes angebaut. Bei uns in Eham baute

ein Bauer Flachs für Leinen an. Das gab es in Freilassing noch in den 60er-Jahren auch auf anderen Höfen.
Wie konnte es geschehen, dass von den zwei Millionen Höfen, die es noch in den 50er-Jahren in Deutschland gab, Höfe, die sich über die Jahrhunderte entwickelt und den Menschen Leben und Überleben gesichert hatten, Menschen, die Millionen Arbeitsstunden dafür leisteten, wie konnte es geschehen, dass von diesen Höfen bis heute mehr als vier Fünftel verschwunden sind?
Wie konnte es zu diesem Bauernsterben kommen? Die Arbeit auf dem Bauernhof war sehr schwer. Durch Technisierung wurde den Bauern zwar die physische Arbeit erleichtert, sie war aber für ihre Psyche eine Katastrophe. Heute müssen die allermeisten der übriggebliebenen kleinen Bauern in die Arbeit gehen, denn die Entwicklung auf ihren Höfen trägt sich nicht von allein. Neue Maschinen, Futtermittel, Kunstdünger: Das alles kostet viel Geld, Geld, das früher überhaupt nicht vorhanden war und deshalb auch gar nicht für solche Zwecke hätte ausgegeben werden können. Auch wäre kein Bauer auf die Idee gekommen. Denn jede Landwirtschaft war ein in sich geschlossenes System, ein Perpetuum Mobile.
Nehmen wir als Beispiel den Futtermittelzukauf. Jeder Bauer baute früher Hafer oder Futterrüben an, um die Milchleistung seiner Kühe zu erhöhen. Aber niemand wäre auf die Idee gekommen, Soja aus Brasilien zuzukaufen. Hätte das jemand getan, der wäre beim Wirt so lange ausgelacht worden, bis er heimgegangen wäre. Auch einen Düngerzukauf gab es nicht, und das Wort Gülle war noch nicht erfunden.

Ein Instrument, um den Strukturwandel einzuleiten, eins, das von Politikern mit Vergnügen missbraucht wurde, war die Flurbereinigung. Das Flurbereinigungsgesetz stammt aus dem Dritten Reich, aus einer Zeit, in der in Deutschland eine Kleinfeldwirtschaft üblich und der Bauer auf seiner Scholle noch Herr war. In diesem Gesetz findet sich der berüchtigte Satz: „Einer Zustimmung oder Abstimmung der Betroffenen bedarf es nicht.“ Ein Kommentar erübrigt sich.
In Niedersachsen sind der Flurbereinigung und anderen Aktivitäten etwa 40.000 Kilometer Hecken zum Opfer gefallen. Diese Hecken waren vielfältige Lebensräume, wie man sie sich nur wünschen kann. Heute sind Fauna und Flora dort am Ende. Aber diese Hecken waren halt nicht maschinengerecht. Und in der Regel wurde die Flurbereinigung nicht nur zur Zerstörung einer gewachsenen vielgliedrigen Natur missbraucht, sondern auch, um die Umsetzung des politisch vorgegebenen Mottos für die Landwirtschaft - „wachsen oder weichen“ – voranzutreiben.

Nicht nur der Inhalt des Flurbereinigungsgesetzes, auch die Art seiner Umsetzung war eine Katastrophe für die Artenvielfalt: In die Kommissionen berufen wurden die großen Landwirte. Das bestimmte die praktische Umsetzung, die den Interessen der Großen, aber nicht denen der Kleinbauern diente: Ich erinnere mich an eine Bäuerin in Surheim, die Schweine züchtete. Ihre Landwirtschaft war klein, ihre Flächen waren Feuchtwiesen mit vielen kleinen Teichen. Auch einen Bombentrichter gab es dort, der voll Wasser stand und im Zug der Flurbereinigung aufgefüllt wurde. Ich erinnere mich so genau daran, weil ich das Feld bei Haberland gepachtet hatte. Als ich nachschaute, stellte ich fest, dass die Flurbereiniger den Trichter mit Müll aufgefüllt hatten, obwohl in der Flurbereinigungssatzung Erde mit vierzig Bodenpunkten festgelegt war. Stattdessen fand ich dort Kuhketten, Benzinkanister und reinen Müll. Das war typisch, weil sich eine kleine Bäuerin gegen die Flurbereiniger eh nicht helfen konnte. Auf meinen Protest hin wurde der Müll entfernt. Aber Erde, fruchtbarer Boden, wurde nicht aufgefüllt. Solche Dinge mussten die kleinen Bauern über sich ergehen lassen.

Die Flurbereinigung war ein gravierender Eingriff, der die vielfältige Landschaft zerstörte. Übriggebliebener Grund wurde für den Bau von Umgehungsstraßen missbraucht, für den Bau von tausenden Kilometern neuer Feldwege und für die Schaffung von Gewerbegebieten. Die von vielen Seiten beklagte Flächenversiegelung begann damals. Und wie heute geschah das alles auf dem Rücken der Bauern. Es war der größte Diebstahl bäuerlichen Eigentums seit der Bauernbefreiung, von der Politik legalisiert. Unrecht wurde zu Recht erklärt.

Insgesamt kann man sagen, dass es Eingriffe von außen waren: Die Agrarpolitik hat einen gewichtigen Anteil an der Zerstörung der kleinbäuerlichen Strukturen und damit auch des früheren Dorf- und Handwerkerlebens. Schützenhilfe leistete dabei die staatliche Schulausbildung der jungen Bauern. Es war also ein ziemlich umfassender Vorgang, der die sehr komplexen, über Jahrhunderte gewachsenen Strukturen zerstörte, die das Leben auf dem Land ausmachten. Die heutige Bauerngeneration wurde während ihrer Ausbildung kaputt gemacht. Die jungen Bauern lernten nach ganz primitiven Kriterien, die ihnen letztendlich schadeten. Und diese Kriterien hießen: „mehr-größer-schneller“. Die Vielfalt an Tieren und Pflanzen blieb nach und nach auf der Strecke, weil sie nicht zu diesem „Mehr-Größer-Schneller“ passt.

Ein Beispiel ist der Maisanbau. Er wurde „von oben“ forciert mit all seinen negativen Folgen für die Artenvielfalt und das Grundwasser. Mais war früher bei uns unüblich. In manchen Schrebergärten in Freilassing wuchsen vielleicht

fünf Pflanzen für die Hühner. Mais war unbekannt. Ebenso unbekannt war die Silage. Auch das heute nicht wegzudenkende Silo wurde „von oben“ eingeführt. Kein Bauer wäre auf die Idee gekommen, ein Silo zu bauen. Im Grund ist bei uns nichts anderes passiert als in Russland: Nikita Chruschtschow sah in Amerika den Mais und verordnete Maisanbau in der Sowjetunion. So ging das auch bei uns, aber subtiler und auf eine pseudodemokratische Art: Der Vorgang wurde über die Ausbildung in den Landwirtschaftsschulen und über die staatlichen Förderungen gesteuert.
Die Einführung des Silos wurde dem Bauern sogar mit der Natur erklärt: „Dann bist du nicht mehr vom Wetter abhängig. Denn deine Silage kannst du auch bei Regen einfahren, und die Kühe geben mehr Milch.“ Zu sagen „vergaß“ man, dass Kühe Rohfasern brauchen.

Die Einführung der Silage von Mais und der Gülle hat mindestens die Hälfte der ausgestorbenen Pflanzen und Tiere zu verantworten. Wie schizophren das Ganze ist, sieht man an der Aussage eines Traunsteiner Landwirtschaftsdirektors: Dass so viel Gülle in die Gewässer kommt, sei nicht der großen Menge geschuldet, sondern dem Umstand, dass der Regenwurm Gänge in die Erde gräbt, über welche die Gülle in die Vorfluter gelangt … Nein, das ist keine Satire, sondern wirklich geschehen. Dabei müsste der Direktor doch wissen, dass es im Boden keine Regenwürmer mehr gibt, weil die Gülle alle Bodenlebewesen umbringt. Der Wurm erstickt an ihr. (Siehe auch den Anhang zu diesem Buch).
Dann der Wettbewerb um die knappen Arbeitskräfte. Als mein Vater starb, hatten wir zwei Knechte. Die wurde mit verlockenden Angeboten von der Industrie abgeworben. Innerhalb von zehn Jahren halbierte sich die Zahl der Arbeitskräfte auf jedem Hof. Damit wuchs die Arbeitsbelastung der Bauern. Gerade in dieser Zeit wurde uns zur Reduzierung der Arbeit der Bau von Güllegruben vorgeschlagen: Mit solchen könne man sich die mühevolle Arbeit des Ausmistens sparen. Für die meisten Bauern war das ein verlockendes Angebot. Sie dachten: Ob ich jetzt den Mist rausfahre und dann den Odel nochmal extra, oder ob ich beides gleich zusammengemischt ausbringe, das ist ja eh dasselbe. Gesehen wurde nur die Arbeitsersparnis. Welche Auswirkungen das auf die Umwelt haben würde, war kein Thema.

Damals haben sich die kleinen Bauern tief verschuldet, um, wie empfohlen, modernisieren zu können. Und um ihre Kredite bedienen zu können, mussten sie in die Arbeit gehen. Ihre Arbeitsbelastung stieg, ihre Lebensqualität sank. Das Schuldenproblem betrifft vor allem die Bauernfamilien, die von schlech-

ten Beratern, nicht zuletzt von solchen ihres eigenen Berufsverbands, dazu getrieben wurden, sich immer mehr zu vergrößern und immer intensiver zu wirtschaften. An diesem Ziel wurden auch die staatlichen Zuschüsse ausgerichtet. Das Schlimme für mich ist, dass diese Art Landwirtschaft eine im Lauf von Jahrhunderten erworbene und durch nichts zu widerlegende Grundregel missachtet: Ich kann als Bauer nur das produzieren, was bei mir wächst. Und als Grundlage dazu brauche ich Mist und Vielfalt.
Dieses alte Wissen wurde innerhalb einer einzigen Generation plattgemacht. Man „riet" dem Bauern, sich zu vergrößern: Kauf Kunstdünger und Kraftfutter. Dann kannst du auf einem einzigen Hektar drei Großvieheinheiten halten. Dass man mit einem Hektar nur eineinhalb Großvieheinheiten ernähren kann, der Nährstoffkreislauf dann geschlossen ist und keine Belastung durch Überdüngung entsteht, geriet in Vergessenheit.

Mit dem Vergessen des richtigen Maßes begann ein Teufelskreis: Die Bauern wollen und sollen sich vergrößern. Nur lässt sich heute alles vermehren, außer Grund und Boden. Wegen des für ihre ständig wachsende Produktion viel zu knappen Bodens werden die Bauern dazu getrieben, die Düngung mit Gülle zu intensivieren und mehr Gülle auszubringen, als der Boden verarbeiten kann - bis zum Dreifachen! Daran sterben die Arten und die Mikroorganismen im Boden. Heute wachsen in vielen Wiesen nur noch drei Grassorten. Auf diesem Level pachten die Bauern Land dazu. Den zusätzlich benötigten Dünger kaufen sie im Lagerhaus.
Eine weitere, von der Politik und den Lebensmittelkonzernen durchaus beabsichtigte Folge ist, dass diese Art des Wirtschaftens bei einigen ganz wenigen Produkten zu einer enormen Überproduktion führt. Bei uns im Voralpenland zu einer Überproduktion von Milch. Bei uns dreht sich in der Landwirtschaft alles um die Milch. Dabei sind wir nie eine Milchgegend gewesen, sondern es wurden traditionell auch Getreide und Gemüse angebaut. In den 50er-Jahren wurde in Berchtesgaden bis in 1100 Metern Höhe Weizen angebaut und geerntet.
Auf meinem Hof läuft es anders. Von den sieben Hektar Acker nutze ich jährlich vier Hektar für den Anbau von Zwischenfrucht. Das reichert den Boden mit organischem Material und Stickstoff an. Zwischenfrucht bauen andere Bauern nicht an, weil sie viel zu viel Gülle haben, die ausgebracht werden muss. Ihre abgeernteten Felder bleiben vom Herbst bis ins Frühjahr kahl und sind der Wind- und Wassererosion ausgesetzt. Gerade in Hanglagen wird viel Erde abgeschwemmt, und die Nährstoffe landen in den Vorflutern und in unseren Seen. Im Landkreis Rottal-Inn beträgt die Erosion bis zu 80 Tonnen

Humus pro Hektar und Jahr. Das ist dramatisch. Zeitig im Frühjahr wird auf diese Flächen viel zu viel Gülle ausgebracht. Das ruiniert das Bodenleben endgültig, insofern es ein solches überhaupt noch gibt.

Und auch über ein weiteres Gebiet breitet sich Vergessen aus: Wer weiß heute noch, wie gesunde Nahrungsmittel ausschauen und schmecken? Milch, die aus fünfmal gemähtem Gras produziert wird, ist ernährungstechnisch eine Katastrophe. Das Problem ist, dass die nächste Generation gar nicht mehr wissen wird, wie gut Milch schmeckt. Die nächste Generation wird vieles nie erfahren, weil sie es nie gesehen, gehört, geschmeckt oder gerochen hat. Die eingetretene Verarmung des Lebens wird ihr nie bewusst. Vielleicht ist die Verarmung in der Natur, die wir beobachten können, ja auch nur ein äußeres Spiegelbild unserer geistigen Verarmung?
Aber ich will nicht nur klagen. Noch ist es nicht zu spät. Die Politik in einem der finanziell reichsten Staaten der Erde hätte es in der Hand, diesem Vergessen, dieser geistigen Verarmung entgegenzuwirken. Meine Vision wäre die Anlage von rein biologischen Feldgehölzen. Dort könnte sich von Neuem die biologische Vielfalt ausbreiten. Mein Traum ist, dass die Rebhühner und Wachteln eines Tages wieder in Freilassing spazieren gehen. Aber es ist nichts mehr da, keine Rehe, keine Hasen, keine Singvögel. Pirol und Wiedehopf habe ich seit vielen Jahren nicht mehr gesehen, ebenso wenig den Kleiber, der an meinem Küchenfenster regelmäßiger Gast war. Ist ja auch klar: Wo bitte schön, soll er sich aufhalten? In den überdüngten dunkelgrünen Getreidefeldern, die noch vor ihrer Reife siliert werden? Meine eigenen Inseln in dieser völlig verarmten Landschaft sind zu wenig und zu klein, um bedrohten Tierarten ein Überleben zu ermöglichen.

Aber nicht nur auf die Flora und Fauna und auf das Grundwasser wirkt sich der Strukturwandel aus, sondern auch auf die Gesellschaft und die Ideen, die aus ihr entspringen: Menschen, die selbständig arbeiten und handeln: Bauern, Metzger, Müller, Bäcker, Schreiner, Holzverarbeiter, Inhaber kleiner Keltereien: Sie alle haben über die Jahrhunderte an der kleinteiligen Landwirtschaft partizipiert. Sie waren wirtschaftlich und politisch völlig unabhängig, weil sie vor Ort produzierten und den Bedarf vor Ort deckten. Ihre wichtigste Eigenschaft aber war ihre geistige Selbständigkeit. Dabei stand der Bauer, dessen Produkte sie veredelten, früher im Zentrum des wirtschaftlichen Lebens und damit im Zentrum des Dorfs und des gesellschaftlichen Lebens. Mit den vielen kleinen Höfen starben auch die Möglichkeiten der kleinen Handwerker und Bauern, eigenständig zu wirtschaften und miteinander Netzwerke zu

knüpfen, Netzwerke, die so feingliedrig waren, wie es die Politik von außen nie steuern könnte.
Ich selbst bin als Bauer unregierbar. Ich denke, und dann handle ich. Ich lasse mir nicht von einem studierten Strohkopf aufschwatzen, dass ich nicht zwölf, sondern hundertzwanzig Kühe brauche, um zu überleben. Und eine solche geistige Unabhängigkeit kann unsere Gesellschaft nicht brauchen, am allerwenigsten die Lebensmittelindustrie. Ein Großteil der Veränderungen wurde von den Lobbyisten der Lebensmittelindustrie orchestriert. Als Abgeordneter des Deutschen Bundestags habe ich es miterlebt.
Wie war es früher? Die Ehamer Bauern lieferten im Winter mit dem Hundeschlitten ihre Milch in der Kanne in unserem Edeka-Geschäft ab. Dort gab es noch eine eigene Molkerei, die alles herstellte: Frische Milch, Rahm, Magermilch. Von einer solchen Eigenständigkeit ist unser Leben heute weit entfernt, selbst das der Bauern. Das schönste Beispiel einer aufgezwungenen Abhängigkeit ist das Kalb, das im Stall zwei Meter hinter der Mutter hängt. Der Bauer liefert die Milch der Kuh an die Molkerei. Diese stellt daraus Käse, Butter, Rahm und Magermilch her. Die Magermilch wird etwa einhundert Kilometer in eine Fabrik transportiert, wo sie unter sehr hohem Energieaufwand zu Milchpulver weiterverarbeitet wird. Das Milchpulver wird, wieder mit einem hohen Energieaufwand, an die Lagerhäuser geliefert. Dort holt es der Bauer säckeweise ab und rührt damit die Milch an, um das Kalb zu füttern, das zwei Meter hinter seiner Mutter hängt.

Und das Ergebnis dieses Schwachsinns? Ein mit hohem Energieaufwand hergestellter Milchsee und in der Folge schlechte Milchpreise und strohdumme Bauern, die auf diese schlechten Milchpreise reagieren, indem sie noch mehr Milch abliefern. Tag für Tag liefern sie hunderte Kilo Milch ab, die sie unter dem Produktionspreis erzeugt haben. Und ihre Reaktion? Sie erhöhen ihre Produktion! Keine Satire kann wiedergeben, was sich heute in der Landwirtschaft abspielt. Das Schlimme dabei ist nur, dass es ernsthafte Kollateralschäden gibt, am bedenklichsten sind für mich die irreversiblen Schäden, die wir an unseren Böden und der Natur insgesamt anrichten.
Wie oben erwähnt, gab es früher überall regionale Einrichtungen zur Verarbeitung der Lebensmittel für die Menschen in der Region. Diese wurden systematisch ruiniert und der Bauer damit in eine Abhängigkeit von der Ernährungsindustrie gedrängt. „Westmilch", „Südmilch" oder „Südfleisch" brauchen keine Bauern, die zwei Kälber im Jahr liefern, sondern große zentrale Produktionsstätten. Als ich Bauer wurde, war der Durchschnittsbetrieb in Deutschland 14,2 Hektar groß. Heute sind es 62,4 Hektar. Ist diese Größe

wirklich nötig zum Überleben? Nein. Wenn ich biologisch Gemüse anbaue, erreiche ich auf einem einzigen Hektar 25.000 Euro als Deckungsbeitrag.
Es gäbe so viele Dinge, die ich als Bauer produzieren kann und die man früher bei uns produziert hat. Aber das ist alles zuerst verschwunden und dann in Vergessenheit geraten. Die Vielfalt wurde von einer Monokultur verdrängt, die zur Eintönigkeit im Denken führt und den Bauern in die Abhängigkeit der Lebensmittelindustrie zwingt. Wir steuern auf amerikanische Verhältnisse zu, wo die Zulieferung von Saatgut, Düngemitteln, Maschinen, Ernte und Abtransport in der Hand einer einzigen Firma sind und der Bauer nur noch ein Sklave derselben ist. So ist es heute im Getreidegürtel der USA. Und so wird es bei uns kommen. Diese Entwicklung ist gewollt.

Eine mögliche Alternative für den Bauern gibt es anscheinend nicht mehr, weil es die früheren Abnehmer für die Produkte der Bauern nicht mehr gibt. Sie sind dem Konkurrenzkampf mit der Lebensmittelindustrie zum Opfer gefallen. Der Staat hat sich in diesem Konkurrenzkampf alles andere als neutral verhalten, hat zum Beispiel über den Hebel der Hygieneverordnung ungezählte Betriebe im Lebensmittelhandwerk zum Aufgeben gezwungen. Ich behaupte, dass wir an unserer übertriebenen Hygiene eines Tages noch alle sterben. Als ich die Milch meines Hofs als Direktvermarkter zum Verkauf anbot, schaltete sich schnell das Landratsamt ein und bestimmte, was ich auf meinem Verkaufsschild zu schreiben hatte, nämlich: „Sie erhalten hier Rohmilch. Sie soll vor Verzehr abgekocht werden.“ Heute lautet der Text: „Sie muss vor Verzehr abgekocht werden.“ Die gesamte Verkaufsstelle muss gekachelt und mit Waschbecken ausgestattet sein, die ich mit der Hand nicht mehr berühren darf!

Solche Vorschriften, deren Einhaltung noch dazu peinlich genau überwacht wird, haben dazu geführt, dass ich heute keine Milch mehr direkt vermarkte. Sie haben aber auch dazu geführt, dass viele Metzger und andere Lebensmittelhandwerker, an welche der Bauer früher liefern konnte, aufgegeben haben. Sie sind von der Bildfläche verschwunden. Damit zerriss das Netzwerk. Die wichtigsten Abnehmer gingen verloren, und der Bauer hatte immer weniger Alternativen, mit wem er Wirtschaft treiben konnte. Und er kann sich heute keine Alternativen zu seiner eigenen misslichen Situation und zu seiner Art des Wirtschaftens mehr vorstellen.
Unter Mühen beschreiten wir diesen Irrweg. Ob es ein Zurück gibt, hängt von der Gesellschaft und vom Willen der politisch Verantwortlichen ab. Mein Vorschlag dazu: Es wäre interessant zu erfahren, mit wieviel Steuergeld der

Staat die Atomwirtschaft von ihren ersten Anfängen an unterstützt und aufgepäppelt hat. Denselben Betrag sollte man in ein Programm für die Rückkehr in die kleinbäuerlichen Strukturen investieren. Dreh- und Angelpunkt wären dabei die Gemeinden. Sie sollten jungen Menschen, die Bauern werden wollen, Grund und Boden zur Verfügung stellen. Die Existenzgründungen könnten durch günstige staatliche Kredite und eine qualifizierte Beratung und Begleitung unterstützt werden. Eine wesentlich größere Rolle könnte dem Wiedereinstieg in die Landwirtschaft zukommen, da in unserem Land hunderttausende Höfe leer stehen oder anderweitig genutzt werden. Die Gebäude, Grund und Boden sind meistens noch vorhanden, aber verpachtet.
Im Grunde stehe ich in Deutschland vor derselben Herausforderung, vor der ich auch mit meinem Verein bei der Arbeit für die Wiederauferstehung der freien Bauern in Russland stehe. Es geht um echte Pionierarbeit. Pionierarbeit, wie sie von unseren Vorfahren vor tausend Jahren geleistet wurde. Ich bin sicher, dass hierzulande hunderttausende junge Menschen sofort mit einer Landwirtschaft beginnen würden, wenn ihnen der Staat die Voraussetzungen dafür schafft. Bei der Wiedervereinigung wurde das Gegenteil praktiziert, welch eine Verschwendung, welch eine vertane Chance!

Alles, was heute in der Politik geschieht, wird als „alternativlos“ hingestellt. Das ist grundsätzlich falsch. Alterativen für einen besseren Weg gibt es immer. Und der freie Geist der Bürger ist dem des Staats haushoch überlegen. Nur darf er sich nicht entfalten, weil Politik und Behörden sich davor am meisten fürchten. Dabei wäre es mit den heutigen technischen Möglichkeiten viel einfacher für uns, etwas zum Besseren zu verändern. Wir könnten viel effektiver sein als unsere Vorfahren, zumal das Grundgesetz und die Verfassungen einiger Bundesländer die Voraussetzungen dafür bereitstellen. Im Artikel 153 der Verfassung des Freistaats Bayern heißt es: „Die selbständigen Kleinbetriebe und Mittelstandsbetriebe in Landwirtschaft, Handwerk, Handel, Gewerbe und Industrie sind in der Gesetzgebung und Verwaltung zu fördern und gegen Überlastung und Aufsaugung zu schützen. Sie sind in ihren Bestrebungen, ihre wirtschaftliche Freiheit und Unabhängigkeit sowie ihre Entwicklung durch genossenschaftliche Selbsthilfe zu sichern, vom Staat zu unterstützen. Der Aufstieg tüchtiger Kräfte aus nichtselbständiger Arbeit zu selbständigen Existenzen ist zu fördern.“

Genau das Gegenteil davon hat die Politik in den letzten sechzig Jahren praktiziert! Worauf warten wir? Der Preis für den Weg, den wir für die sogenannte Modernisierung der Agrarindustrie in Deutschland beschreiten, ist längst viel

zu hoch. Die Entwicklung macht uns materiell zwar reicher, lässt uns aber geistig verarmen und die Natur sterben. Ich bin überzeugt, dass die meisten Politiker im Freistaat bis heute nicht wissen, was die Grundlagen ihres Handelns sind, nämlich das Grundgesetz und die bayerische Verfassung.
Scheinbar nur ihren Parteien verpflichtet, das Bemühen, auf der Karriereleiter nicht abzustürzen und alles nachzuplappern, was der Vorsitzende/die Vorsitzende verlauten lässt, scheint ihr einziges Credo zu sein. Das ist keine Politik für das Volk. Das ist Geschwätz. Wir bräuchten wieder Menschen mit Rückgrat, mit eigenen Ideen, mit Volksnähe nicht nur kurz vor den Wahlen, die gerade anstehen. Solche Menschen sind inzwischen dünn gesät, sehr dünn. In meiner Kindheit gab es sie, zu meinem großen Glück.

KAPITEL DREI: TEUFELFLEISCH UND WIE MAN EIN REH FÄNGT

Denn es gab auch noch eine andere Kindheit, nicht nur die in der Natur, sondern die mit den Menschen, die mich umsorgt, aufgezogen und bestimmt auch geliebt haben so wie ich sie. Dazu gehören auch meine neun Geschwister, die ich als Ältester am intensivsten erlebt habe. Das abgedroschene Wort von einer „verschworenen Gemeinschaft" traf auf uns zehn im besten Sinne zu.

Mutter und Vater, der viel zu früh starb, der Großvater väterlicherseits und die beiden Eltern meiner Mutter waren die Menschen, denen ich einen Großteil meines Werdegangs verdanke, meine Einstellung zum Leben, mein Interesse an Politik, an der Gesellschaft und ihrer Entwicklung und nicht zuletzt an anderen Ländern, den Menschen dort, ihren Geschichten und Schicksalen. Der Vater meiner Mutter war ein Mensch, wie man ihn sich ein Leben lang als Begleiter wünscht. Geboren am 17. August 1896 als einziges Kind, ein Mann von großer Gestalt mit einer Lebenserfahrung, die vom Himmel bis zur Hölle reicht. Er hat mir viele, viele Geschichten erzählt über den Ernst und die Freuden des Lebens, auch traurige und schreckliche, die ich bis heute nicht vergessen will und auch nicht kann. Einige möchte ich hier erzählen, die lustigen und schönen zuerst.

Der Vater meiner Mutter, Ludwig Hiebl, geboren 1896, war derjenige, der mir als Kind und Jugendlichen am meisten darüber beibrachte, was im Leben wichtig und unwichtig ist. Er war politisch rege interessiert.

Es war im Winter 1913/1914. Opa, erst siebzehn Jahre alt, machte mit seinem Freund, dem Dandl Zenz, Holz in seinem Wald. Die Arbeit ging von acht Uhr in der Früh bis drei Uhr. Unterhalb des Gehölzes, das an einem Hang stand, befand sich der „Schweigerkeller". Bevor sie zu Fuß die drei Kilometer nach Hause gingen, genehmigten sich die beiden dort eine kurze Rast. Sie tranken ihren Scheps, ein Dünnbier, für richtiges Bier reichte das Geld nicht, als draußen eine sehr vornehme Kutsche vorfuhr und kurz darauf ein ebenso vornehmer Herr, zumindest was die Kleidung betrifft, die Wirtsstube betrat. Er bestellte das Beste vom Besten. Er war ein Herr „von und zu", ein Baron. Bald entwickelte sich ein Gespräch, in dessen Verlauf der Herr Baron auf die Jagd zu sprechen kam und sich damit brüstete, welch kapitales Wild er schon erlegt habe. Opa und der Zenz hatten ihn längst eingeordnet als „Sprüchemacher". Auf seine Frage, ob es in der Gegend auch Wild gebe und ob die beiden Burschen schon welches geschossen hätten, antwortete mein Opa:
„Bei uns schießt man die Rehe nicht. Wir fangen sie. Ich laufe dem Rehbock so lange nach, bis er nicht mehr kann und erschöpft stehen bleibt. Dann forme ich meine Hand zu einem Keil, stecke sie in den After des Bocks und spreize die Finger: Das Tier ist gefangen." Damit war das Gespräch über die Jagd beendet.
Diese Art von Humor und Schlagfertigkeit hat mir schon als Kind imponiert. Ich habe sie mir zu eigen gemacht. Das hat mir später, speziell in der Politik, manche Freude und Genugtuung verschafft, bis zum heutigen Tag.
Fasziniert hörte ich den Geschichten meines Großvaters zu, die mich auch oft zum Nachdenken brachten. In der Schule wurde im Religionsunterricht vom Teufel gesprochen. Es sei das Schlimmste überhaupt, wenn er deiner Seele habhaft wird, weil du Böses getan hast. Opa jedoch sagte oft ein kleines Gedicht auf, das den Ausführungen des Pfarrers völlig zuwiderlief:

„Heute in drei Wochen
wird der Teufel abgestochen.
Wer ein Teufelfleisch mag,
soll kommen an dem Tag."

Ob Großvater das beabsichtigt hatte oder nicht: Angst vor dem Teufel und ähnlichen „Werkzeugen" der Obrigkeiten habe ich nie wieder gehabt.
Vor ein paar Jahren wurde ich vom Bayerischen Rundfunk in die Sendung „Der Sonntagsgast" eingeladen. Als Gast durfte ich mir ein Lied oder eine Melodie wünschen, die vor dem Interview gespielt wurde. Ich wünschte mir das alte Lied „Schau, schau, wia´s renga tuad", neu interpretiert von Hubert von

Goisern. Auf die Frage meines Gegenübers: „Warum dieses?", sagte ich, „weil es das Lieblingslied meines Großvaters war, als Andenken an ihn".
Mein Opa war ein sehr musikalischer Mensch. Er hat mir die alten Lieder beigebracht, die ich noch heute gerne singe. Nur werden die Gelegenheiten dazu immer seltener. Er spielte Zither und Mundharmonika, und sein Gesang war wunderschön. Auch darüber erzählte er Geschichten. Nach dem Ersten Weltkrieg gab es noch keine Musikkapelle oder Ähnliches. Trotzdem wurde getanzt: Opa spielte Mundharmonika und tanzte gleichzeitig.
Wie stark muss ein Mensch sein, der seinen Enkeln, fast jedes Mal, wenn wir ihn darum anbettelten, Lieder singt und Harmonika vorspielt! Aber es gibt über ihn auch schlimme Geschichten. Die möchte ich ebenfalls erzählen, auch wenn es mir schwerfällt.

Am 26. Januar 1916, mit nicht einmal zwanzig Jahren, wird mein Großvater zur Armee eingezogen. Nach einer dreimonatigen „Ausbildung" kommt er direkt in die Hölle von Verdun und an die Somme. Er erleidet eine Gasvergiftung, verliert die Hälfte der Zähne.

Ludwig Hiebl (hinterste Reihe links) mit Kriegskameraden.

Aber er überlebt und wird am 15. Oktober 1919 aus dem Militär entlassen. Bei diesen Geschichten kamen Großvater die Tränen, und Mutter hat uns Kinder eingebremst, damit wir nicht weiter fragen. Einen schwachen Eindruck des Grauens, das er mitgemacht hat, habe ich später aus den Büchern, die ich über diesen Krieg las, erhalten.
Großvaters wohl schönster Lebensabschnitt waren die zwanzig Jahre zwischen den beiden Weltkriegen. Ludwig Hiebl, so sein Name, Jungbauer auf dem Hof der Eltern in Gerspoint, einem Bauerndorf, das etwa fünf Kilometer von Eham entfernt liegt. Der Hofname war „beim Kern", so wie mein Hof „beim Schmied" heißt. Auch heute noch kennen die Leute oft nur den Hofnamen. Das ist in Oberbayern so üblich. So wurde Großvater nur der „Kern Luggi" gerufen, und wir nannten ihn „Kernopa".
1925 heiratete er Helene Hiebl. Dem Ehepaar wurden elf Kinder geschenkt, das Drittälteste war meine Mutter. Die Kernoma haben wir gerne besucht, denn dort gab es für uns immer eine große Scheibe selbstgebackenes Brot mit Butter und einer dicken Schicht Zucker drauf. Das war damals ein einmaliger Genuss, wenn auch für heutige Geschmäcker eine etwas seltsame Gaumenfreude.

Die „goldenen Zwanziger Jahre" waren auf den Dörfern alles andere als golden. Es herrschte Armut und zugleich eine Schlichtheit, die sich vollkommen darauf konzentrierte, dass der Bauernhof oder das Handwerk überlebt. Auch aus dieser Zeit hat mir Großvater einige Geschichten erzählt. Es gab in Gerspoint elf Höfe, alle im Vollerwerb, und einen Mann mit einem Häuschen und Familie, einen sogenannten „Scharwerker", das heißt, einen Menschen, den man aufgrund seiner vielfältigen handwerklichen Fähigkeiten zu allen möglichen Arbeiten brauchen konnte. Seine Familie war arm, hatte ein paar Ziegen und Schafe, einen kleinen Gemüsegarten am Häuschen. Das war´s, keine Wiesen, keine Felder, keinen Wald. Doch damals funktionierte die Dorfgemeinschaft noch. Jeder im Dorf hat bei der Ernte einen kleinen Fleck seiner Wiese stehen lassen. Das durfte dann der „Buxei", so hieß der Mann, abernten, damit er im Winter Futter für seine Tiere hatte. Im Herbst zeigten ihm die Bauern die Bäume, die er für sein Brennholz schlagen durfte. Damals hatte der bayerische Leitspruch „leben und leben lassen" noch seine Gültigkeit.

Und heute? Heute ist dieser Spruch nichts weiter als eine hohle Phrase. Die Bauern überbieten einander geradezu in ihrer Gier nach dem Boden des Nachbarn. Schon vor der Beerdigung des verstorbenen Bauern bedrängen sie dessen Witwe, die Grundstücke zu verpachten, statt ihr beizustehen und ihr vielleicht bei der Ernte zu helfen. Erst kürzlich ist das wieder passiert. Statt darüber nachzudenken, wann und warum sie vielleicht die Nächsten sein werden, die unter die Räder kommen. Und der Gedanke, welche Kraft sich durch ein gutes Klima im Dorf entfalten könnte, ist ihnen völlig abhandengekommen. Welch Pharisäertum hat Einzug gehalten in unseren Gehirnen! Bei der Beerdigung betet man das Vaterunser, wo es auch heißt „unser tägliches Brot gib uns heute", und am nächsten Tag wird der Grundstoff für das Brot, das Getreide, in der Biogasanlage vernichtet, obwohl täglich tausende Kinder verhungern. Alles katholisch oder was?

Viele Geschichten vom Kernopa klingen heute eher belanglos, doch ihre Wirkung auf mich als Kind war es durchaus nicht, zum Beispiel die mit den Maulwurffellen. Diese wurden eine Zeitlang für die Herstellung von Pelzwaren für die höhere Gesellschaft sehr geschätzt. Mit einem Fell konnte man beim Wirt ein Essen mit Getränk bezahlen. Die kleinsten Dinge können zuweilen groß herauskommen.
Die Erinnerung an diese Geschichte hat mich dazu gebracht, dass ich vor etwa acht Jahren einen Versuch unternommen habe. Die Kartoffelernte fiel in jenem Jahr nicht gerade „groß" aus. Es gab viele kleine und kleinste Erdäpfel. In den Geschäften und Supermärkten wurden damals die sogenannten „Cocktailtomaten" angeboten. Also bot ich „Cocktailkartoffeln" an. Dazu lieferte ich ein Rezept, das ich selbst ausprobiert hatte. Schon im zweiten Jahr waren sie der „Renner". Sie sind es bis heute geblieben.
Großvaters Mutter kam aus einem Dorf in Oberösterreich. Zur Hochzeit einer Verwandten brach er um ein Uhr in der Früh barfuß auf und ging etwa dreißig Kilometer immer an der Salzach, dem Grenzfluss, entlang. Im Rucksack befanden sich seine Schuhe und das „schöne G´wand", die Kleidung für die Feier. Gleich im Anschluss ging er wieder zurück. Um vier Uhr früh war er wieder daheim. Ich habe nichts gegen Schuhe, und will auch niemanden animieren, Hochzeiten zu Fuß zu besuchen. Ein wenig mehr Bewegung würde den meisten von uns aber nicht schaden. Die Fettleibigkeit entwickelt sich zu einer Volkskrankheit, und es sollte verboten werden, sich die Pizza oder gar die Zigaretten mit dem Taxi kommen zu lassen, damit Mann oder Frau nur ja nicht eine Minute des „hochqualifizierten Bildungsprogramms" – das vom „Tatort" bis zum „Musikantenstadl" reicht, übersieht.

Bei den letzten Geschichten, die ich über meinen Großvater erzählen will, verbietet sich jede Art von Polemik oder Ironie. Sie erfüllen mich mit großer Trauer und einem Gefühl der Hilflosigkeit. In Deutschland zog das „Tausend-

jährige Reich" ein und brachte in den zwölf Jahren seines Bestehens unendliches Leid über die Menschheit. Die beiden ältesten Kinder meiner Großeltern, die Brüder meiner Mutter, Ludwig und Hans, Jahrgang 1924 und 1925, mussten zum Militär und in den Krieg. Die Lebensmittel, die ein Bauer herstellte, waren fast komplett abzuliefern. Ein Butterfass nicht abgeliefert oder gar benutzt zu haben und dabei erwischt zu werden, brachte einen direkt nach Dachau. Das gleiche galt, wenn man Schweine, Kälber oder auch nur Hühner schwarz schlachtete.
Trotz der damit verbundenen Gefahr versuchten natürlich fast alle Bauern, ihre Familie ohne Hunger durch diese Zeit zu bringen. Die meines Großvaters war sehr groß. Er musste täglich fünfzehn hungrige Menschen satt bekommen. Also gab es ein offizielles Schwein oder auch zwei oder drei davon und ein „illegales", das in einem Versteck gehalten wurde. Bevor man das Getreidestroh, den „Strohstock", einlagerte, wurde ein Verschlag gezimmert und dort das Schwein untergebracht. Darauf kam dann das Stroh. Geschlachtet wurden dann zwei Schweine gleichzeitig: Das „offizielle" und das „illegale". Anschließend wurden die zwei Hälften des „offiziellen" am Scheunentor aufgehängt. So wartete man auf den Kontrolleur, der die Fleischmenge bestimmte, die man abzuliefern hatte. Der kam und sah zwei Schweinehälften, jedoch eine jede mit einem Ringelschwänzchen. Aus Nervosität und Angst hatte Großvater eine falsche Hälfte aufgehängt. Diese Geschichte endete mit dem Satz, er habe „Blut geschwitzt" bis zu dem Augenblick, als der Kontrolleur beide Augen zugedrückt habe.

Über ein Ereignis in seinem Leben konnte Großvater nie sprechen, nicht ein einziges Wort über den „Heldentod" seines Sohns Hans. Mutter hat es mir erzählt, auch sie nur ein einziges Mal, und hat dabei geweint. Hans, gerade neunzehn Jahre alt, war auf Heimaturlaub zu Hause, es war Ende Oktober 1944. Der einst lebenslustige junge Mann, der früher auf seiner Ziach gern Musik gemacht hat und für jede Gaudi zu haben war, ist still geworden. Mit jedem Tag rückt das Ende seines Urlaubs näher. Und er wird immer stiller. Am Tag der Abreise bittet er Großvater sogar, ihn irgendwo zu verstecken. Opa, der wusste, was Krieg ist, der viele junge Menschen hat sterben sehen, muss seinen eigenen Sohn geradezu aus dem Haus stoßen. Es ist für beide eine Katastrophe. Vater und Sohn ahnen wohl, was kommen würde. Und so kommt es.

Laut einer Statistik betrug im Herbst vierundvierzig die Lebenserwartung für einen Soldaten der deutschen Wehrmacht gerade noch ein paar Wochen. Im

Februar fünfundvierzig kam dann der Brief, überbracht vom Bürgermeister: „Ihr Sohn Johann Hiebl, Gefreiter in einem Gebirgsjägerregiment, wurde am neunzehnten Februar schwer verwundet und ist am zwanzigsten Februar in einem Lazarett, im zwanzigsten Lebensjahre, fürs Vaterland gestorben." Ende der Nachricht.

Abgesehen davon, dass die Wahrheit eine andere war als die offizielle Todesnachricht, herrschte in der Familie lange Zeit Leichenhausstimmung. Eine normale Unterhaltung zwischen den Eltern und den Kindern war nicht mehr möglich. Bei Großvater war diese Seelenqual ein Leben lang spürbar. Die Wahrheit über den Tod seines Sohns erfuhr Opa erst Jahre später von einem Kameraden, der überlebt hatte: Bei Ratibor in Schlesien wurde Hans das halbe Bein weggerissen. Von einem Verbandsplatz oder gar einem Lazarett keine Spur. Er verblutete bei vollem Bewusstsein. Beim Schreiben dieser Zeilen empfinde ich, als wären die Angst des Sterbenden, seine Sehnsucht nach den Eltern und Geschwistern, nach seiner Heimat und seinem Zuhause im Raum, in dem ich sitze, anwesend. Als Vater bezeichnet man einen Mann, der Kinder hat. Als „Vaterland" bezeichnet man ein Land, das Vätern ihre Kinder tötet.
Mit leiser, sehr ernster Stimme, erzählte mir mein Großvater Folgendes: Es gab in der Gemeinde zur Nazizeit einige Nazis und einen Obernazi. Der war „Sonderführer Ost" in der Ukraine. Was solche Herren dort angestellt haben, ist hinlänglich bekannt. Opa nannte ihn einen „Goldfasan" aufgrund der Streifen an seiner braunen Uniform. Dieser „Goldfasan" hat einen jungen Soldaten aus der Gemeinde, der auf Fronturlaub zu Hause war und einen Rehbock wilderte, in ein Strafbataillon gebracht, was der nicht überlebte. Kurz nach Kriegsende haben die überlebenden Männer der Gemeinde vor dem Haus des „Goldfasans" ein „Haberfeldtreiben" veranstaltet. Diesen Brauch gibt es nur in Bayern. Dabei wurden öffentlich die Untaten dieses Herrn verkündet. Trotzdem wurde dieser Herr Jahre später in den Kriegerverein aufgenommen. Großvater, sein Sohn Ludwig und einige andere sind daraufhin unverzüglich aus dem Verein ausgetreten.

Die Begriffe „Freiheit", „Recht" und „Gerechtigkeit" gab es schon zu der Zeit, in der sich diese Geschichten ereignet haben. Und die „Wahrheit" lief in braunen Uniformen durch die Gegend. Der Vater meiner Mutter hatte es nicht leicht auf der Welt. Umso dankbarer bin ich, dass es ihn gegeben hat.
Dasselbe gilt für den Vater meines Vaters, dessen Einfluss auf mich und mein Leben ebenso stark, aber anderer Natur war. Er war ein Mann mit einem fast zu stark ausgeprägten Sinn für Recht, Gerechtigkeit und mit einem Stolz als

Bauer, der heute meinen Berufskollegen fast ganz abhandengekommen ist. Ich meine, einen positiven inneren, nicht nach außen getragenen Stolz auf seine Familie, seine Arbeit und seinen Einsatz für die Allgemeinheit. Geboren 1892 auf dem Hof in Eham, wie auch seine Vorfahren, als Zweites einer achtköpfigen Kinderschar, bis 1914 „Jungbauer", dann Kavallerist beim „1. Bayerischen Schwerreiterregiment Prinz Karl von Bayern", fünf Jahre Krieg und „Dienst am Vaterland", der für seinen Bruder Alois bereits im Juli 1918 in Flandern „auf dem Feld der Ehre" endete. 1919 gesund aus dem Militär entlassen, bis 1939 Familienvater und Bauer. Dann der Zweite Krieg in seinem Leben. Seine beiden Söhne Stephan und mein Vater Mathias mussten dorthin, wo er bereits einmal gewesen war, nach Russland, was beide glücklicherweise überlebten.

Dann wieder die neue Zeit, mit Leib und Seele Bauer, Pferdekenner und Liebhaber besonders von Pferden, die ausschlugen und bissen, die Kraft und Charakter hatten, wie mein Großvater sich ausdrückte. 1947 wurde er zum Bürgermeister der Gemeinde Freilassing gewählt und blieb es bis zu seinem Tod 1956. Und in dieser neunjährigen Amtszeit haben sich Geschichten ereignet, und er hat Dinge getan, die ich ab und zu auch gerne tun würde, aber nicht tun darf in unserer demokratischen Republik, in der persönliche Beleidigungen von Anwälten und Gerichten behandelt werden, falls es soweit kommt. In der Regel jedoch kann man heutzutage direkt oder „hintenherum" jeden beleidigen, ohne zur Rechenschaft gezogen zu werden. Mein Großvater hat solcherlei Anmache sofort erledigt.
Waren das noch Zeiten, als Bürgermeister ganz normale Bürger und bei jeder möglichen und unmöglichen Gelegenheit für alle ansprechbar waren! Als sie nicht allen alles versprechen mussten und doch kein Versprechen gehalten wurde, so wie das heute der Fall ist, als das Gemeindeoberhaupt noch Mensch sein durfte mit all seinen guten und seinen schlechten Seiten! Es ereignete sich also Folgendes: Bürgerversammlung in der Gemeinde im Gasthof „Mirtlwirt". Der Gasthof liegt in Salzburghofen, heute ein Ortsteil der Stadt Freilassing, damals der Mittelpunkt des gesellschaftlichen Lebens und Zentrum der Gemeinde. Der Bürgermeister, wie auch heute noch üblich, legt Bilanz ab und nimmt Anregungen und Anliegen der Bürger mit oder gibt Auskunft zu diesen. Die Versammlung hatte noch nicht begonnen, als ein Bauer aus der Gemeinde dem Großvater laut und vor allen Gästen zurief: „Gelt, Schmid (Hausname unseres Hofs), wenn ich meine Steuern nicht bezahlen würde, dann könntest du deine Kinder nicht ernähren." Großvaters Reaktion folgte augenblicklich. Er nahm den großen Aschenbecher vom Stammtisch an dessen unterem Ende der „Schmährufer" saß und warf ihm diesen an den Kopf,

sodass er im Krankenhaus genäht werden musste. Der Wirt, Peter Kreuzeder, ein Bruder des Bürgermeisters Mathias Kreuzeder, warf diesen daraufhin aus dem Gasthaus, und die Bürgerversammlung war zu Ende, bevor sie begonnen hatte. Ohne Reue bezahlte Großvater die ärztliche Behandlung, denn viele Bauernfamilien hatten damals keine Krankenversicherung, und der Fall war erledigt.

Wie groß oder nichtig war das, was den Großvater zu dieser Tat veranlasst hatte? Mein Opa sah sich als Bauern, einen richtigen Bauern, und war stolz darauf, er sah sich als einen Bauern, der alles dafür tut, dass der Hof die Familie ernährt, dass der Bäcker, Metzger, Müller, die Molkerei und andere Menschen zu leben und zu essen haben. Einem solchen Bauern vorzuwerfen, er wäre nur mit Hilfe einer Steuer, mit der sein Sold als ehrenamtlicher Bürgermeister bezahlt wird, in der Lage, seine Kinder zu ernähren, war für ihn eine enorme Beleidigung. Eine Beleidigung war es auch, jemanden, der seine gesamte freie Zeit der Allgemeinheit widmet, auf diese Weise herunterzusetzen. Wer so etwas tut und das auch noch in aller Öffentlichkeit, der hat den Aschenbecher verdient.

Mein Großvater Mathias Kreuzeder mit Amtskette und der Stadterhebungsurkunde von Freilassing. Das Gemälde im Hintergrund zeigt seinen Vater Lorenz Kreuzeder, der 18 Jahre Freilassing-Salzburghofener Bürgermeister war und sich sein Leben lang für die Menschen in seiner Gemeinde einsetzte.

Und heute? Ich war sechs Jahre Stadtrat, vier Jahre Mitglied des Deutschen Bundestags, habe hunderte Veranstaltungen außerhalb der Politik gegen die Zerstörung der bäuerlichen Landwirtschaft, gegen die Milchkontingentierung, gegen die Atomkraft, gegen den Bodenfraß in unscrem Land und so weiter mitorganisiert und abgehalten, habe mich also auch als Vollerwerbsbauer für andere eingesetzt und viel meiner Lebenszeit dafür gegeben. Trotzdem und nicht bloß einmal wurde ich ebenso „hinterfotzig" angemacht wie damals mein Opa.

Beispiel eins: Die Stadt Freilassing, als besonders engagiert hervortretend der Bürgermeister, wollte unbedingt ein Biomasseheizkraftwerk errichten und betreiben. Nicht mehr als eine Handvoll Bürger – hier nenne ich die Namen Ludwig Unterreiner, Bettina Oestreich, Wolfgang Wagner, Bert Enzinger und mich selbst natürlich auch – haben den Widerstand organisiert, fundiert, ehrlich und sogar wissenschaftlich begleitet. Die Karten für die Befürworter des Projekts wurden täglich schlechter. In dieser Zeit erschien das von der Stadt herausgegebene „Stadtjournal", in dem das Gesicht des Bürgermeisters zehnmal und öfter abgedruckt war. Und in der besagten Ausgabe beschuldigte er uns, die Gegner des Projekts, der Unwahrheit, also der Lüge. Ich muss mich also öffentlich als Lügner bezichtigen lassen. Meine Reaktion: Ich habe dem Bürgermeister öffentlich den Handschlag verweigert, auch bei seinem zweiten Versuch. Den von uns eingeleiteten Bürgerentscheid gegen das Kraftwerk haben wir haushoch gewonnen. Die Stadt muss also ohne Heizkraftwerk auskommen, und niemand ist bislang deswegen erforen. Aber im Nachhinein denke ich, es wäre besser gewesen, dem Bürgermeister für diese Beleidigung ein paar Zähne einzuschlagen, damit er weiß, wer hier lügt, und das wär´s dann gewesen.

Beispiel zwei: Als Direktvermarkter von Rindfleisch, in diesem Fall Rindfleisch von Pinzgauer Ochsen, bin ich auf den Schlachthof angewiesen, laut Gesetz auf einen, der die EU-Norm erfüllt. In dreißig Kilometern Umkreis gibt es noch einen, in der Stadt Laufen, etwa dreizehn Kilometer von meinem Hof entfernt. Dieser erfüllte aber nicht mehr den EU-Standard. Man musste also investieren.
Als ich erfuhr, dass dieses Regionalschlachthaus eventuell geschlossen werden sollte, wurde ich aktiv, sammelte viele Unterlagen, entwarf ein bereits in anderen Gemeinden praktiziertes Konzept, fuhr zum Bürgermeister und bat um eine Art Sondersitzung des Stadtrats, bei der ich den Räten meine Ideen würde mitteilen können. So kam es. Der Stadtrat, die Mitarbeiter des Schlacht-

hofs und betroffene Metzger trafen sich. Ich sagte das Meinige und ging. Tage später erfuhr ich von einem mir bekannten Stadtrat folgendes:
Nach der Sitzung trafen sich einige Stadträte in einer Gastwirtschaft. Dabei erzählte ein CSU-Mann über mich: Erstens dass ich hochverschuldet sei und dass aufgrund dessen zweitens die meisten meiner Grundstücke bereits einem großen Unternehmer gehörten.
Ich erkundigte mich, wo man diesen Herrn am besten antreffen könne. Es war im Gastgarten einer Pizzeria. Ich fuhr hin. Dort saß er. Ich ging auf ihn zu, legte ihm einen Kontoauszug hin, aus dem hervorging, dass ich mit über einhunderttausend Euro im Plus stand, dazu einen aktuellen notariellen Vertrag über den Kauf von einem Hektar Boden von eben diesem Unternehmer, der mir angeblich meinen Grund und Boden abgekauft hatte. Das Gegenteil davon war der Fall. Mit dem Satz: „Noch eine Verleumdung, und es wird teuer, sehr teuer für dich, du Kratler, du dreckiger", habe ich ihn dort sitzenlassen. Aber wer macht schon so etwas, um sich zu verteidigen? Mein Einsatz für den Laufener Schlachthof hat diesem Herrn wohl deshalb nicht gepasst, weil ich von auswärts komme. Vielleicht hat er auch gemerkt, dass es eigentlich seine Aufgabe gewesen wäre, etwas zur Erhaltung dieser wichtigen Einrichtung zu tun und – als Stadtrat und Vertreter auch der bäuerlichen Bevölkerung – sein Gehirn zu benutzen. Stattdessen kommt da einer von außerhalb. Da hat er sich wohl gedacht: Den mach ich jetzt schlecht. Pech gehabt. Das Ergebnis des Ganzen: Der Schlachthof ist erhalten geblieben, es wurde viel Geld investiert, und die Stadt Laufen wird von umliegenden Gemeinden beim Unterhalt unterstützt, was zuvor nicht der Fall gewesen ist.
Trotz dieser Geschichte bin ich eines Tags zum Bürgermeister gefahren und habe ihm 500 Euro als Spende übergeben, wohl als einziger der Bauern, die aus dem Erhalt dieser Einrichtung großen Nutzen ziehen können. Im Grundgesetz der Bundesrepublik Deutschland heißt es: „Die Würde des Menschen ist unantastbar." Die erzählten Begebenheiten verletzen die Würde. Sie sind nichts anderes als der Versuch, jemanden außerhalb der Gemeinschaft zu stellen.

Es gäbe noch einige Vorkommnisse über meinen Großvater zu erzählen. Eins will ich noch erwähnen: Er fährt mit seinem Freund, dem Gaugler Gustl, einem Bauern aus Reit (einem kleinen Dorf in der damaligen Gemeinde Surheim) nachts mit dem Rad vom Wirt nach Hause. Die Straße führt direkt an unserem Hof vorbei und weiter zum Dorf seines Freunds. Auf der anderen Seite der Straße liegt direkt gegenüber unserem Hof unsere Werkstatt und Maschinenhütte. Unser Hof befindet sich nur etwa tausend Meter Luftlinie von der deutsch-österreichischen Grenze entfernt. Zu dieser Zeit, Anfang der 50er-Jahre, wurde sehr viel geschmuggelt, speziell Kaffee und Zigaretten. Aus diesem Grund ging die Grenzpolizei Tag und Nacht Streife. In kalten Nächten oder im Winter wärmten sich die „Grenzer“ in unserer Werkstatt ein bisschen auf. So auch in dieser Nacht. Opa also mit Freund auf dem Rad auf dem Heimweg, der Gustl aber ohne Licht. Der Grenzer springt aus der Werkstatt und will ihn am Weiterfahren hindern. Opa sagt nur: „Gustl, fahr nur zu, das kriegen wir schon.“

Halb zwölf Uhr nachts. Das Schlafzimmer meiner Eltern liegt parterre zur Straße hin. Mein Vater wird durch lautes Geschrei wach und geht vors Haus, um nachzuschauen, was los ist. Großvater sitzt auf dem Beamten und schlägt auf ihn ein. Vater reißt ihn herunter, sonst hätte er wohl noch weitergemacht. Ergebnis: Zum großen Glück keine Gefängnisstrafe, aber dreitausend Mark Geldstrafe, zu zahlen an die Staatskasse. Das war damals eine Riesensumme, die aber nicht dazu geführt hat, dass Großvater sein Empfinden von Recht oder Gerechtigkeit grundlegend geändert hätte, denn auf einer Dorfstraße mit einem durchgängig grasbewachsenem Mittelstreifen in einer Zeit, in der noch keine Autos oder gar Lastwagen fuhren, schon gar nicht nachts, einem Freund den Nachhauseweg – ob mit oder ohne Licht – zu verbieten, empfand mein Großvater als ungerecht, als Einmischung der Obrigkeit in Dinge, die sie nichts angehen. Wenn man dann noch weiß, dass dieselben „Grenzer“ mit der Milchkanne beim Bauern die Milch holten und in der leeren Kanne ihren Dienstplan stecken ließen, damit die Schmuggler sicher über die Grenze kamen, muss ich meinem Vorfahren heute noch Recht geben.
Aber mein Großvater Mathias Kreuzeder hatte auch ganz andere Eigenschaften, nicht nur, dass ihm ab und zu der Gaul durchging. Er war ein sozial hochsensibler Mann, der geholfen hat, wo er konnte, ob als Bauer oder als Bürgermeister. Auch darüber gibt es viele Geschichten. Ich beschränke mich auf wenige, aber alle haben irgendwie einen Bezug zum bayerischen Lebensmotto „leben und leben lassen“.

Etwa hundert Meter vor dem Dorf gab es ein Häuschen. Dort wohnte Hansjörg Mayer, ein exzellenter Zimmermann, mit seiner Frau Elisabeth und seinen Töchtern Katharina und Loni. Er hatte keine feste Arbeit, war Tagelöhner. Fast täglich trafen sich mein Opa und er, einfach nur zum Ratschen. Im Herbst, ein, zwei Tage, bevor die jährliche Treibjagd abgehalten wurde, und das war viele Jahre so, sagte mein Großvater immer zu ihm: „Hansjirg, sei so gut, bring heute Nacht deine Schlageisen heim. Morgen ist Treibjagd.“

Wildern war auch damals schon verboten, ab und zu, wenn auch nicht oft, Wild zu essen, war erlaubt. In der Zwischenkriegszeit wurde in Freilassing die Rupertuskirche gebaut mit einem riesigen Dachstuhl, dessen Konstruktion hochkompliziert ist. Als die Zimmerleute eines Tags nicht mehr weiterwussten, wurde Hans Mayer gebeten, ob er helfen könnte. Er konnte. Arm heißt also nicht dumm.
Im August 1988, im Parlament war Sommerpause, ich war zuhause, steht eines Vormittags ein 500er-Fiat vor dem Haus mit polnischen Kennzeichen. Ein großer alter Mann steigt aus, ebenso seine Tochter, Christina, die das Auto gefahren hat. Zum Schluss auch ein junger Mann, sein Sohn André mit zwei Vollprothesen an den Beinstümpfen. Der alte Mann ging auf mich zu und sagte auf deutsch: „Ich bin Felix Rowniky aus Kilce in Polen."

Da ist bei mir das Zehnerl gefallen. Ich wusste sofort, wer vor mir stand. Es war Felix, der gefangene Soldat aus Polen, der Großvater über fünf Jahre als sogenannter „Fremdarbeiter" – besser gesagt: Zwangsarbeiter – zugeteilt war, als Knecht für den Bauern, denn die Arbeitskräfte waren ja beim Militär. Er blieb mehrere Tage, besuchte auch einige Geschwister meines Vaters, die sozusagen mit ihm aufgewachsen sind. Ich habe ihn viele Stunden „gelöchert" mit meinen Fragen über diese Zeit. Mit großer Freude und Genugtuung schreibe ich nieder, was für ein Mann Opa war.

Zwei Vorschriften hat er sofort abgestellt: Es war verboten, die Zwangsarbeiter zu verköstigen oder ins Haus zu lassen.
Felix hat vom ersten Tag an mit der Familie am Tisch gegessen und zwar dasselbe und genauso viel wie die anderen. Und die Gefangenen mussten in ihrer Kleidung arbeiten, wenn man die Fetzen als Kleidung bezeichnen will. Großvater hat ihm richtige Kleidung gegeben. Es war genug da, denn die Söhne wurden vom Staat mit Kleidung versorgt, den Uniformen. Abgesehen davon, bin ich überzeugt, Opa hätte Felix auch Kleidung gekauft.
Ich empfinde es als großes Glück, die Möglichkeit gehabt zu haben, von Felix Rowniky aus „erster Hand" zu erfahren, was für ein Mensch Großvater war. Vater, Mutter, Onkel und Tanten, aber auch alle möglichen Menschen aus der Gemeinde haben mir die übrigen Geschichten erzählt, denn ich war erst sieben Jahre alt, als er starb.

Nach dem Krieg lebte Felix noch für einige Zeit direkt auf dem Hof. Er wollte im Nachkriegschaos nicht „unter die Räder" kommen. Und irgendwann machte er sich, nachts, auf den Weg nach Hause. Im städtischen Archiv habe ich ihm die Dokumente besorgt, die er brauchte, um für seine Gefangenschaft und Zwangsarbeit entschädigt zu werden. Tausend Mark gab ich ihm mit als Geschenk und Wegzehrung. Wenig für das, was er mir gegeben hat.

Felix Rowniki (rechts), Zwangsarbeiter auf unserem Hof, bei einem Pferdemarkt während des Kriegs. Links mein Großvater väterlicherseits, Mathias Kreuzeder.

Als der Krieg zu Ende war, hat mein Großvater ein Kalb geschlachtet, um den „abgerüsteten" Soldaten auf ihrem Marsch nach Hause eine Wegzehrung mitgeben zu können. Einem neuen Polizisten hat er an dessen ersten Arbeitstag um elf Uhr nachts im Gasthaus „Weißbräu" nach einem Feuerwehrfest einen leeren Masskrug über den Kopf gezogen, als der Ordnungshüter herausfordernd fragte, ob sie, Opa und seine Freunde, nicht wüssten, dass um zehn Uhr Sperrstunde ist. Das war 1953. Damals war er schon sechs Jahre Bürgermeister. Opa wurde also 1947 Bürgermeister in Freilassing. Die Situation der Gemeinde war nicht gerade rosig. Im April 1945 hatte es noch einen Bombenangriff auf das sogenannte „Heereszeugamt" gegeben, ein etwa vierundvierzig Hektar großes Areal, das der Wehrmacht als riesiges Versorgungslager diente. Dieser Angriff kostete vielen Freilassingern das Leben. Zerstörte Häuser, keine oder wenig Arbeit und viele hundert Flüchtlinge, die ein Dach über dem Kopf brauchten und deren Grundbedürfnisse zu versorgen waren. Das war die Situation damals in der Gemeinde.

Eine der ersten Amtshandlungen meines Großvaters war es, die vierundvierzig Hektar des Heereszeugamts zu kaufen. Es gab zwei Möglichkeiten, sie zu nutzen. Die eine war Siemens. Der Konzern war, wundersam genug, aus den Ruinen des Dritten Reichs wiederaufstanden und wollte in Freilassing eine Niederlassung gründen. Großvater tat alles dafür, das zu verhindern mit einer

einfachen Begründung, die heute aktueller denn je ist: „Wenn Siemens hustet, stirbt Freilassing an Lungenentzündung."
Er entschied sich für die andere Möglichkeit: den Flüchtlingen eine Chance auf ein Häuschen, auf eine neue Heimat zu schaffen: fünfzig Pfennig für den Quadratmeter, Zahlungsziel zweitrangig, Unterstützung durch die Gemeinde zu hundert Prozent. Das Buch des Philosophen Leopold Kohr: „Das Ende der Großen" konnte er damals noch gar nicht gelesen haben. Es erschien erst später. Aber er handelte ganz im Sinne Kohrs: Er entschied sich gegen einen Großkonzern zugunsten derer, die sofort Hilfe brauchten. Das ist vorrangig, das Geld kommt später.

In meiner Zeit als Stadtrat, damals war ich der einzige Grüne im Gremium, hat mir die CSU-Stadträtin Maria Ahne, die ebenfalls als Flüchtling nach Freilassing gekommen war, gesagt, dass sie und viele andere nie vergessen würden, was Bürgermeister Kreuzeder für sie getan habe. Dafür würden sie ihn heute noch verehren. In Großvaters Amtszeit wurde die Gemeinde zur Stadt erhoben. Der damalige bayerische Ministerpräsident Wilhelm Hoegner war Ehrengast. Das war 1954. Diesen enormen Umwälzungen zum Trotz, war mein Großvater sein ganzes Leben, das von 1892 bis 1956 dauerte, zuallererst Bauer und Vater seiner sieben Kinder. Und nie hat er sein Lebensmotto verlassen: „Tue Recht und scheue niemand."
Nach seinem Tod hat der Stadtrat beschlossen, die nach seinem Vater, der von 1893 bis 1911 Bürgermeister und Ehrenbürger war, benannte „Lorenz-Kreuzeder-Straße", in „Kreuzederstraße" umzubenennen und auf diese Weise beide – Vater und Sohn – zu ehren für das, was sie geleistet hatten. Mein Großvater ist und bleibt ein Wegweiser für mich, solange ich lebe. Das gilt erst recht, wenn ich die Gegenwart betrachte.

Dass Vater und Mutter bei einem Kind eine ganz andere, eine geradezu elementare Rolle spielen, ist klar und gut so. Obwohl er mich nur zwölf Jahre begleitete, war Mathias Kreuzeder ein Vater, wie man ihn sich nur wünschen kann. Geboren 1923 als drittes Kind seiner Eltern, wuchs er auf dem Hof auf und absolvierte später eine Lehre als Holz- und Parkettkaufmann. Ohne Übergang wurde er in die Wehrmacht eingezogen. Er kam in die Gebirgsjägerkaserne Bad Reichenhall. 1942 wurde er nach Russland verlegt, ins Kaukasusgebiet, in die Kubansümpfe, auf die Krim. 1944 wurde er verwundet. Bis zum Kriegsende lag er in einem Lazarett. Nach dem Krieg absolvierte er eine Ausbildung zum Bauern, wofür er die Winterschule besuchte. Schließlich wurde er Schmiedbauer in Eham. Er war in meine Mutter verliebt.

Als erstes Kind kam ich 1949 auf die Welt. Das zweite Kind folgte 1950. 1951 feierten er und meine Mutter Hochzeit. Weitere sieben Kinder erblickten das Licht der Welt. Vater starb am 14. Juli 1961. Mein jüngster Bruder kam im Januar 1962 auf die Welt. Wir waren sieben Buben und drei Mädchen.
Das war´s? Nein, das war´s nicht, was ich von meinem Vater zu erzählen habe. Es ist viel, viel mehr. Und es ist nach wie vor ein hoffnungsloser Traum von mir, dass er mich länger hätte begleiten können. Beim Schreiben dieses Kapitels sitze ich in einem Holzhaus auf einer Insel in Norwegen, vierhundert Kilometer nördlich des Polarkreises, und weine mir fast die Seele aus dem Leib. Hätte ich bloß dieses Buch nicht angefangen! Aber es muss sein. Erinnerung kann eben große Freude und großen Schmerz auslösen. Das ist das Leben.
Zwei Begebenheiten mit meinem Vater sind in mir fest verankert und haben einen großen Teil meines Lebens beeinflusst. Eines Abends, in der „Stumm", der Stube: Vater sitzt am Tisch und liest. Wir drei älteren Buben spielen auf dem Boden. Ich bin fünf Jahre alt. Irgendwann hört er auf zu lesen, dreht sich in unsere Richtung und beginnt zu erzählen, als würde es sich um ein Märchen handeln: „Ich war mal in einem Land", so beginnt er, „in einem wunderschönen Land. Die Blumen dort sind größer als ich, und soweit ich schauen konnte, gab´s nur Blumen. Weil die Blumen so groß waren, kamen einem die Menschen dort kleiner vor als die bei uns. Und es waren schöne und gute Menschen. Sie haben sich den ganzen Tag nur mit Blumen beschäftigt.
So eine Arbeit wünschte ich mir auch. Aus den Blumen haben sie Schmalz gemacht zum Kochen und Brotbacken, und es ging ihnen gut." – „Schmalz" hat er gesagt, weil wir Öl bei uns in der Küche nicht kannten.
Ich war wie elektrisiert und sehe das Bild und den Vorgang noch heute, als wäre es gestern gewesen. Das war der Anfang meiner Liebe zu Russland. Ab diesem Abend bekam Vater keine Ruhe mehr von uns Buben. Mit der Zeit lüftete er das Geheimnis seiner Geschichte. Es waren die Eindrücke, die er als Soldat aus Russland mitgebracht hatte. Natürlich verlor er kein Wort zu uns Buben, was er dort sonst noch erlebt und mitgemacht hatte. Mit zehn Jahren, ich konnte inzwischen lesen und schreiben, wusste ich natürlich, dass mein Vater damals von den Sonnenblumen in der Ukraine erzählt hatte, von den riesigen Pfirsich-, Obst- und Weingärten auf der Krim. Und mein Vater war ein belesener Mann. Dass „Kosak" in unserer Sprache nichts anderes bedeutet als „freier Bauer", hat er mir ebenfalls erzählt. Er war doch selbst ein „Kosak", damals noch.

Seit dieser Zeit kenne ich die Namen der Kosakenführer Taras Bulba, Stenka Rasin oder Jemeljan Iwanowitsch Pugatschow. Mit zehn, elf Jahren war ich

mit meinem Wissen ziemlich einsam. Vater erzählte, wie das Dorfleben bei den Kosaken funktionierte. Der Hetman – so hieß der von der Dorfgemeinschaft gewählte Dorfvorsteher – bestimmte, wo es lang geht, auch bei schweren Entscheidungen. Kurz gesagt entschied er: „Gehen wir in den Krieg oder bleiben wir zu Hause?" Stand zum Beispiel die Ernte an, konnte sie sowieso niemand zwingen, das Dorf zu verlassen. Da fällt mir der Spruch aus der Friedensbewegung ein: „Stell dir vor, es ist Krieg, und keiner geht hin."
Vater aber war im Krieg und hat außer diesen wunderschönen Geschichten noch andere Andenken mitgebracht, und die waren keineswegs märchenhaft. In den Kubansümpfen wurde er durch den Einschlag einer Granate verschüttet und erst nach endlosen Minuten von seinen Kameraden ausgegraben. Wenige Wochen später wurde ihm durch Granatsplitter die Hand zerfetzt. Im Lazarett wäre er beinahe an einer Blutvergiftung gestorben.

Dieselbe Granate hat seinen Freund aus der Vorkriegszeit, den „Berndla Franz", Bauernsohn aus Triebenbach, einer damals eigenständigen Gemeinde zwischen Freilassing und Laufen, das halbe Gesicht weggerissen. Er lag in einer Blutlache. Vater sah ihn noch dort liegen, bevor er selbst abtransportiert wurde, und dachte: Der ist tot. Nach einem Jahr in verschiedenen Lazaretten, unter anderem in Bad Gastein, hatte er Heimaturlaub. Eines Tages klopft es an der Haustür. Vater öffnet, und wer steht da? Der Franz. Sie freuen und begrüßen sich per Handschlag, seitlich zueinander stehend. Sie gehen ins Haus, Franz dreht sich der Tür zu, und Vater sieht die andere Hälfte des Gesichts: Sie ist nicht mehr da.
Vater kehrte mit einer nicht mehr funktionierenden linken Hand nach Hause zurück, die er nur noch zwischen Daumen und Zeigefinger, die Handfläche immer nach unten gedreht, benutzen konnte, und einer rechten Hand, die das „Zittern" hatte. Das war kein Problem am Lenkrad des Traktors oder bei Arbeiten mit der Schaufel, dem Rechen oder der Heugabel. Beim Essen war es eine schlimme Sache. Am Tisch die Kinderschar, seine Frau und seine Mutter. Je nach Gesundheitszustand, konnte er den Löffel für eine Suppe überhaupt nicht mehr benutzen, bei guter Gesundheit schon, aber er verschüttete trotzdem die Hälfte. Für meine jüngeren Geschwister war das normal. Aber für meine Mutter und uns Älteren, die wir wussten, was los war, eine Katastrophe, die sich täglich wiederholte und schließlich zu seinem frühen Tod mit 38 Lebensjahren geführt hat.

Und heute?
In Erinnerung an seinen Freund Franz empfehle ich jedem Mann, jeder Frau

und jedem Jugendlichen das Buch von Ernst Friedrichs „Krieg dem Kriege“, das 1924 zum ersten Mal erschienen ist und 2004 in der Deutschen Verlagsanstalt München neu aufgelegt wurde.
Zu den seelischen und körperlichen Gebrechen meines Vaters aus der Kriegszeit sei Folgendes angemerkt: Vor etwa vierzehn Tagen stand in meiner Tageszeitung ein Bericht über die Jahreshauptversammlung des „Krieger- und Reservistenvereins Laufen-Leobendorf“. Darin fordert der Vorsitzende die Wiedereinführung der Wehrpflicht, weil die Mitgliederzahlen schrumpfen. In vielen anderen Artikeln dieser Vereine kann man auch nachlesen, sie hätten noch einen, zwei oder drei ehemalige Kriegsteilnehmer in ihren Reihen. Auf diese Feststellung wird großer Wert gelegt. Folgt man dieser Logik, dann werden diese Vereine demnächst einen Krieg fordern, damit die Reihen ihrer Kriegsteilnehmer wieder „aufgefrischt“ werden können. Ich lese gern und viel, aber selten in meinem Leben habe ich etwas gelesen, das dermaßen vor Dummheit und Ignoranz strotzt. Es stimmt schon, was Vater und Mutter uns immer wieder gesagt haben: „Gegen Dummheit ist kein Kraut gewachsen.“

Seit fast dreißig Jahren fahre ich mehrmals jährlich nach Russland, worüber in einem anderen Teil dieses Buchs zu berichten sein wird. Auslöser waren die Geschichten meines Vaters. Der zweite Punkt, den er mir vorgelebt hat, war, die richtige Antwort zu geben, wenn es Not tut. Dazu ein Beispiel: Ein leicht angetrunkener Eisenbahner sagte eines schönen Sonntags nach dem Gottesdienst: „Gelt, Schmid, du kannst ja eh schon vom Kindergeld leben.“ – Er hatte damals erst sechs Kinder. Papas Antwort: „Kann schon sein. Aber keins ist so blöd wie du.“ Der Dummheit, dem Neid, der Missgunst und dem Hass sofort Einhalt gebieten, das habe ich von ihm gelernt. Er hatte wohl einige Gene von seinem Vater geerbt.

Gelernt habe ich von meinem Vater auch die ersten Grundlagen der bäuerlichen Arbeit. Damals hatten wir zwei Pferde, zwei Schimmel, „Kuni“ und „Sanda“, und einen zwölf PS starken Lanzbulldog. Bei der Heuarbeit, der Getreideernte oder beim Kartoffelsetzen wurden die Pferde angespannt. Mir und meinem Bruder Hans hat Vater beigebracht, wie man sie am Zügel führt. Wir Bürschlein, sieben, acht, neun Jahre alt, kamen uns unglaublich groß und wichtig vor. „Wüst“ hieß links, „hott“ hieß rechts, „uah“ hieß halt, „hoauf“ hieß vorwärts, und es ging jedes Mal besser. Des öfteren wurde schon auf dem Feld abgespannt, und wir durften die Pferde am „Sojer“ (einem langen Lederriemen) hinter dem Pferd hergehend, nach Hause bringen. Das war eine Traumarbeit. Wie ärmlich, dachten wir, sind alle anderen auf dieser Welt.

Beim Pflügen des abgeernteten Kartoffelfelds hinter dem Pflug herlaufen und die vergessenen Erdäpfel zu ernten, „nachzuklauben", war weniger schön und anstrengend.

Meterscheite richtig zu spalten, Blut zu rühren beim Schlachten, wie man eine Sense in die Hand nimmt, wie man mit Heugabel und Rechen umgeht, die ersten Versuche, eine Kuh zu melken: Das alles hat mir Vater gezeigt. An zwei Arbeiten erinnere ich mich besonders gern. Vater, mein Bruder Hans und ich gingen in die Au. Etwa zehn Hektar Wald gehörten zum Hof, Mischwald an der Salzach. Dabei hatten wir die Brotzeit, einen Keil, das „Sapie" und eine „Wiag´nsaag", eine Wiegesäge. Er zeigte uns den Baum, eine Eiche mit etwa siebzig Zentimetern Stammdurchmesser am Stock, und sagte: „Der erste Baum für euch." Wir beide hatten so etwas noch nie gemacht. Es dauerte etwa sechs Stunden, bis er gefällt war, nur gefällt, nicht aufgearbeitet. Vater zeigte uns die richtige Technik. Nach einer Stunde ging es langsam „aufwärts". Der Platz, wo dieser Baum stand, erinnert mich noch heute an diesen Tag, wenn ich vorbeikomme. Wie stolz wir waren, muss ich wohl nicht erwähnen.
Das zweite Hochgefühl. Ende August, nach der Stallarbeit, sagte Vater: „Bua, geh weiter, darfst Bulldog fahren." Nichts könnte interessanter für einen Jungen mit zehn Jahren sein! Wir fuhren aufs Feld zum „Stempenreißen", also nicht zum Pflügen, sondern um die Gertreidestoppeln ganz seicht, etwa sechs

Mein Vater als Schüler, sitzend zweiter von links.

bis acht Zentimeter tief, umzudrehen, damit sie verrotteten. Das Feld, exakt 420 Meter lang, Einscharpflug mit Handaufzug, hin und her. Nach zwei Stunden am oberen Feldrand stieg Papa ab und sagte: Noch einmal zurück und dann fährst du heim." Es war Donnerstag, der Gesellschaftstag für Papa. Die Bauern aus drei Dörfern trafen sich in einer kleinen Gastwirtschaft, jedenfalls die meisten aus Eham, Muckham und Haberland. Am Feldende, wo er losgegangen war, begann ein wunderschöner Eichenwald. Er ging etwa einen Kilometer durch diesen. Am Waldrand auf der anderen Seite war das Gasthaus beim „Lindei". Und ich durfte den Traktor das erste Mal allein nach Hause fahren! Die Geschichte endete aber erst am Freitag. Denn immer – nicht ein einziges Mal hat er es vergessen – brachte Papa vom Wirt für die Mama und uns Kinder Schokolade mit.

So wurden mir langsam aber stetig die Arbeit als Bauer und die Bauernregeln beigebracht, ohne dass ich es als Vorbereitung auf meinen Beruf und mein späteres Leben empfunden hätte. Und viele Male hätte ich ihn noch gebraucht, den Ratgeber, als Vater und Freund, vor allem aber als „Schutzschild" vor der Gesellschaft, wie sich noch herausstellen wird. Aber er war nicht mehr da. Meine letzte Erinnerung an ihn ist, dass mein Bruder Hans und ich ihn besuchten. Er lag im Krankenhaus, in einem Zweibettzimmer, alles war weiß, sogar das Krankenhemd von Papa. Papa in weiß. Für uns völlig ungewöhnlich. Nach etwa einer halben Stunde öffnete er seinen Geldbeutel, und jeder bekam ein Fünfzigpfennigstück mit den Worten: „Tuts der Mama schön folgen." Seine Augen haben uns begleitet bis zur Tür. Ich sehe sie noch heute, und die fünf Mohrenköpfe, die wir uns gekauft haben, jeder fünf, vergesse ich auch nicht. Wir hatten keine Ahnung, wie krank er wirklich war. Zwei Wochen später ist er gestorben.

Mein Vater Mathias Kreuzeder, so wie ich ihn in Erinnerung habe.

KAPITEL VIER: MEINE MUTTER

Meine Mutter, ihr Leben, ihre Eigenschaften zu beschreiben, ist unmöglich. Ihr Leben war eine unglaubliche Leistung, wie man sie einem einzelnen Menschen gar nicht zutraut.
Der Alltag meiner Mutter an einem beliebigen Tag in den 50er- oder 60er-Jahren, Samstage und Sonntage eingeschlossen: Täglich zu versorgen sind die zehn Kinder mit allem, was ein Kind eben braucht, Essen, Kleidung, jeder Art von Fürsorge und Unterstützung, der Liebe der Mutter eben. Außerdem zu versorgen sind etwa zwanzig Rinder, davon zehn Milchkühe, vier Schweine, zwei Pferde, etwa zwanzig Hühner und je nach Jahreszeit zehn Enten oder Gänse. Die Kühe sind jeden Tag zweimal zu melken, mit der Hand. Zweimal täglich ist für sie Futter zu besorgen, ebenso oft sind die Tiere auf dem Hof zu füttern, außer Hühnern und Gänsen, die werden nur einmal gefüttert. Eine besondere Belastung bringt die Ernte von Heu, Getreide, Kartoffeln und Obst. Einmal wöchentlich ist Waschtag am Bach, wohin sie mit dem Holzschubkarren (baierisch: Radlbock) fährt. Darauf steht ein großes Holzschaff, in dem sich die Schmutzwäsche von zwölf Menschen befindet. Etwa dreißig Meter den Hang hinunter, gelangt man an den Bach. Zurück bergauf geht es mit Hilfe der anderen Bäuerinnen, denn alle treffen sich dort, meist donnerstags, zum Wäschewaschen oder auch nur, um sich auszutauschen, sich zu unterhalten.

Meine Mutter mit etwa 70 Jahren - und in jungen Jahren, ein unglaublicher Mensch. Ein Glück für mich.

Im Haus gibt es keinen Elektroherd, keinen Kühl- oder Gefrierschrank, keinen Staubsauger, keine Waschmaschine und schon gleich gar keine Geschirrspülmaschine. Alles ist Handarbeit. Jeden Tag wird frisch gekocht, Fertiggerichte kennt niemand. Und Mutter ist eine ausgezeichnete Köchin. Sie bereitet bäuerliche Speisen vom Feinsten. Jedes Feinschmeckerrestaurant würde mit den Gerichten, die wir gegessen haben, zum „Geheimtipp". Alles, was auf den Tisch kommt, stammt vom Hof: Sauerkraut, Brot, Butter, Rahm, Milch, Marmelade, Kompott, Speck, Fleisch, Wurst, Produkte aus Roggen- und Weizenmehl, Honig, Salate jeder Art. Allein die Herstellung der Speisen dieser unvollständigen Aufzählung bedeutet hunderte Stunden zusätzliche Arbeit.

Es gab Spezialitäten, die hatten auf uns eine Wirkung, wie sie die Flötenmusik des Rattenfängers von Hameln auf die Kinder hatte. Zum Beispiel das „Aschenzeltel", ein „Abfallprodukt" des Brotbackens. Es wurde immer für etwa vierzehn Tage Brot gebacken. Beim Ausformen der Laibe blieb ein Teigrest übrig, der nicht reichte, um damit ein Brot zu formen. Daraus wurden dann, je nach Menge, vier, fünf flache tellergroße Fladen gemacht. Kam das fertige Brot aus dem mit Holz beheizten Backofen, wurden die Zelteln mit der noch vorhandenen Hitze gebacken. Das dauerte wenige Minuten, in denen wir Kinder bereits vor dem Ofen warteten. Mutter bestrich die heißen Stücke mit Butter, die vor unseren Augen zu schmelzen begann. Dann streute sie eine Prise Salz darauf und teilte die Zelteln mit den Händen für die Zahl der anwesenden Kinder, die die Delikatesse sofort verschlangen. Noch heute würde ich nichts gegen ein Aschenzeltel tauschen! Der Name kommt von den Ascheresten, manchmal auch winzigen Holzkohlestückchen, die sich auf der Unterseite der Fladen befanden. Wir haben sie einfach mitgegessen!
Und heute? Es ist für mich eine Kulturschande, dass die industrielle Herstellung von Brot in riesigen Großbäckereien dazu geführt hat, dass diese Bäckereien täglich mehr Brot wegwerfen, als die gesamten, noch nicht vom Turbokapitalismus zerstörten Kleinbäckereien in Deutschland pro Tag produzieren. Bei meiner Mutter würde diese Statistik mehr auslösen als nur ein Kopfschütteln. Sie würde sagen: „Für jedes weggeworfene Brot ein Tag Gefängnis". Sie würde sich für diese „Entwicklung" unserer Gesellschaft zutiefst schämen und am Weiterbestehen derselben zweifeln. Das trifft auf mich ebenso zu.

Mutter und die Weihnachtszeit ist ein besonderes Kapitel. Trotz eines zwölfstündigen – nach Vaters Tod sechzehnstündigen und längeren – Arbeitstags waren dies besondere Tage. Zwei bis drei Wochen vor dem Fest hieß es „ganz streng" schon um sieben Uhr abends: „Ab ins Bett!" Meine Mutter jedoch backte bis spät in die Nacht hinein das Weihnachtsgebäck, um uns Kindern eine Überraschung zu bereiten. Sie machte mindestens ein Dutzend verschiedener Sorten, darunter ganz besondere: Die Eistörtchen und die Marzipantafeln. Die haben es mir besonders angetan. Die ersten Tage sind sie hart wie Stein, nach etwa einer Woche werden sie weich und nehmen einen herrlichen Geschmack an, der nur an Weihnachten zu genießen war. Geld war „Mangelware", große Geschenke: Fehlanzeige. Aber Mutter schaffte es immer, dass wir zufriedene und glückliche Kinder waren.

Die angeführten Beispiele liefen alle nebenbei. Die größte Inanspruchnahme waren die Kinder selbst und der Hof mit seinen vielfältigen und schweren Arbeiten. Die Kinder – Matthias, Johann, Sebastian, Ludwig, Maria, Rosina, Peter, die Zwillinge Alois und Hedwig, und der Jüngste, Franz, wurden zwischen 1949 und 1962 geboren. Das heißt, dass immer ein Säugling im Haus war. Bis auf mich waren alle Kinder Hausgeburten. Als „Kreißsaal" fungierte das Schlafzimmer der Eltern, es lag parterre neben der Stiege, die in den ersten Stock hinaufführte. Dort saßen wir dann und warteten auf den ersten Schrei des neuen Brüderchens oder Schwesterchens. Irgendwann kam Frau Hasholzner, die Hebamme, aus der Tür und sagte: „Wollt ihr es sehen, euer neues Geschwister?" Natürlich wollten wir! Und alle waren wir gesund und munter, was mir immer noch ein Rätsel ist bei der Arbeit, die Mutter auch noch kurz vor der Niederkunft geleistet hat. Ich erinnere mich an die Schwangerschaft mit den Zwillingen. Ihr Bauch war schon groß. Sie stand auf dem Getreidewagen und schlichtete die Getreidegarben von mittags bis etwa vier Uhr nachmittags, auf baierisch heißt diese Arbeit „fuadafosten". Dann kam die Stallarbeit, danach waren die Kinder zu verköstigen, zu waschen und ins Bett zu bringen. Bevor sie selbst schlafen ging, nähte und bügelte sie noch oder stopfte Strümpfe. Am nächsten Morgen, um halb fünf, ging´s wieder los. Beim Lesen dieser Zeilen könnte man meinen, das wäre wohl leicht übertrieben. Das Gegenteil ist der Fall: Es handelt sich um seitenlange Untertreibungen. Über das Lebenswerk dieser Frau müsste man ein Buch schreiben, um ihr auch nur annähernd gerecht zu werden. Sie ist und bleibt meine „Leitfigur" bis ans Ende meiner Tage. Sie ist für mich in allen guten Eigenschaften, die ein Mensch haben kann, ein Vorbild ohnegleichen, wie man im weiteren Verlauf dieses Buches feststellen wird.

Es kam der 14. Juli 1961. Es war mittags. Wir größeren Kinder hatten eben gegessen und saßen am Küchentisch. Die Zwillinge spielten im Laufstall in der Stube, und Mutter machte gerade den Abwasch, als das Telefon läutete. Sie

hob ab und sagte kein Wort, legte auf, kam wieder in die Küche, hielt sich mit beiden Händen an der Ofenstange fest, die Beine leicht nach hinten, der Körper leicht nach vorne gebeugt, und sagte: „Papa ist gestorben." Dann begann sie fürchterlich zu weinen. Ich fing ebenfalls zu weinen an, dann der Hans und der Wasti. Die vier Jüngeren nebenan schauten nur sehr verwundert. Sie verstanden noch nicht, welch schlimme Nachricht Mutter erhalten hatte.
Ab diesem Tag begann sich mein Leben zu verändern. Es war die Geburtsstunde des Zwergs, der versucht, Widerstand zu leisten. Das kann ich bis zum heutigen Tag nur, weil ich solche Menschen gekannt und erlebt habe. Meine beiden Großväter, Vater und Mutter begreife ich als Glücksfall, ohne sie wäre mein Leben so öde geworden, wie die Landschaft heute ist. Davon bin ich überzeugt.

KAPITEL FÜNF: DIE JUGENDJAHRE

Am 17. Juli war die Beerdigung von Vater. Ab diesem Tag lernte ich, so wie ein blinder Mensch seine Tastsinne stark macht, mir Menschenkenntnis anzueignen: Wer ist gut, wer ist böse? Wer will helfen, wer will das Gegenteil? Der Leichenzug, bestimmt mehrere hundert Menschen, defilierte an uns vorbei. Den Spruch in der Todesanzeige - „Von Beileidsbezeigungen am Grab bitten wir Abstand zu nehmen" – gab es damals noch nicht. Also kamen alle zu Mutter, schüttelten ihr die Hand. Wir, die älteren Kinder, standen ganz eng um sie herum wie Küken um die Henne, wenn Gefahr droht. Später, beim Leichenschmaus, kam das erste Angebot und vermittelte eine Ahnung, welche Art „Hilfe" zu erwarten war. „Wir würden dir ein paar Kinder abnehmen, für Geld. Zu viel verlangen wir nicht."

Da saßen wir nun, Mutter war im vierten Monat schwanger. Wer diese Frau kannte, so wie wir Kinder, der wusste, welch ungeheure Beleidigung es für sie war, was diese Leute eben gesagt hatten. Es war wie eine Aufforderung, sich selbst beerdigen zu lassen, ihren Charakter, ihre Mutterliebe und Menschlichkeit. Später sagte sie mir einmal zu diesem Vorfall: „Du kannst nicht so schlecht denken, wie Menschen sein können."
Dann gab es auch die anderen, die aus Betroffenheit über das Schicksal dieser Frau kein Wort sprachen, aber in allen Jahren meiner Jugend halfen, wo sie konnten, und einfach da waren, schon am nächsten Tag.
Der 18. Juli war ein heißer Sommertag. Der Roggen – wir sagen „das Korn" – war reif, etwa ein Hektar mannshoch, sozusagen „unser tägliches Brot" für ein Jahr. Die Ernte war also eine wichtige unaufschiebbare Arbeit. Das Dorf hatte gemeinsam einen gebrauchten Bindemäher erworben. Weil links und rechts des Feldes anderes Getreide stand, konnte dieser aber nicht einfach anfangen. Wir mussten mit der Hand eine Gasse ausmähen, auf beiden Seiten des Felds, etwa zwei Meter breit. Mutter und ich taten das mit Sensen, an denen ein sogenannter „Ableger" angebracht war, damit die Halme gleichmäßig abgelegt wurden. Tante Kathi, eine Schwester des Großvaters, nahm sie auf und band sie zu Garben.

Das war am Nachmittag. Für Mutter hatte der Tag um halb fünf Uhr in der Früh mit der Stallarbeit begonnen. Um sechs Uhr weckte sie mich. Meine erste Arbeit war es, die gemolkene Milch, die nicht an die Molkerei geliefert wurde, durch die Zentrifuge zu treiben – es hieß „obatrei´m" – zur Gewinnung von Rahm, aus dem Butter gemacht wurde. Die Magermilch bekamen

die Schweine. Danach Frühstück. Es bestand aus Milch, Pfefferminztee oder Kaba mit einem Butterbrot mit Marmelade oder Honig, „Katzenwäsche", sich für die Schule das „Schuig´wand" anziehen, dann eine halbe Stunde zu Fuß, bei jedem Wetter, in die Schule zum Lernen von acht bis ein Uhr. Wieder nach Hause gehen, essen, aufs Feld, dann die Stallarbeit. Die Hausaufgaben konnte ich erst am Abend machen. So etwa verlief der erste Tag nach der Beerdigung meines Vaters, und so blieb es viele Jahre, mit zwei Ausnahmen: Erstens fielen die Hausaufgaben weg. Ich ging in die siebte Klasse, es waren noch zwei Wochen bis zum Schuljahresende. Die achte Klasse wurde mir wegen Unabkömmlichkeit auf dem Bauernhof erlassen. Ich konnte aber freiwillig am Unterricht teilnehmen, wenn es die Arbeit zuließ. Zweitens wurde ich ab diesem Tag um fünf Uhr geweckt, um als erstes gemeinsam mit Mutter die Stallarbeit zu erledigen. Man kann auch mit zwölf Jahren schon eine Hilfe sein.
Aber es gab auch ein Leben nach der Arbeit, und das bestand aus Lesen, oft bis zwei oder drei Uhr in der Nacht, und aus Fußball, solange es das Tageslicht zuließ. Unser „Fußballplatz" war eine kleine Wiese, umgeben von Auwald, etwa zwanzig Meter mal dreißig Meter groß, an einen Heustadel grenzend, der uns als Torwand diente. Die vier Familien im Dorf hatten zusammen fünfundzwanzig Kinder, und fast alle, Mädchen eingeschlossen, trafen sich abends zum Fußball oder auch nur zum Zuschauen.

Solange Vater da war, gab es keine Probleme. Aber bereits wenige Wochen nach Vaters Tod tauchte plötzlich der Jäger auf. Er dachte wohl, es ist ja nur eine Witwe, deren Kinder mir das Jagdvergnügen vermiesen. Der werde ich jetzt sagen, wo es lang geht. Mutter und ich standen in der Küche. Mutter schälte Kartoffeln, ich schmierte mir ein Butterbrot, da ging die Küchentür auf. Der Jäger stand im Vorhaus, und mit einer arroganten herrischen Stimme, viel zu laut, schrie er, kurz zusammengefasst, der Fußball und überhaupt der Aufenthalt von uns Dorfkindern dort am Waldrand hätten aufzuhören. Der Fußball war mein fast einziges Vergnügen, schon tagsüber freuten wir uns auf die abendliche Freizeit. Außerdem war es unsere Wiese. Vor Verzweiflung und Wut fing ich an zu weinen, öffnete die Schublade des Küchenschranks, holte das größte Messer raus, das ich fand, und sagte dem Besucher in dessen Lautstärke: „Verschwinde aus unserem Haus oder ich stech´ dich ab!"

Mutter hatte weiter Kartoffeln geschält, ohne ein Wort zu sagen. Sie schaute den Jäger einfach nur an und sagte mit gefährlich ruhiger Stimme: „Der Bub macht das auch, was er dir gesagt hat." Von da an ward er bei uns im Haus nicht mehr gesehen, der Herr Jäger. Nach diesem Vorfall wurde ich weder getadelt noch gelobt, was ich als Zeichen uneingeschränkter Solidarität der Mutter zu ihrem Kind verstand. Das hat mir in dieser Situation sehr gutgetan. Ereignisse dieser Art gab es des öfteren, nicht so krasse, aber ähnliche und alle mit dem Hintergrund „Witwe mit zehn Kindern, leichte Beute". Wir waren also aus Sicht der Gesellschaft dort angekommen, wo man uns gerne gesehen hätte: ganz unten. Die Aasgeier kreisten schon: Die Landwirtschaft aufzugeben, die Kinder zu verschenken, sonst wird aus ihnen nichts und so weiter, waren Ratschläge, die nicht selten an Mutter herangetragen wurden. Sie zweifelte nicht eine Sekunde an dem Weg, den sie ging. Die Kinder und der Hof waren ihr Leben. Ihr blieb nicht ein einziger Tag Urlaub, nicht eine Gelegenheit zum Kirchgang. „Ich habe meinen Gottesdienst zu Hause", war ihr Spruch.

Und heute? Kinder werden von der Gesellschaft schon zu einer Belastung abgestuft. Wie kann es sein, dass die Frau, der der Arzt gerade bestätigt hat, dass sie schwanger ist, schon auf dem Heimweg der Gemeinde mitteilt, dass sie ab dem und dem Zeitpunkt einen Platz in der Kinderkrippe beansprucht? Wie kann es sein, dass dort auch die Muttermilch im gekühlten Zustand abgegeben wird mit dem Hinweis, das abgegebene Kind zu einer bestimmten Stunde damit zu füttern? Der Begriff „Großfamilie" ist zum Fremdwort geworden. Dass drei, manchmal vier Generationen unter einem Dach wohnen, ist die absolute Ausnahme. Das Ergebnis ist eindeutig. Die Eltern schieben ihre Kinder ab, und die Kinder „entsorgen" später ihre Eltern im Altersheim.

Dazu fällt mir die Anekdote von dem Mann ein, der zum Bäcker geht und drei Brotlaibe kauft, worauf der Bäcker fragt: „Was machst du denn mit drei Broten für dich allein?" Der Mann antwortet: „Ein Brot verleih′ ich an meine Kinder. Ein Brot ist für meine Frau und mich, und das dritte gebe ich Vater und Mutter zurück." Diese Geschichte hat längst ihre Gültigkeit verloren.
Ein einziges Mal mussten wir auf ein Geschwister für drei Wochen verzichten. Sebastian hatte Scharlach. In den 50er-Jahren bedeutete das, dass er im Krankenhaus in Berchtesgaden in Quarantäne kam. Die Großfamilie war die Realität, auch außerhalb eines Bauerndorfs.
Wie fruchtbar es für einen Jugendlichen, ja schon für ein Kind sein kann, mit alten Menschen aufzuwachsen, merke ich an mir selbst: Dieses Buch hätte nie geschrieben werden können, wenn meine Großeltern und Eltern mich nicht zu jeder Stunde, an jedem Tag begleitet hätten.

Meine Jugendjahre waren eine Zeit, in der es keine Diskussion gab über die Existenz der Bauern, ob klein oder groß. Der direkte Kontakt zwischen „Erzeuger und Verbraucher" war selbstverständlich. Viele hundert Ster Brennholz habe ich in die Stadt geliefert, ebenso hunderte Zentner Kartoffeln. Dutzende Familien haben sich ihre Milch von unserem Hof geholt. Schweine, Kälber, Ochsen bekam der Metzger, der keinen Kilometer vom Hof entfernt seine Arbeit tat und die Bevölkerung der Gemeinde mit Fleisch und Wurst versorgte. Es gab fünf Metzer, heute gibt es keinen mehr. Getreide wurde in der Mühle zu Mehl für das eigene Brot gemahlen, der Überschuss an die Bäckereien verkauft, deren es sieben gab. Heute sind es noch zwei. Im Umkreis von fünf Kilometern gab es fünf Müller, heute gibt es keinen mehr. Es gab ein Dutzend Kramerläden, in denen man/frau alles bekam. Heute gibt es keinen mehr. Und es gab in der Gemeinde Freilassing noch in den 60er-Jahren mehr als sechzig Bauern, heute gibt es noch sechs, in einigen Jahren noch zwei oder drei vielleicht? Sie haben ihre Produkte fast ausschließlich für die Menschen vor Ort erzeugt.

Keinem Kramer wäre es damals eingefallen, irgendwo Kartoffeln zu ordern. Die wurden von den ansässigen Bauern geliefert. Nicht zu vergessen die Molkerei, die es noch gab. Es gibt also auch außerhalb des vielbeklagten Artensterbens in der Tier- und Pflanzenwelt einen Artenschwund: den der Handwerker und Bauern, der ebenso katastrophale Ausmaße angenommen hat wie der Artenschwund bei der Fauna und Flora und damit im direkten Zusammenhang zu sehen ist. Denn es ist ein Unterschied, ob sechzig Bauern auf einer Fläche von tausend Hektar 120 Mastschweine und sechzig Mutterschweine mit hofeigenem Futter halten, oder ob ein einzelner Schweinemäster (man beachte den feinen Unterschied zwischen den Begriffen „Bauer" und „Schweinemäster") auf zwanzig Hektar sechshundert oder gar sechstausend dieser armen Geschöpfe produziert und die Fäkalien Trinkwasser und Natur zerstören.

Das Umfeld für einen jungen Menschen in der Landwirtschaft war in meiner Jugendzeit noch in Ordnung. Die „Mittel zum Leben", Lebensmittel, die unser Bauernhof erzeugte, wurden im Einklang mit der Natur und der Gesellschaft gesät, geerntet und verkauft. Die Preise waren in Ordnung. Es herrschte eine Art seelischer und geistiger Wohlstand. Die Menschen in den Bauernhöfen hatten keine Zweifel, dass sie ein wichtiger Teil der Gesellschaft sind, was diese ebenso empfand. Heute leben die Bauern, wenn es sie noch gibt, in einem „Zustand". Der Turbokapitalismus hat sie zu Sklaven der alles zerstörenden Industrie im Bereich der Lebensmittel gemacht und nicht nur dort. Die Freiheit eines Bauern/einer Bäuerin wurde abgelöst von einer Abliefermentalität und einem Zwang zur Spezialisierung, bei der er/sie nichts mehr zu entschei-

den hat, und die politische Kaste freut sich diebisch über das Verschwinden von Menschen, die noch frei und unabhängig ihre Meinung deutlich sagen können - vielmehr könnten, denn niemand ist gefährlicher für die Politik als jemand, dem ein anderer nicht vorschreiben kann, was er zu denken und zu sagen hat.
So begann also meine „bäuerliche Karriere". Mit vierzehn erhielt ich mit einer Sondergenehmigung den Traktorführerschein. Da ich aufgrund der vielen körperlichen Arbeit nur langsam wuchs, schaute ich beim Fahren durch den oberen Teil des Lenkrads. Bei einer Brennholzlieferung an Kunden in die Stadt wurde ich von der Polizei aufgehalten. Ein „Zwerg" mit einer Riesenfuhre Holz, das kann ja wohl nicht sein, dachten die sich wohl. Nachdem ich die Fahrerlaubnis vorgezeigt hatte, war der Fall erledigt. Noch heute denke ich mit Schmunzeln an diese Geschichte.

Nebenbei begann eine neue Schulzeit, die an der landwirtschaftlichen Berufsschule. Einmal wöchentlich fuhr ich mit dem Rad ins etwa fünfzehn Kilometer entfernte Teisendorf, sommers wie winters bei jedem Wetter. Die drei Mark fünfzig für die Zugfahrt waren nicht drin. Schon die drei Mark für das Mittagessen – immer Hackbraten mit Cola – waren die oberste Grenze von dem, was Mutter sich leisten konnte. Denn der Reichtum in Form von Geld war „dünn gesät". Der Grund dafür hat letztendlich unserem Hof das Überleben ermöglicht: Vater hat kurz vor seinem Tod, schon im Krankenhaus, einen Traktor, einen Miststreuer, einen zweischarigen Pflug und eine Egge gekauft. Er ahnte wohl, wie es um ihn steht, und dass die Arbeit selbst beim besten Willen ohne die neuen Maschinen nicht zu schaffen war. Zwanzigtausend Mark Schulden auf der Bank waren 1962 für eine Mutter mit zehn Kindern ohne Mann eine fast zu große Belastung.

In dieser Situation trat ein Mann in unser Leben, dem ich auch auf diesem Weg meine Hochachtung und meinen allergrößten Dank ausspreche: Max Aicher, ein damals noch kleiner Unternehmer, kaufte von Mutter eine einen Hektar große Wiese, einen steilen Hang, den man nur mit der Sense mähen kann und den wir weiterhin nutzen konnten, für einen weit überhöhten Preis. Damit waren unsere finanziellen Sorgen beendet. Aber die Größe dieses Mannes zeigt sich darin, dass er mir das Grundstück vierzig Jahre später trotz der immensen Preissteigerung seither zum exakt gleichen Preis wieder verkauft hat. Man braucht Glück im Leben. Vor allem braucht man Menschen mit Herz und Verstand, die sich noch an die bayerische Lebensweisheit „leben und leben lassen" halten. Max Aicher ist so ein Mensch.

Der Besuch der Landwirtschaftsschule bedeutete einen freien Tag für mich, war aber extrem langweilig. Mich interessierten Geschichte, Erdkunde und schon damals die Politik und die Geschichte der Alten im Dorf. Einmal jährlich musste jeder Schüler vor der Klasse einen Vortrag halten. Das Thema konnte man frei wählen. Alle erzählten über landwirtschaftliche Kenntnisse, die sie im Lauf des Unterrichts erworben hatten. Mein Vortrag befasste sich mit dem Dritten Reich und dessen Verbrechen. Eine Auflistung aller großen Konzentrationslager und die Ermordung nicht bloß der jüdischen Menschen waren der Inhalt. Ich weiß bis heute nicht, ob mein Lehrer ein Nazi, ein Mitläufer oder ein Regimegegner gewesen war. Ebenso wenig könnte ich heute sagen, warum ich das getan habe. Vermutlich war mir der Unterrichtsstoff zu unbedeutend erschienen. Selbst fünf Minuten nach dem Ende war es noch totenstill in der Klasse. Ich war damals siebzehn Jahre alt. Meine wirkliche Ausbildung fand zuhause statt. Mutter, Großvater, die beiden Nachbarn, Rupert Reiter-Hiebl, der „Moar", und Sebastian Wittmann, der „Wieser", haben mir, wann immer wir sie brauchten, gesagt, gezeigt und dabei geholfen, ein Bauer zu werden, der sein Handwerk versteht. Ich liebe diesen Beruf noch heute über alles.

Damals war noch ein großes vielfältiges Wissen vonnöten, um diesem Beruf gerecht zu werden: Roggen, Weizen, Hafer, Gerste, Kartoffeln, Wiesen, Wald, Obst, Futterrüben, Gemüse, Rinder, Schweine, Geflügel und Bienenvölker gedeihen nicht, ohne dass man weiß, wie es geht, und was man tun muss, um auch ernten zu können. Über die Jahrhunderte hat sich bäuerliches Wissen angesammelt, das nicht aus Märchen und Sagen zusammengesetzt war, sondern die Erfahrung vieler Generationen wiedergab, die heute fast völlig verlorengegangen ist. Die Märchenerzähler waren jedoch schon unterwegs: Ausbilder, Berater und Politiker erzählten den Bauern Märchen, um nicht zu sagen, Räubergeschichten.
So wurde meine Heimat, das Voralpenland, ganz plötzlich zum Grünlandgebiet eingestuft, etwa nach dem Motto: Hier kann man hauptsächlich nur Milch und Fleisch erzeugen. Die meisten Bauern sind darauf hereingefallen, obwohl sie es hätten besser wissen müssen. Ein Blick über ihre eigenen Felder hätte genügt. Selbst im inneren Landkreis, in Berchtesgaden, auf 1100 Metern Höhe, wurde Weizen angebaut, der auch noch den Namen „Berchtesgadener Vogerl" trug und in der Samenbank Weihenstephan immer noch zu haben wäre. Jeder Landstrich bei uns im Gebiet vom Chiemsee bis zum Königssee hatte seine selbstgezüchtete Vielfalt an Getreidesorten. Die völlige Verarmung, sprich: Vermaisung der Landschaft begann damals.

Dann kamen die Futtermittel- und Düngeberater, die staatliche Landwirtschaftsberatung und die Vertreter des Bauernverbands. Einem Chor nicht unähnlich, predigten alle dasselbe. Um die Wortwahl dem Schaden anzupassen, den sie das letzte halbe Jahrhundert angerichtet haben, nenne ich das, was sie betrieben, geistige Entmündigung, nach der Devise: „Liebe Bauern, wir denken für euch, liebe Bauern, wir verkaufen für euch. Wir besorgen euch alles, wir führen euch in ein goldenes Zeitalter. Ihr müsst nur noch produzieren und ein bisschen mehr arbeiten." - „Wir besorgen euch", so die Pflanzenbauberater, „DDT, Atrazin, Roundup" – also alles super? Und die verantwortliche Politikergeneration stimmte mit ein. Das Ergebnis: Vier Fünftel der Höfe gibt es nicht mehr, gut die Hälfte der bereits ausgestorbenen oder vom Aussterben bedrohten Tiere und Pflanzen gehen auf das Konto der Landwirtschaft, wie sie heute betrieben wird.
Über sechs Millionen Arbeitsplätze wurden durch Zentralismus und Größenwahn vernichtet, und erst vor einigen Tagen wurde das neue Wundermittel zur Rettung der „bäuerlichen Landwirtschaft" vom bayerischen Heimatminister verkündet: das schnelle Internet auf dem Hof, in den Dörfern. Dann endlich haben wir es geschafft.

Dass die Mehrheit der Landbevölkerung und der Bauernfamilien den Obrigkeitsglauben immer noch nicht abgelegt hat, ist Fakt. Der Lehrer, der Bürgermeister, der Polizist und der Pfarrer, der Herr Abgeordnete, die Berater aller Couleur und deren Gerede gelten etwas auf dem Dorf. Wenn man aber in einem Land lebt wie ich, in Bayern, in dem es eine einzige Partei in über 50 Jahren Alleinherrschaft geschafft hat, 80 Prozent der Bauern zu ruinieren und deren Vertreter immer noch mit dem Slogan „Wir sind für die bäuerliche Landwirtschaft" durch die Pressekonferenzen und Bierzelte ziehen und trotzdem gewählt werden, dann, geneigter Leser, trifft der Satz zu: „Die dümmsten Kälber wählen ihren Metzger selber".
Wenn es so weitergeht, heißt der Slogan in zwanzig Jahren: „Wir waren immer für die bäuerliche Landwirtschaft", weil es uns kleine Bauern dann nicht mehr gibt.

Auch an mir als Jungbauer ging das Motto „größer, mehr, schneller" anfangs nicht spurlos vorbei. Der Betrieb, etwa 20 Hektar Wiesen und Felder und zehn Hektar Mischwald, hatte über Generationen, neben allem anderen, zehn Milchkühe, die Mutter und ich nach Vaters Tod bis Anfang der 70er-Jahre zweimal täglich mit der Hand gemolken haben. Heute habe ich wieder zehn Kühe, allerdings in Mutterkuhhaltung. Das Melken habe ich nie als Arbeit empfunden. Mutter und ich haben uns unterhalten, oft haben wir gesungen. Mutter hatte eine wunderschöne Altstimme. Die alten Lieder von Großvater, ich kenne sie alle noch. Dann kam die Melkmaschine, und die Zahl der Kühe stieg bis 1978 auf 21 Stück, der Rinderbestand auf 40. Keine Gülle, alles mit der Hand ausmisten. Die Arbeit wurde monoton. Die Melkmaschine kann nicht singen oder sich mit mir unterhalten. Ein Stück bäuerliche Kultur, so empfinde ich das, verschwand. Die Zeit, in der sich die Bäuerin und ihr Sohn austauschen, miteinander arbeiten, war pro Tag um zwei Stunden weniger geworden. Auch sonst war etwas nicht mehr in Ordnung, irgendetwas lief schief. Die Milch wurde immer mehr, der Ertrag immer weniger, die Preise für Kälber, Bullen und Schlachtkühe wurden regelmäßig schlechter. Man verlor allmählich das Gefühl der Sicherheit, eben dass man etwas Gutes und Richtiges macht.

KAPITEL SECHS: ANFANG DES WIDERSTANDS

Es war Ende 1976. Ich war inzwischen verheiratet, hatte Kinder. Meine Geschwister hatten alle einen Beruf erlernt, die Jüngeren standen kurz vor dem Abschluss ihrer Lehrzeit, einige wohnten und lebten noch dort, wo sie aufgewachsen waren, auf dem Hof. Wir hatten nie aufgehört, Kartoffeln und Getreide anzubauen, aber insgesamt einen Hektar weniger, denn in diesem Jahr kam eine neue Frucht hinzu, ein Hektar Mais. Zwei Jahre später war die „Maiszeit" für mich schon wieder zu Ende. Gegen Ende des Jahres, wie jeden Wochentag, schlage ich nach dem Mittagessen die Zeitung auf zum Durchblättern, gelesen habe ich sie abends. Doch nicht dieses Mal. Unter dem Ressort „Freilassing" befindet sich die Abbildung eines Plans, aus dem hervorgeht, dass meine beiden Hauswiesen dem Bau einer Bundesstraße zum Opfer fallen werden.
Eine „Hauswiese" ist so ziemlich das Wertvollste, was ein Bauer besitzt, direkt am Hof. Man macht die Stalltür auf, und die Tiere sind ohne langen Weg auf der Weide. Für uns brach eine Welt zusammen. Denn die Grundlage für unsere 21 Kühe, die wir uns in vielen Jahren mit harter Arbeit und Sparsamkeit angeschafft hatten, um beim „Wachsen oder Weichen" mitzukommen, war damit zerstört. Es handelte sich um 2,6 Hektar. Tagelang herrschte eine fast alles lähmende Ohnmacht. Nur Mutter sagte: „Irgendwie wird es schon weitergehen."

Ich habe alle Stellen abgeklappert, wo Hilfe zu erwarten gewesen wäre, vom Bürgermeister und Landrat bis zum Bauernverband. Die Antwort war immer die gleiche, nur immer anders formuliert: „Gemeinwohl geht vor Eigennutz." So also funktionierte unsere Demokratie. Noch heute geht mir dieser Gesetzestext nicht aus dem Kopf. Das heißt doch: Die Menschen mit Lebenswichtigem, dem Essen, zu versorgen, ist Eigennutz. Die Grundlage dafür, den Boden, denen wegzunehmen, die das Wissen besitzen, wie man ihn bewirtschaftet, den Boden mit Teer und Beton zu zerstören, dient dem Gemeinwohl? Schon damals gab es in Deutschland kein Haus, kein Dorf und schon gar keine Stadt ohne Zufahrt. Das ist, was wir, die sogenannte Industriegesellschaft, auch heute noch praktizieren. Bayern ist Spitzenreiter beim Boden- und Landverbrauch in Deutschland. Täglich wird ein Bauernhof gebraucht und verbraucht. Der Renner sind zur Zeit Radwege, Ortsumfahrungen, Autobahnverbreiterungen und Supermärkte, Industrie- und Gewerbegebiete auf der grünen Wiese. Der Wohlstand, der heute bei uns propagiert und praktiziert wird, ist mit einem einzigen Beispiel – und davon würden mir hunderte einfallen – als unglaubliche Blödheit und Dummheit zu entlarven. Der Boden

in irgendeiner beliebigen bayerischen Gemeinde, auf dem früher Kartoffeln geerntet und verkauft wurden, ist nicht mehr fruchtbar. Darauf steht jetzt ein Supermarkt. Mit Sehnsucht wartet der deutsche „Wohlstandsbürger" schon Ende März auf die ersten Frühkartoffeln. Die kommen aus Ägypten und führen dort dazu, dass die Menschen kein Wasser mehr haben und sich genau deshalb vielleicht zu uns nach Deutschland auf den Weg machen, weil weder eine Frühkartoffel noch eine Spätkartoffel ohne Wasser in der Wüste gedeihen kann.
Das einzige, was sich bisher grundlegend im Bereich „Lebensgrundlagenzerstörung dient dem Gemeinwohl" verändert hat, ist der Name des Amts, das maßgeblich daran beteiligt ist. Das Straßenbauamt heißt jetzt staatliches Bauamt.

Meine Situation war damals eine fast ausweglose. Jahrelang, eigentlich bis zum heutigen Tag, habe ich die Zerstörung meiner Heimat, meines Dorfs und seines Umfelds nicht vergessen oder verwunden. Das ist auch kein Wunder. Die damals gebaute Bundesstraße 20 führt keine hundert Meter Luftlinie an meinem Haus vorbei und hat auf einer Länge von 13 Kilometern eine der letzten und schönsten Au- und Flusslandschaften zerstört.
Es gab zwei Möglichkeiten für mich, die eine hätte über das kanadische Konsulat geführt, das ich auch mehrmals besuchte. Ich wusste auch schon, wohin wir gehen könnten: nach British Columbia an der Westküste. Doch Mutter wollte nicht, und der Fall war für mich erledigt.
Bleibt eine Möglichkeit übrig: Widerstand gegen eine solche Gesellschaft, gegen die Obrigkeit, den Staat, der so mit mir umgegangen ist, aber wie? In mir hatte ich nichts, nur eine unbändige Wut. Was hatte ich bis dahin mit Politikern aus meinem Wahlkreis zu schaffen gehabt? Das sollte nicht so bleiben. Denn interessiert hat mich die Politik schon immer.

Unterdessen veränderte sich das Dorf langsam aber stetig. Ein Nachbar, der größte Bauer der Gemeinde, hatte bis dahin ebenfalls zwölf bis vierzehn Kühe. Jetzt baute er einen Stall für 30 bis 35 Kühe. Die standen auf Eisenrosten. Kot und Urin fielen hindurch und flossen durch den darunterliegenden Schacht in die neu gebaute Güllegrube. Gülle? Sie war mir unbekannt, aber sie war modern. Stroh benötigte der Nachbar damit als Einstreu nicht mehr. Weniger Stroh bedeutet aber auch weniger Getreide. Die angebotene Alternative war der Mais. Um das ausgefallene Getreide als Eiweißlieferanten zu ersetzen, halfen BayWa und Raiffeisen den Bauern mit Kraftfutter aus ihren Lagerhäusern. Niemand außer den Herstellern wusste, was in diesem Kraftfutter ist. Aber die

Berater sagten: Ein Kilo von diesem Futter, und die Kuh gibt zwei Liter Milch mehr. Und los ging´s, bis zu jenem Tag Ende der 80er-Jahre, als die ersten Rinder in England, später auch bei uns, wahnsinnig wurden: BSE heißt diese Krankheit. Man hatte der pflanzenfressenden Kuh ihre toten Artgenossen ins Futter gemischt und sie damit in den Wahnsinn getrieben. Schon in den 20er-Jahren hatte Rudolf Steiner, der Vater der biologischen Landwirtschaft, eine solche Reaktion vorhergesehen. Was für „tolle" Milch haben wir jahrzehntelang getrunken?

Auch sonst geht es in diese Richtung weiter: Außerhalb des Stalls baut der Nachbar zwei Hochsilos für die Lagerung von Mais und Grassilage. Jetzt stellen sich Folgekosten ein: Der alte Traktor ist zu schwach für das neue größere Güllefass, das er nun benötigt. Auch für das einreihige Maisgebiss braucht er mehr PS. Und täglich die Hochsilos zu besteigen, ist auf Dauer zu mühselig, also her mit der Silofräse! Dazu kommt natürlich noch mindestens ein Tandemkipper für die Maisernte.
Im Dorf macht sich allmählich ein ekelhafter süßlicher Geruch breit. In Eham ist das Silozeitalter angebrochen. Keine fünf Jahre später beschreitet schon der nächste Nachbar diesen Weg und schließlich auch noch der Dritte. Jedes Mal derselbe Vorgang, außer beim Nachbarn Nummer zwei. Der hat gleich seinen Stall und sein wunderschönes altes Wohnhaus abgerissen.
So wird einem hautnah vor Augen geführt, dass man sich entscheiden muss: Ob man so weitermachen will oder ob man andere Möglichkeiten findet zum Überleben. Ich wolle mich nach solchen Möglichkeiten zumindest umschauen, bevor ich das anstrebte, was zu dieser Zeit fast alle anstrebten: Mehrproduktion um jeden Preis.

Und wieder hatte ich Glück. Ich traf einen Mann, einen ganz kleinen Bauern, der in den Konzepten der Großkopferten längst als Vergangenheit abgehakt war: Max Koch aus der Nachbargemeinde Anger war seit Anfang der 70er-Jahre Biobauer. Er hatte für mich Tipps, Informationen und Adressen. Viele Male habe ich ihn besucht und viel gelernt, bestimmt zwei Jahre lang. So kamen Kontakte zustande, unter anderem zum ebenfalls nach einem besseren Weg suchenden Hans Glück aus Grassach bei Tittmoning und zu Hans Urbauer aus Kienberg bei Trostberg. Jahre später fürchteten Bauernverband und CSU unser Trio wie der Teufel das Weihwasser.
Die neue Bundesstraße 20 wurde gebaut. 1978 war sie fertig. Später erfuhr ich, dass es eine Alternative gegeben hätte, die wesentlich günstiger gewesen wäre, nämlich die bestehende Trasse zu erneuern. Dort aber wohnte ein Mann, der

bei der Regierung arbeitete und das nicht wollte. Ein Argument der Straßenplaner war auch, die alte Straße sei zu unfallträchtig. Es gebe dort viele Todesopfer. Ich weiß von fünf tödlichen Unfällen, die sich in meiner Lebenszeit dort ereignet haben. Auf der neuen Straße gab es seit ihrer Eröffnung mehr als 20 tödliche Unfälle. Negativer Höhepunkt der Geschichte war für mich der Zeitungsartikel über die Eröffnungsfeier. Dort hieß es: „Die Straße führt durch eine liebliche Landschaft." Daraufhin habe ich den ersten Leserbrief meines Lebens geschrieben mit dem Tenor, ob denn eine einmalige Auenlandschaft erst schön wird, wenn Autos und Lastwagen durchdonnern.

Viele Menschen wissen oder bemerken bis heute nicht, was diese Straße unwiederbringlich zerstört hat. Noch zu erwähnen wäre, dass unsere Nachbarin Loni, die Tochter des schon erwähnten Zimmermanns Hans-Jörg Mayer, ihr Haus samt Garten verlor. Heute befindet sich genau dort eine Unterführung. Man wollte sie mit einer kleinen Zweizimmerwohnung in der Stadt abspeisen. Pech für das Straßenbauamt war es, dass ihr Sohn Waldemar Stadtbaumeister in München war. Er hat den Herren dann gesagt, was sie seiner Mutter schuldig sind.
Und bei mir hat ab diesem Zeitpunkt das Pflänzchen „Widerstand" Wurzeln geschlagen. Mit der Zeit wurde mir klar, dass ich mehrgleisig denken und handeln muss. Erstens musste ich meinen Bauernhof anders bewirtschaften, zweitens musste ich an die Öffentlichkeit gehen, mich politisch zu Wort melden. Denn die Zusammenhänge waren offensichtlich. Also begann ich so, wie es viele Generationen vorher auch bei meinen Vorfahren gewesen war: Als freier Bauer zu handeln und vorher zu denken.

Am 1. Januar 1981 war es soweit. Zwei Jahre sind genug zum Nachdenken. Ich hatte noch acht Säcke Kalkammonsalpeter in der Tenne auf Lager. Die lud ich auf und fuhr sie zum Nachbarn: „Ich brauche sie nicht mehr. Ab heute mache ich biologische Landwirtschaft. Willst du sie haben?" Er wollte, aber sein Erstaunen war deutlich zu sehen. Zwei Dinge haben ihn irritiert: Es war der Neujahrstag, ein Feiertag, da kam ich mit Kunstdünger. Und den Begriff „biologische Landwirtschaft" kannte er auch nicht. Er wusste nicht, was ich meinte, was sich über die Jahre geändert hatte, ohne dass ich es erklären musste. Den Neujahrstag hatte ich bewusst gewählt als Symbol der Hoffnung: neues Jahr, neues Glück.
Das zweite Gleis, Politik und Gesellschaft, wurde zu dieser Zeit immer interessanter, die politische Landschaft vielfältiger. „Die Grünen" hatten sich gefunden. Als einzige forderten sie eine ökologische Landwirtschaft, Bäue-

rin und Bauer sollten im Einklang mit der Natur sein, nicht gegen sie. Auch meinen Hobbys, der Geschichte und der Erdkunde, wurde von dieser Partei Rechnung getragen. Plötzlich wurde öffentlich angeprangert, dass weltweit alle zwei Stunden eine Pflanze und jeden Tag eine Tierart ausstirbt, dass pro Erdenbürger hunderte Kilogramm Sprengstoff bereitliegen und die Menschheit sich x-mal, nicht nur einmal, selbst auslöschen kann. Friedensbewegung, Naturschutzbewegung, Frauenpower, Sozialstaatskritik. Das passte für mich. Also nichts wie hin!

Wir waren in Freilassing ein kleines Häuflein, das sich offen dazu bekannte, grün zu denken und zu handeln. Das Echo in der Stadt und auf den Dörfern ringsherum, dass ein Bauer die Frechheit besitzt, allein durch sein Handeln auf dem Hof seine Kollegen als Umweltzerstörer anzuprangern, entfachte Hass und Verleumdung in einem unglaublichen Ausmaß. Dass dieser Bauer sich dann auch noch den Grünen anschloss, schlug dem Fass den Boden aus. Endlich gab es ein richtiges klares Feindbild für Stammtische und Bierzelte. Die wichtigsten Menschen in meinem Leben standen zu mir. Mutter sagte zu Bio nur: „Gut. Wir haben es immer so gemacht." Und zu meinen politischen Aktivitäten meinte sie: „Endlich sagt oana, wia´s is!"
Aber all diese Anmache war eine Lappalie, verglichen mit dem Lebens- und Arbeitsklima auf dem Hof, wie es sich entwickelte. Die Monotonie wich einer Vielfalt. Der Kontakt zu den Menschen, die unsere Produkte kauften, war wieder ein direkter. Alles wurde und wird bis heute direkt ab Hof verkauft.
Mit meinem politischen Bekenntnis bin ich natürlich voll ins Fettnäpfchen getreten. Als Bauer aus der erzkonservativen Bauernschaft, die in Bayern fast ausschließlich schwarz wählt, wo die Mitgliedschaft in der CSU mittels des Mitgliederausweises bereits als Taufgeschenk übergeben wird, als ein solcher Bauer Anfang der 80er-Jahre ein Grüner zu sein, ist nicht die leichteste Übung. Aber es macht stark, und es hat jeden Tag mehr Spaß gemacht.

1983 wurde ich in den Freilassinger Stadtrat gewählt, in dem ich bis 1989 blieb und versuchte, etwas zu verändern, eine fast vergebliche Mühe. Von den etwa 70 Anträgen, die ich in dieser Zeit, alle schriftlich, damit sie nicht unter den Tisch fallen, gestellt habe, wurden drei angenommen und verwirklicht. Eine große Hangfläche in der Stadt, von der sie nicht genau wussten, was sie damit machen sollten, wurde mit Obstbäumen bepflanzt. Die Bäume, Hochstamm natürlich, stehen heute noch. In der Grundschule wurde ein Schulgarten angelegt. Die Kinder konnten dort selbst säen und ernten. Den gibt es nicht mehr. Am Nordrand der Stadt gab es eine große freie Agrarfläche, begrenzt

durch eine Kreisstraße, die als Zufahrt zum Industriegebiet genutzt wird. Meinem Antrag, dort eine breite Hecke anzulegen, wurde entsprochen. Sie war 550 Meter lang und sechs bis acht Meter breit und kostete 35.000 Mark. Vor zwei Jahren wurde diese Hecke auf ihrer ganzen Länge für den Bau eines Radwegs in die Nachbargemeinde halbiert, obwohl es bereits drei Radwege dorthin gab.
Für sechs Jahre intensive Arbeit für das Gemeinwohl war das eine magere Ausbeute. Dabei habe ich mir die bayerische Verfassung und die bayerische Gemeindeordnung so lange ins Hirn reingezogen, dass ich noch heute einige Paragraphen auswendig kann.

Einen Antrag jedoch habe ich mündlich gestellt, in nichtöffentlicher Sitzung, damit nicht der Verdacht aufkam, ich wollte in der Zeitung „punkten". Einige Tage zuvor hatte ein großes Erdbeben Armenien erschüttert. Es gab 35.000 Todesopfer. Ich bat meine Kolleginnen und Kollegen darum, das Sitzungsgeld, 35 Mark, für die Katastrophenhilfe dort zu spenden. Der Antrag wurde einstimmig abgelehnt. Weihnachtsfeiern und ähnliche Veranstaltungen, wo sich die Herrschaften bei freier Verköstigung treffen, habe ich nach dieser Sitzung nicht mehr besucht. Auf dem Abschiedsfoto nach sechs Jahren gibt es mich nicht.

Hingegen entwickelte sich zuhause auf dem Hof der biologische Landbau zu einer wahren Freude. Die Kundschaft wurde immer mehr, die Qualität war gut, wurde immer besser. Das erste Schwein zerlegten wir noch auf dem Küchentisch. Später bekamen wir eine große Kühlung und einen Zerlegeraum mit allen Schikanen, vom Veterinäramt kontrolliert und für gut befunden. Vierzig Kastenbrote wurden pro Woche gebacken. Sie fanden reißenden Absatz. Und schon gab es Neider. Eines Tages klopfte ein Beamter der Lebensmittelkontrolle an die Tür. Ich bat ihn in die Stube und fragte, was er wolle. Einen Stuhl habe ich ihm nicht angeboten. Er fragte, ob wir Brot backen. Ich sagte ja, seine zweite Frage war, wie viel wir backen. Meine Antwort: Jetzt sagen Sie mir, wie viel wir backen dürfen, und ich sage Ihnen, wie viel wir tatsächlich backen. Er wusste es nicht. Daraufhin habe ich ihm aus dem Gesetz die Passagen vorgelesen, nämlich dass es die Urproduktion erlaubt, eine Arbeitskraft täglich sieben Stunden, also nicht die ganze gesetzliche Arbeitszeit, Brot backen zu lassen. Das wären etwa 200 Brote pro Woche gewesen. Ich verabschiedete ihn mit dem Satz: „Jetzt können Sie wieder gehen." Ich habe ihn nie mehr gesehen.
Mein Fazit: Wer Widerstand leisten will, muss wissen, wie es geht.

KAPITEL SIEBEN: FORTSETZUNG – DER WIDERSTAND

Es begann also mit einer Bundesstraße, die man ohne jede Hemmung, ohne auch nur einen Augenblick darüber nachzudenken, was hier eigentlich zerstört wird, baute. Seit 1730 haben Generationen meiner Vorfahren dieses Land erst urbar gemacht, mit schwerster körperlicher Arbeit und primitivsten Mitteln. Millionen Bienen, Insekten jeder Art, Wildtiere, Vögel, alle fanden Futter. Und letztendlich auch unsere Haustiere lebten von dem, was dort gedieh und aufwuchs und der Familie das karge Leben sicherte. Drei Mark pro Quadratmeter bei Androhung eines Abzugs von 1,20 Mark, sollte es zu einem Enteignungsverfahren kommen:
Ist das ein gerechter Preis? Nein, das ist es nicht! Wer die Vergangenheit nicht kennt, weiß nichts mit der Zukunft anzufangen. Weil ich so denke, ist mir völlig unerklärlich, was seit Jahrzehnten in unserem Land zerstört wird. Sich dagegen zu wehren, ist mehr als legitim. So denke und so handle ich bis heute.

Erst gestern las ich in meiner Zeitung, es war der 11. September 2017, also kurz vor der Bundestagswahl, einen „Wahlkampfartikel" der Grünen aus meinem Landkreis. Darin fordern sie, den Land- und Bodenverbrauch in Bayern auf täglich fünf Hektar zu begrenzen. Das sind 1825 Hektar jährlich, das heißt anders gesagt etwa hundert bayerische Bauernhöfe oder ungefähr die Fläche meiner Gemeinde Freilassing. Ich weiß, warum ich diese Partei, die einmal politisch meine einzige Hoffnung war, schon 1990 wieder verlassen habe. Kompromisse sind im Jahr 2017 nicht mehr akzeptabel, es reicht endgültig.

Dagegen zu sein allein, reicht auch nicht. Gesetzesbruch, wie er gang und gäbe ist, anzuprangern, öffentlich zu machen, ist zu wenig. Alternativen aufzuzeigen, ist ebenso wichtig und erzeugt Glaubwürdigkeit. Das habe ich immer versucht und praktiziert. Der Anfang war der biologische Landbau. Und der entwickelte sich prächtig. Wir fingen an, Käse zu machen. Kälberlab, der Zusatz, der die Gerinnung der Milch ermöglicht, kaufte ich in einer Apotheke in Unken, einem Ort in Österreich, bei uns bekam ich es nicht. Ein halbes Hektar Gemüse war der nächste Schritt. Zwiebel, Weiß- und Blaukraut, Rahnen und Knoblauch waren neben Gelben Rüben unser Angebot an die Kundschaft. Die Suche nach alten Sorten war eine wichtige Sache. Die hochgezüchteten Getreidesorten wollte ich nicht verwenden, dasselbe galt für Kartoffeln und Gemüse.
Die Rinderzucht wurde wieder umgestellt auf das Pinzgauer Rind, das bis

Ende der 60er-Jahre auf den meisten Höfen üblich gewesen war. Erst durch verschiedene Tricks von Ausbildern, Beratern und Vermarktern wurde den Bauern das heute übliche Fleckvieh schmackhaft gemacht. Dieses gebe mehr Milch und setze mehr Fleisch an. Pinzgauer Rind wurde schlechter bezahlt und als nicht mehr konkurrenzfähig hingestellt – dass ich nicht lache! Jeder Spitzenkoch wird es Ihnen sagen: Fleisch vom Pinzgauer Ochsen ist das Beste. Die letzte Schlachtung und Vermarktung eines solchen brachte mir heuer im März 3565 Euro in die Kasse.
Roggensaatgut suchte und fand ich in Österreich: Das „Schneegodarnkorn" wird bis zu 2,20 Meter hoch und ist trotzdem standfest. Welch ein Anblick, wenn es sich im Wind wiegt!
Bei Dinkel – die Sorte heißt „Schwabenkorn" – baue ich seit 30 Jahren, bei Roggen seit sechsunddreißig Jahren immer mein eigenes selbst gereinigtes Saatgut an. Mein Weizen ist ein Glücksfall. Er heißt „Laufener Landweizen". Es handelt sich um einen Grannenweizen, der bis zu zwei Meter hoch wird. Er wurde über Jahre aus vierzig noch vorhandenen Körnern wieder vermehrt, von einigen Biobauern wieder angebaut und wird seinen Weg machen. Für das Kilo Mehl bezahlt mir mein Bäcker 2,20 Euro. Der konventionelle Weizen bringt den Bauern etwa zwölf Euro, aber für hundert Kilo, abzüglich der Kosten für Dünger, Pestizide und Saatgut. Denn meistens handelt es sich um Hybridgetreide, das der Bauer selbst nicht mehr vermehren kann.

Ein glücklicher Bauer mit viel Stroh für seine Tiere? Heute Fehlanzeige. Das Foto entstand bei einem Besuch von Oberpfälzer Bauern in Eham. Der Roggenhalm ist über zwei Meter hoch.

Etwas Besonderes ist eine meiner Kartoffelsorten: 1988 schenkte mir eine 60-jährige russische Bäuerin aus Karelien, nördlich von St. Petersburg, sieben Kartoffeln und sagte: „Das sind die, die meine Großmutter schon angebaut hat." Die Sorte müsste also aus der Zarenzeit stammen. Ich gab ihr den Namen „Katharina die Große", was den Knollen Dank ihrer Größe durchaus gerecht wird. Seit knapp 30 Jahren baue ich sie an, heuer vier lange Reihen. Es wären mehr, hätte mir nicht ein Hageljahr nur einen Eimervoll übriggelassen. Man bemerkt beim Lesen dieser Zeilen, es tat sich etwas auf unserem Hof. Den immer zahlreicher werdenden Kunden musste man nichts erklären, aber den Kollegen wollte ich schon mitteilen, dass es auch anders geht. Nach etwa drei Jahren Praxis begann ich Vorträge zu halten, den biologischen Landbau auch politisch darzustellen und zu fordern. All die vorher angeführten Argumente und Entwicklungen bei uns zu Hause waren geradezu Sprengstoff für die Bauernschaft und ihre Vertreter. Das Harmloseste, was mir gesagt wurde, war: „Das ist nur für ganz wenige Bauern eine Nische." Weiter ging´s dann meistens richtig zur Sache, etwa mit: „Die Menschheit müsste verhungern, wenn das alle machen würden." Und noch bis vor einigen Jahren erzählten sich die Stammtische, dass ich den Mineraldünger heimlich in meine Odelgrube schütte, nachts, damit mich niemand dabei sieht.

Mein angelesenes Wissen über Geschichte hat mir auf diesem Weg sehr geholfen, und in der Regel habe ich es in meinen Versammlungen sehr provokant genutzt. Ich führte den anwesenden Bauern anhand verschiedener Geschichten vor, welch scheinheilige Gesellschaft sich auf dem Land breitmacht. Die eine Geschichte ist in meinem Roggenfeld passiert: Ich fahre mit dem Auto in die Stadt und sehe zufällig, dass in meinem Kornfeld ein Mann steht und mit der Schere Büschel meines Roggens abschneidet, die er im Auto verstaut. Ich stelle ihn zur Rede. Es ist ein mir bekannter Kollege. Und es stellt sich heraus, dass er für das Erntedankfest in der Kirche Getreideähren für den Ährenkranz klaut, weil meine Äcker die einzigen seien, auf denen er noch schöne Ähren finde. Ich sagte ihm: „Da wird sich der Herrgott aber freuen, wenn ihm mit gestohlenem Getreide gedankt wird." Mais ist eben schlecht geeignet für einen Ährenkranz.

Die zweite Geschichte, die mir heute noch Spaß macht: Großes Gebirgsschützentreffen in Miesbach, an der Spitze des Zugs fährt der „Ehrengebirgsschütze" und damalige bayerische Ministerpräsident Franz Josef Strauß. Im Zug sieht man hunderte Hüte mit dem klassischen Hutschmuck der Gebirgsschützen, der Spielhahnfeder, der Schwanzfeder des kleinen Birkhahns.

So marschieren sie stolz durch unser Bayernland. Aber niemand sagt, dass die meisten Federn aus Russland importiert sind, weil dieser wunderschöne Vogel bei uns vom Aussterben bedroht ist. Zum Schluss immer das Zitat von Rosa Luxemburg: „Die Wahrheit ist, wenn man sagt, was ist." Und so ist es. Und in der Bibel erhält der Mensch doch auch den Auftrag, die Schöpfung zu bewahren.

Mit solchen oder ähnlichen Geschichten endeten meine Veranstaltungen meistens. Ich bin überzeugt, dass die Mehrheit derer, die zugehört haben, bis heute nicht weiß, wer Rosa Luxemburg war. Mutige Menschen wie sie bräuchten wir auf jedem Dorf, nicht diese Karriereleiteremporkletterer in den Parteien, die von Tuten und Blasen keine Ahnung haben.
Was passt besser zu diesen Zeilen als der Zeitungsbericht vom gestrigen Samstag, 16. September 2017? Bundeslandwirtschaftsminister Christian Schmidt ist auf Wahlkampftour in der Stadt Laufen, unserer Nachbargemeinde im Landkreis Berchtesgadener Land. Seine klare eindeutige Kernaussage lautet: „Wir brauchen keine Agrarwende." Und als Zuständiger für die „nationale Stillkommission" trifft er die beruhigende Feststellung: „In deutscher Muttermilch ist kein Glyphosat." Für mich der Höhepunkt von „agrarpolitischer Inkompetenz" ist die Forderung der ebenfalls anwesenden Stimmkreisabgeordneten, Mitglied des bayerischen Landtags, Michaela Kaniber. Ich zitiere: „Ich rege mich auf, wenn Ängste geschürt werden unter dem Titel `Wer CSU wählt, wählt Glyphosat. Ich fordere den Minister auf, stattdessen über die realen Probleme zu reden – zum Beispiel über den Wolf.´"

Heißt das nun, dass eine Agrarwende überflüssig ist, denn das letzte Fünftel der Bauern, das wir übriggelassen haben, erledigt der Wolf? Soweit mir bekannt ist, hat der Wolf eine Großmutter und etliche Geißlein gefressen, aber noch keinen Bauern. Die haben wohl zu viele Märchen gelesen, die Herrschaften? Das beste Mittel jedoch, um der extremen Bedrohung durch einen oder mehrere Wölfe in Bayern Einhalt zu gebieten, wäre die russische Lösung aus der Stalinzeit: Der Kommissar für Landwirtschaft, Trofim Denisowich Lysenko, bekam eines Tags Besuch von einer Gruppe sibirischer Bauern. Ihr Anliegen: Die Wölfe würden ihre Schafe fressen, es gebe einfach zu viele Wölfe – fast wie in Bayern. Die Antwort des obersten „Bauern" Russlands: „Wir kreuzen den Wolf mit dem Schaf. Das ergibt einen Schäferhund, und das Problem ist gelöst."
In dieser ganzen Zeit fand Fortbildung täglich statt, eigentlich ganzheitliche Bildung. Bei der Arbeit, am Telefon, am Abend dachten wir darüber nach:

Was kann auf dem Hof besser werden? Warum gehen so viele Bauern zugrunde? Wer ist dafür verantwortlich? Warum werden unsere wichtigsten Partner, die Handwerker, immer weniger, wo doch die Bevölkerung ständig zunimmt? Warum ist die Natur nicht mehr das, was wir als Kinder so geliebt haben? Die Bäume sterben. Viele Pflanzen, Kräuter und Blumen sind einfach nicht mehr da.

Mit den Jahren entstand ein Netzwerk, dessen Mitglieder sich täglich neueste Informationen zukommen ließen, viele Abende steckten wir „die Köpfe zusammen", tauschten Erfahrungen aus, die wir auf dem Acker, auf der Wiese oder im Stall gemacht hatten. Auch über den Bauernverband, über Politiker, Kirchenvertreter und Wissenschaftler, die sich zu unseren Themen geäußert hatten, diskutierten wir intensiv. Wir wussten sehr bald, wo der „Feind" sitzt und dass unser Weg der einzig richtige ist. Wir, das war das Trio Hans Urbauer, Hans Glück, Hias Kreuzeder und später auch Sepp Daxenberger, der Kern der Aufmüpfigen. Wir hatten keine Scheu, bei jeder sich bietenden Gelegenheit unsere Meinung zu sagen. Das Wichtigste für uns waren jedoch immer unsere Höfe und die Zeit von der Saat bis zu Ernte. Noch heute ist es für mich einer der spannendsten Augenblicke des Jahres, wenn ich mit der Gabel – es muss eine Mistgabel mit vier Zinken sein – die ersten Kartoffeln ausgrabe, um zu sehen, wie die Ernte sein wird. Weder die Zeit im Bundestag, noch die im Freilassinger Stadtrat oder auf Veranstaltungen und Vorträgen in ganz Deutschland kann sich mit dieser halben Stunde messen.

Auf den Höfen organisierten wir Flurbegehungen für andere Bauern und die interessierte Bevölkerung, zu denen wir mit Zeitungsinseraten einluden. Es kamen oft mehr als hundert Menschen. Einmal hatten wir uns eine besondere Überraschung ausgedacht: Für die Zeit nach der Begutachtung meiner Feldfrüchte und Wiesen hatten wir am alten Heustadel Bierbänke und Tische aufgestellt. Zur Brotzeit gab es hofeigene Produkte, Käse, Brot und Speck, auch Radi und Radieschen. Nur Biobier gab es nicht. Als alle gemütlich beisammensaßen, ging plötzlich das Tor zum Heustadel auf, und Hans Urbauer erschien als „Marsmännlein". Wir hatten uns einen Schutzanzug besorgt, den die bäuerliche Berufsgenossenschaft den Bauern für die Arbeit mit Pestiziden empfahl. Das Erstaunen war groß, und bei manchen begann ein ernsthaftes Nachdenken, denn vom Hans war nicht viel zu sehen.

Er trug einen Vollgummianzug mit Kapuze, eine Atemschutzmaske, Gummihandschuhe und Gummischuhe. Also schon vor dreißig Jahren wusste man um die Gefahren, die von diesen Giften ausgehen, auch für den Menschen, nicht nur für Pflanzen und Tiere.

Wir besuchten Kurse von „Bioland“ in Niederaltaich. Wir besuchten einen staatlichen Musterbetrieb in der Schweiz. Sie war damals das einzige Land in Europa, das den biologischen Landbau förderte, eben auch durch Staatsgüter, die biologisch wirtschafteten und Forschung betrieben. Und wir fingen damit an, einmal im Jahr in Freilassing einen Biobauernmarkt abzuhalten.
Es kamen nicht hundert, es kamen hunderte, die unsere Erzeugnisse haben wollten. Auch ein Bäcker, den wir damals schon mit unserem Getreide belieferten, war dabei, ebenso eine Töpferwerkstatt.

Auch dabei gab es einmal eine Überraschung, aber der anderen Art. Hans Glück, der seit jeher ein „Händchen“ für Gemüse hat, bot unter anderem wunderschöne Karotten, „Gelbe Ruam“, an, groß, knackig, saftig, mit einmaligem Geschmack. Da kam eine Frau an seinen Stand und sagte laut und deutlich vor allen Kunden: „Das sind keine Biokarotten. Dafür sind sie viel zu groß.“ Und ich stand zufällig daneben. Augenblicklich habe ich diese Person vor allen Leuten so „zur Schnecke gemacht“, dass sie es wohl lange nicht vergessen hat. Sie hatte im Grunde nichts anderes getan, als die Familie Glück öffentlich als Betrüger hinzustellen. Solchen Beleidigungen muss man sofort begegnen – mein Großvater lässt grüßen.

Hans Glück hat an diesem Tag trotzdem in drei Stunden für viertausend Mark Ware verkauft. Insgesamt waren diese Märkte, die wir einige Jahre abgehalten haben, für uns nur schön. Das lag auch am Platz. Es war ein Karee, auf einer Seite die Kirche, gegenüber der Bauernhof, der der Kirche gehörte, auf der linken Seite der Pfarrhof und rechts ein Riesenstadel, der zum Bauernhof gehörte. Der Platz selbst war mit Gras bewachsen, etwa 20 Meter mal 40 Meter groß. Der Hof ist heute einem Parkplatz gewichen, der Stadel unter Denkmalschutz gestellt. Umgekehrt wäre es besser.

Was wir als Bauernfamilien taten, um es anders zu machen als die anderen, bereitete uns keine Sorgen mehr, außer natürlich die alltäglichen. Was uns aber immer größeres Kopfzerbrechen bereitete, war das Verschwinden von immer mehr Höfen und dem Bauernstand angelagerten Handwerksbetrieben. Dabei hätte man keineswegs behaupten können, die von diesem „Artensterben“ betroffenen Bäuerinnen und Bauern, Müller, Metzger, Bäcker, Kramer, Gerber und so weiter seien faule Leute, im Gegenteil: Ein Zwölfstundenarbeitstag war bei ihnen die Regel, manchmal auch mehr. Woran lag es also? Es lag und liegt immer noch zum größten Teil an den amtierenden Politikern und daran, dass die obere Führungsebene unserer Berufsvertretung, des deutschen und bei uns speziell des bayerischen Bauenverbands, unterwürfige Helfer der Politik sind.

Der erste Bauernmarkt, auf dem ausschließlich biologische Produkte angeboten wurden, fand in Salzburghofen statt und war weit und breit der einzige seiner Art. Der Andrang war eine wunderbare Genugtuung für die Bäuerinnen und Bauern. Viele neue Kontakte konnten geknüpft werden.

Ein genauso wichtiger Punkt ist, dass die Gesetzte für Bauern und Handwerker nicht beachtet oder eingehalten werden. Ein trauriges Kapitel für sich ist das Flurbereinigungsgesetz. Es wurde einfach aus dem Dritten Reich übernommen und bis zum Letzten ausgenutzt, zum Schaden der Bauern, der Natur und der Umwelt.

Diese drei Themenfelder – Politik, Berufsvertretung und die gesetzlichen Grundlagen für uns Bauernfamilien – wurden immer mehr Schwerpunkt unserer „Öffentlichkeitsarbeit“, ob wir wollten oder nicht, denn sie nahmen fast täglich Einfluss auf den Hof und die Arbeit. Darüber werde ich später noch ausführlich berichten. Das Resultat von Unfähigkeit, Pharisäertum und Unwissenheit ist erschreckend.

Der 19. Oktober 2017 war kein Tag wie jeder andere, jedenfalls nicht für mich. Drei Meldungen der Medien an diesem Tag zeigten uns den Weg, den wir nicht weitergehen dürfen, wenn es nicht schon zu spät ist. Meldung eins: Die Gesamtmasse der Fluginsekten hat in den vergangenen drei Jahrzehnten um fünfundsiebzig Prozent abgenommen, zur Hauptflugzeit im Sommer sogar um bis zu zweiundachtzig Prozent. Erstellt wurde die Studie in dreiundsechzig verschiedenen Gebieten in Deutschland mit unterschiedlichem Schutzstatus, wohlgemerkt in Schutzzonen, nicht etwa auf dem Maisfeld, nicht auf x-mal mit Gift behandelten Getreide- oder Kartoffelfeldern, Obst- oder Weinplantagen. Und doch meldet sich im selben Artikel, in dem die Nachricht steht, der Generalsekretär des deutschen Bauernverbands Bernhard Krüsken zu Wort. Ich zitiere: „In Anbetracht der Tatsache, dass die Erfassung der Insekten ausschließlich in Schutzgebieten stattfand, verbieten sich voreilige Schlüsse in Richtung Landwirtschaft."

So wie Krüsken die Lage einschätzt, hat man zwei Möglichkeiten, sein Geschwafel zu deuten: Entweder ist er so dumm, dass er alles nachplappert, was ihm sein Präsident sagt, oder er glaubt, die deutsche Gesellschaft ist so blöd, dass man alles so „interpretieren" kann, wie er es getan hat, und trotzdem glaubwürdig bleibt. Ich denke, beides trifft zu, leider, und empfehle einen Feldversuch, wie er im späten Frühjahr tausendfach praktiziert wird: Spritzen wir ein Hektar Kartoffelfeld mit einem Insektizid gegen den Kartoffelkäfer und untersuchen wir nach zwei Tagen oder auch noch am selben Tag, wie viele tote und wie viele lebendige Insekten wir finden. Aber bitte nur im Schutzanzug! Es ist nicht allzu lange her, dass Kartoffeldiebe sogar in den Nachrichten vor dem Verzehr des Diebesguts gewarnt wurden, weil das Feld, von dem sie die Knollen stahlen, zwei Tage zuvor „behandelt" worden war, um das Kraut abzutöten. Dies war geschehen, damit der Vollernter auch ernten kann. Es bestehe Vergiftungsgefahr beim Essen der Kartoffeln, hieß es in den Nachrichten, man könnte von „Tiefenwirkung" sprechen. Etwas zu töten, bringt nur den Tod, hat noch nie Heilung gebracht.

Meldung zwei: Die Zahl der Vögel geht stark zurück. Zwischen 1998 und 2009 sind 13 Millionen Brutpaare verschwunden. Der Bestand des Spatzen ist um zweiundzwanzig Prozent gesunken. Beim Star, gerade erst zum „Vogel des Jahres 2018" gewählt, macht der Artenschwund zweiundvierzig Prozent aus. Ob es da wohl Zusammenhänge mit dem Verschwinden der Insekten oder gar mit der Landwirtschaft gibt, da Jungvögel hauptsächlich mit Insekten gefüttert werden? Als Lösung würde sich anbieten, die Müllcontainer offenzulassen, damit die Vogelwelt einen Zugang bekommt zu den Millionen Tonnen Lebensmitteln, die wir jedes Jahr wegwerfen. Eins der ersten Kulturgüter, die der junge Mensch in den Anfangsjahren seines Lebens mitbekommt, ist die Musik. Ungezählte Kinder in unserem Land haben das Lied gelernt und mit Freude gesungen: „Alle Vöglein sind schon da, alle Vöglein alle, Amsel, Drossel, Fink und Star und die ganze Vogelschar ..." Wenn wir so weitermachen, müssen wir den Text umschreiben, etwa: „Alle Vöglein waren da, doch dann kam die Menschenschar ..."

Meldung drei: Täglich verhungern weltweit fünfzehntausend Kinder. Welch ein Fortschritt, könnte man denken, in den 80er-Jahren des vergangenen Jahrhunderts waren es noch circa dreißigtausend pro Tag. Die Menschheit kommt voran? Nehmen Sie sich Ihren Jahresurlaub in einem Stück, fahren Sie nach Somalia oder in die Zentralafrikanische Republik und begleiten Sie sechs Wochen eine Mutter mit ihrem Kind, das einen Tag vor Ihrer Rückreise verhungert ist. Dann erst werden Sie in der Lage sein, zu begreifen, was wir mit unserem Wohlstand, unserer Jahrhunderte langen Ausbeutung ganzer Kontinente, mit unseren lukrativen Waffenexporten angerichtet haben und anrichten. Ich bin Vater von fünf Kindern, und allein schon die Vorstellung, einem Kind beim Verhungern zuschauen zu müssen, macht mich völlig verzweifelt, nur das Denken daran ist kaum erträglich. Und deswegen ist diese Meldung eine Katastrophe. Sie beschäftigt mich immer, an diesem 19. Oktober ganz besonders, weil an diesem Tag mein Nachbar die Ernte für seine Biogasanlage beendet hat. Diese hunderte Tonnen Getreide und Mais, die dort für die Stromerzeugung vernichtet werden, würden hunderten Kindern ein Jahr lang das Leben, das Überleben sichern. Man muss also nur genau hinschauen und eins und eins zusammenzählen, um zu begreifen, dass kein einziges dieser armen Geschöpfe verhungern müsste, wenn wir es nur wollten.

Aber es gibt auch andere Tage. Die Hoffnung stirbt zuletzt. Eine Woche später, es ist Mittwoch, 25. Oktober, ein Bericht in der Heimatzeitung. Die Molkerei Berchtesgadener Land-Chiemgau eG in Piding hat beschlossen, dass den fast 1800 Bauern, die ihre Milch dorthin liefern, das Ausbringen von Glyphosat auf Grünland und Ackerflächen ab sofort verboten ist. Dieses Verbot wird in die Milchlieferbedingungen aufgenommen und kontrolliert. Diese bäuerliche Genossenschaft zahlt bundesweit den höchsten Milchpreis, seltsam, da Pestizide doch seit jeher dafür angepriesen werden, den Gewinn des Bauern zu erhöhen und die Arbeit zu erleichtern. Offensichtlich ist das Gegenteil der Fall. Die Molkerei will auch nicht warten, bis dieses Gift in der Muttermilch nachgewiesen wird oder alle Wissenschaftler unseres Lands sich einig sind, dass es Krebs auslösen kann. Meine Hochachtung dem Herrn Bernhard Po-

intner, Geschäftsführer der Molkerei und, was man so hört, auch maßgeblichen Triebfeder dieser Entscheidung.
Dazu noch eine Bemerkung zu Pestiziden im Allgemeinen. Seit etwa fünf Jahren gibt es eine breite öffentliche Diskussion über dieses Mittel. Jetzt hat die EU-Kommission ihren ursprünglichen Beschluss, Glyphosat weitere zehn Jahre zuzulassen, auf fünf Jahre reduziert. Fünf Jahre öffentliche, immer stärker werdende Kritik und fünf Jahre weniger Zulassung laut EU-Entscheidung, macht zusammen zehn Jahre. Das ist ziemlich genau der Zeitraum, den die Chemieindustrie zur Entwicklung eines neuen Pestizids braucht. Immer und seit Jahrzehnten derselbe Vorgang. Mit dem Vorgängergift Atrazin haben es die Politiker ebenso gehandhabt. Lobbyisten am Werk? Nur wer schlecht darüber denkt, kann so etwas vermuten, und ich denke schlecht, aber zumindest denke ich.
Am selben Tag eine weitere kleine Geschichte, die Hoffnung aufkommen lässt: Im Freilassinger Ortsteil Salzburghofen gibt es einen kleinen Edekamarkt und das schon seit mehr als fünfzig Jahren. Die Familie Albrecht, die das Geschäft seit Generationen betreibt, hat die „alten Zeiten" nicht vergessen. Sie fragte, ob ich Kartoffeln liefern könnte, zum Einstieg einen 25-Kilo-Sack, was ich gerne tat. Drei Tage später fragten die Albrecht wieder bei mir an. Der erste Sack war schon verkauft. Der Preis für meine festkochende Sorte: 1,20 Euro pro Kilogramm. Gleichzeitig wurde vom Zulieferer Edeka ein Zehn-Kilo-Säckchen für 1,99 Euro angeboten, das Kilo also für neunzehn Cent. Wie viel davon der Bauer erhält, zehn, zwölf oder gar fünfzehn Cent, weiß ich nicht, doch aller Wahrscheinlichkeit nach zu wenig, damit er auf lange Zeit Kartoffeln produzieren oder gar davon leben könnte. Für mich ist das eine positive kleine Geschichte. Es gibt also noch Menschen, die nicht auf den Preis schauen, sondern auf die Qualität, Menschen, die ihre Geschmacksnerven mit Emulgatoren, Geschmacksverstärkern, noch nicht ruiniert haben.

Letztendlich hat aber auch diese Geschichte ein trauriges Ende, denn mit diesen Preisen, wie der Großhandel sie zahlt, werden wir bald auf die Kartoffel verzichten müssen, außer das Management von Edeka begibt sich selbst auf den Acker. Dabei wäre diese Knolle für die nächsten Generationen so wichtig. Das Industriezeitalter geht zu Ende, das digitale Zeitalter, das allenthalben propagiert wird, hält gerade Einzug in die Gehirne der Menschen. Wenn wir so weitermachen, wird es nur von kurzer Dauer sein. Meine Enkel werden es noch erleben, das „Kartoffelzeitalter".
Über Jahrhunderte war die Kartoffel der Nothelfer in schwersten Zeiten. Ich besitze einen Zeitungsartikel aus dem Hungerjahr 1918, in dem der Leser zum

Kartoffelschalenkoch befördert werden soll. Man suggeriert ihm, die Schale sei überhaupt das beste Material, um damit die tollsten Kartoffelgerichte zu kreieren. Die Frucht selbst war damals absolute Mangelware. Oder man denke an Irland, wo ein ganzes Volk auf Wanderschaft gehen musste oder verhungerte, weil die Krautfäule die Kartoffelernte über Jahre vernichtet hatte. Oder ich denke im Zusammenhang mit der Kartoffel an unser Kultur- und Kunstempfinden, das uns angeblich von anderen Lebewesen unterscheidet. Fahren Sie nach Amsterdam ins Rijksmuseum. Betrachten Sie dort Vincent van Goghs Gemälde „Die Kartoffelesser". Wenn der Weg zu weit ist, reicht es ja, nach Wuppertal zu fahren, um dort im Von-der-Heydt-Museum das großformatige Bild desselben Malers „Kartoffelsetzen" anzuschauen.

Man merkt schon: Ich liebe diesen Künstler ebenso wie die Kartoffel und die Arbeit mit ihr. Ich hoffe, sie wird bald wieder mehr geachtet, denn sie hat nicht verdient, auf „unterstem Niveau" verschleudert zu werden. Dutzende Werke van Goghs befassen sich nur mit ihr, nicht zu Unrecht. Aber was kümmert das uns. Wir sind ein Kulturvolk und leben in Wohlstand - noch! Wir sollten darüber aber bitte nicht zu euphorisch werden, denn die Pommes bei Mc Donald's werden auch aus Kartoffeln hergestellt. Die neue Esskultur ist in Gefahr.

Soviel zu den tagesaktuellen Betrachtungen rund ums Bauernleben im Jahr 2017. Die Gründe, warum es so ist, wie es ist, müssen wir in der Vergangenheit suchen. Mit den Worten des berühmten Karl Valentin und dessen Einsichten, könnte man sagen – allerdings ein wenig umformuliert: „Die Vergangenheit ist auch nicht mehr das, was sie einmal war."

Was also könnte/kann die Bauern retten? Es ist nicht der neueste Traktor, auch nicht das Zusammenhamstern von Wiesen und Feldern der Nachbarn, die „scheinbar" einen zu kleinen Hof haben, anstatt diesen beizustehen. Schon gar nicht sind es hunderte und mehr Rinder, tausende Schweine und zehntausende Hühner. All das ist es nicht, was die Bauern retten kann. Es ist das Wort, die Sprache, denn es geht darum, laut und deutlich zu sagen, was nicht mehr passt.
Vorbilder gab es und gibt es noch immer. Zum Beispiel den Hutzenauer, so der Hofname, Georg Eisenberger aus der Gemeinde Ruhpolding im Landkreis Traunstein, die heute wegen des Biathlonweltcups bekannt ist. Geboren 1863, hat Eisenberger einen Großteil seines Lebens dem öffentlichen Eintreten für die Sache der Bauern, ihrer Familien und Höfe, geopfert.

Sein eigener Hof – zwölf Hektar Wiesen und Felder, drei Hektar Wald, heute in dieser Größe als Vollerwerbsbetrieb längst Vergangenheit – war es ihm wert, sich mit aller Kraft dafür einzusetzen, die über Jahrhunderte geschaffene Heimat und Existenz zu bewahren. Eisenberger wurde einer der wichtigsten Personen und Aktivisten des „Oberbayerischen Bauernbunds", der sich am 26. Dezember 1893 im Höllbräukeller in Traunstein gegründet hat. Mehr als tausend Bauern und Handwerker waren anwesend, denen von den Rednern, unter ihnen auch Georg Eisenberger, bemerkenswerte Erkenntnisse mit auf den Heimweg gegeben wurden. Ich zitiere: „Von Parteiinteressen und Parteiführern müssen wir uns vor allem befreien. Das Interesse des Volks muss über dem Interesse der Partei stehen, das merkt euch, deutsche Bauern: Keiner Partei dienen, sondern über jeder Partei stehen, dann werdet ihr an euer Ziel gelangen." Oder: „Die Scheunen der Bauern sind mit Getreide gefüllt, und nirgends gibt es für das Getreide einen Absatz. Unser Getreide verfault, und ausländisches wird bezogen."

O wie wahr und aktuell doch diese Worte heute sind – 124 Jahre später. Wurden und werden nicht seit Jahrzehnten Millionen Hektar Urwald weltweit gerodet und dabei tausende Pflanzen- und Tierarten ausgerottet, um Soja und Palmöl zu erzeugen, damit die Überschussproduktion von Fleisch und Milch in Deutschland aufrechterhalten werden kann, die dem Handel (nicht den Bauern!) Milliardengewinne bringt? Mit der Folge, dass unser Getreidepreis für die Erzeuger völlig inakzeptabel ist? Werden nicht jedes Jahr tausende Tonnen Milchpulver und Fleischabfälle, die im Wohlstandsland nicht mehr verwertet werden können, in die ärmsten Länder der Welt verschickt? Und werden sie dazu nicht, um das Gewissen der Wohlstandsbürger unseres Landes zu beruhigen, als „Entwicklungshilfe" oder „Hungerhilfe" deklariert? Und ruinieren sie nicht in den Zielländern die letzten Reste der Milch- und Fleischerzeugung?
So läuft das Geschäft, und es schafft fast nur Verlierer. Und dabei stellt sich natürlich die Frage, ob wir dumm geworden sind, ob wir eins und eins nicht mehr zusammenzählen können, ob eine der Grundlagen von Bildung – Zusammenhänge zu begreifen – bei uns und bei der Menschheit insgesamt nicht mehr vorhanden ist. Ich fürchte, so ist es.

Eine der aus meiner Sicht größten Katastrophen für uns Bauernfamilien ist es, dass wir die Verantwortung für unsere Höfe, unser Dasein, völlig widerstandslos abgegeben haben, und dass eine Berufsvertretung mit dem Namen Bauernverband, die uns in Politik und Gesellschaft hätte vertreten sollen, das jedoch in keiner Weise getan hat und die Bauern bis heute – und das auch noch freiwillig – an einen ihrer „Totengräber“ Mitgliedsbeiträge bezahlen. Einem Georg Eisenberger wäre das nicht passiert. Er vertrat sich selbst, war viele Jahre Landtagsabgeordneter, von 1905 bis 1932 Mitglied des bayerischen Parlaments und bis 1932 auch Abgeordneter des deutschen Reichtags in Berlin. Er ist mir seit vielen Jahren ein Vorbild. In einer meiner Reden im Bundestag Ende der 80er-Jahre habe ich ihn zitiert mit einem Satz, gesprochen im deutschen Reichstag am 26. Dezember 1893: „Die hohen Herren werden nie satt. In den Rachen des Militärs wird das Geld haufenweise geworfen.“

Die Bundesregierung gab zu der Zeit, als ich meine Rede hielt, jede vierte Mark des Bundeshaushalts für Rüstung aus. Die Debatte, bei der ich Eisenberger erwähnt habe, drehte sich um einen Gesetzesentwurf der schwarz-gelben Mehrheit mit dem Titel „Gesetz zur Förderung der Einstellung der landwirtschaftlichen Erwerbstätigkeit“. Und alle Vertreter des Bauernverbands haben dafür gestimmt, an der Spitze DBV-Präsident Heeremann, CDU.
Ich werde nicht in die Fäkalsprache verfallen, aber ich komme aus Bayern und bin ein Bayer. Und auf eine gängige bayerische Redewendung zurückgreifend, möchte ich sagen: „Der Eisenberger ist mir am Arsch lieber als der Bauernverband im Gesicht.“ Soviel zur Wertigkeit dieser Berufsvertretung, wenn man sie kennt. Und ich kenne sie.

Schon die Gründungsurkunde des Bayerischen Bauernverbands ist eine glatte Lüge, also auch die Gründung des Bauernverbands, von dem es in der Urkunde heißt: „Nachdem sich die bayerische Bauernschaft in einer Tagung am 7. September 1945 im bayerischen Bauernverband vollkommen geeinigt hat …“ Schon das Datum allein müsste stutzig machen. Am 7. September 1945 hatten die damals noch fast eine halbe Million zählenden bayerischen Bauern andere Sorgen und Probleme, als sich in München „vollkommen zu einigen“. Ein Teil von ihnen war noch gar nicht zuhause, sondern befand sich in Kriegsgefangenschaft. Der weitaus größte Teil wusste gar nicht, was da stattfand, es war ja auch keiner dort.
Denn die eigentlich wichtige Tagung hatte bereits am 17. August 1945 stattgefunden, in der Privatwohnung von Dr. Alois Schlögl. Die weiteren Anwesenden waren neben Schlögl Dr. Josef Baumgärtner, Personalreferent im Ministerium, Ernst Heim, Sohn von Dr. Heim, Dr. Michael Horlacher, ehemaliger Landesbauernkammerdirektor, und Professor Dr. Wilhelm Niklas, vormals Staatsrat. Diese Herren beschlossen, so das Protokoll, „nach intensiven Vorarbeiten für den 7. September 1945 zur Gründungsversammlung einzuladen

und auf Vorschlag von Dr. Horlacher die berufsständische Einheitsorganisation Bayerischer Bauernverband zu nennen".
Die Gründung dieses ominösen Vereins bestritten dann zweiundzwanzig Herren, darunter nur vier Bauern, zumindest dem Protokoll nach ohne Titel, drei Gutsbesitzer, fünf Ökonomieräte, sechs Herrn mit Doktortitel, ein Kaufmann und die übrigen: ehemalige Ministerialbeamte, Exminister, Genossenschaftsdirektoren und Vereinsdirektoren. Von den mehr als vierhundertfünfzigtausend Bauern also nur vier. Ein Schelm, wer Böses dabei denkt. Ob einer dieser Herren schon einmal eine Sense oder eine Mistgabel benutzt, bei dreißig Grad Hitze eine Bergwiese gemäht und geerntet hat, damit Bayern wieder erblühen kann? Ob die wussten, dass sie jetzt über zweitausend Bäuerinnen und Bauern aus meinem Landkreis Berchtesgaden – so viele waren wir damals noch – mit einer Durchschnittsgröße von unter zehn Hektar pro Hof gegen alle Widerstände zu verteidigen hatten? Nein. Man hätte vielleicht zweiundzwanzig Bäuerinnen aus den Bergen als Beisitzerinnen verpflichten sollen, die bis heute noch mindestens die Hälfte der Last eines Hofs tragen, dann hätte sich diese Bauernvertretung wohl anders entwickelt.

Wobei man nicht abstreiten kann, dass sich auch in diesem Verband etwas entwickelt hat. Zwei Entwicklungen sind dabei besonders hervorzuheben: zum Ersten die Erweiterung des deutschen Wortschatzes um den Begriff „natürlicher Strukturwandel". Zum Zweiten, dass die Sprache als niedergeschriebenes Wort, auch in Form einer Satzung und der darin vorkommenden Paragraphen, durchaus auch dazu dienen darf, dem Leser oder Interessierten Freiheit und Unabhängigkeit vorzugaukeln, die dieser Verband längst bei der staatstragenden CSU abgegeben hat. Heißt es doch in Paragraph fünf der Satzung des Bayerischen Bauernverbands: „Der bayerische Bauernverband wahrt als bäuerliche Berufsorganisation Unabhängigkeit von politischen Parteien."
Das ist die zweite Lüge: die von der Unabhängigkeit, in der sich freie, nur den Bauernfamilien dienende Forderungen entwickeln und letztendlich auch durchsetzen lassen. Schon die Konstituierung, nicht als freie Bauernvertretung, sondern als „Körperschaft des öffentlichen Rechts" war eine Missgeburt. Artikel 55, Absatz fünf, der Bayerischen Verfassung lautet wörtlich: „Den Staatsministerien obliegt auch im Rahmen der Gesetze die Aufsicht über die Gemeinden und Gemeindeverbände sowie die sonstigen Körperschaften des öffentlichen Rechts ...". Somit ist der Bauernverband eine Einrichtung des Staates, von dem er ja auch jährlich Millionenbeträge erhält, der mittlerweile ein großes Immobilienvermögen besitzt und dafür sorgen wird, dass der Rest der bayerischen Bauern – nur ein Fünftel hat seit der Gründung des Verbands

überlebt – dass dieser Rest in Ruhe und ohne Aufstand dem „natürlichen Strukturwandel“ geopfert werden kann.
Und um beim Begriff „Unabhängigkeit“ zu bleiben: Scheinbar wurde er von vielen Funktionären des Verbands – Kreisobmännern, Bezirkspräsidenten und dergleichen – anders ausgelegt, als er gemeint war. Als Mitglied des Bayerischen Landtags mit etwa 10.000 Euro Monatssalär kann man für sich durchaus von Unabhängigkeit sprechen, aber eben von einer, die nicht gemeint war. Dass man die wirkliche Unabhängigkeit damit bei der CSU abgegeben hat, ist für diese Herrschaften scheinbar Auslegungssache.

Dazu eine kleine Anekdote aus meiner Bundestagszeit: Einmal jährlich findet ein großer Empfang für alle Abgeordneten statt, die sich mit Landwirtschaft befassen, anlässlich der sogenannten Jahreshauptversammlung des „Deutschen Bauernverbands“ in einem beziehungsweise in zwei großen Sälen irgendwo in Bonn. Im ersten Saal Begrüßung der Gäste und große Ansprachen von Bauernpräsident Heeremann, Landwirtschaftsminister Kiechle und Co. Nach etwa einer Stunde Öffnung des zweiten Saals mit der Einladung von Präsident Heeremann an die Gäste, „eine Kleinigkeit“ zu sich zu nehmen. An der Reaktion der meisten Gäste erkennt man, warum sie gekommen sind. Das „große Fressen“ ist angesagt. Ich bleibe als einziger sitzen. Heeremann kommt auf mich zu und fragt, was los sei, worauf ich ihm antworte: „Meines Wissens bezahlen die Bauern ihre Beiträge, damit sie vertreten und nicht, damit sie verfressen werden.“ Dann gehe ich. Auch das ist Widerstand, tut nicht weh und kostet nichts.

Der „natürliche Strukturwandel“ wurde rasch zu einem Begriff, den der Bauernverband gebetsmühlenartig verwendete, Tag und Nacht, bei jeder sich bietenden Gelegenheit, und ist sie noch so unpassend. Er dient immer einzig und allein als die geradezu klassische Erklärung dafür, dass 80 Prozent der Bauernhöfe verschwunden sind und dies ein so natürlicher Vorgang sei wie der Sonnenuntergang. Für mich ist jeder, der diese beiden Worte in den Mund nimmt, ein dummer, nichtssagender, ungebildeter Dampfplauderer. Nach fünfzig Jahren Gebrauch dieser abartigen Formulierung wäre es höchste Zeit, diesen Missbrauch unserer Sprache unter Strafe zu stellen. Denn die Realität ist eine völlig andere. Dreht man die Wörter um, kommt man der Wirklichkeit schon sehr nahe.
Es müsste heißen: „von Industrie, Politik, Bauernverband und Kapital gut strukturierter Naturwandel“. Denn das Vernichten bäuerlicher Existenzen war Gemeinschaftsarbeit einer gläubigen Industriegesellschaft, die nach wie

vor davon ausgeht, dass elektrische Zahnbürsten, die Alufelge am 150-PS-Flitzer, der Rasenmähroboter und ähnliche „lebenswichtige" Produkte aus der Fabrik die Zukunft, der noch nie dagewesene Fortschritt sind. Damit man sich das alles leisten kann, muss etwas anderes billiger werden. Was wohl? Natürlich die „Mittel zum Leben", Lebensmittel genannt. Wenn ein Bauer zum gewünschten Preis nicht liefert, hat er verloren und kann gehen.

So gingen sie, die Bauernhöfe. Die großen wurden größer, die kleinen verschwanden. Eine Art Größenwahn erfasste das ganze Volk. Und alle waren sich einig: Wir werden Großes schaffen, große Fabriken, große Schlachthöfe, große Lebensmittelkonzerne, Großbäckereien, Großmühlen und so weiter. Die Konzernbosse, die Politiker und auch der BBV, der DBV, die Bauernvertreter machten mit. Präsident Heeremann sagte 1984 auf der „grünen Woche" in Berlin: „Wir haben noch 300.000 Bauern zu viel." Der bayerische Bauernpräsident Sühler antwortete auf die Frage eines Reporters am 22. Februar 1985 im Münchener „Hofbräu am Platzl", wo er eine Lösung der Milchprobleme sehe: „Es ist eine Hoffnung, dass möglichst viele Klein- und Problembetriebe aufhören – auf diesem Weg kann eine Lösung möglich sein."

Mein Mitstreiter Hans Urbauer war bei der Pressekonferenz anwesend und hat jedes Wort mitgeschrieben. Welch eine Vorlage für uns Gegner! Und so zog ich durch die Dörfer, zitierte bei jeder Veranstaltung die Worte dieses Herrn. Es dauerte nicht allzu lang, bis die Reaktion des Präsidenten Sühler und seines Verbands in ganz Bayern zu lesen war. Das Landwirtschaftliche Wochenblatt, die Zeitung fast aller Bauern und offizielles Organ des BBV, druckte einen „offenen Brief" des Herrn Sühler an mich ab mit folgendem Wortlaut, den ich hier gekürzt wiedergebe:

> „Sehr geehrter Herr Kreuzeder!
>
> Im ‚Bayernwald-Echo Cham' vom 31.10./1.11. dieses Jahres steht ein Bericht über eine Veranstaltung, die Sie in Gleißenberg bestritten haben. Danach haben Sie folgendes, angeblich von mir stammendes Zitat wiedergegeben: Aus der Sicht des Bayerischen Bauernverbands sei eine Lösung der Agrarprobleme bald zu erwarten, da große Hoffnung bestehe, dass die kleinen Betriebe aufhören müssen:

Ich weise diese infame Unterstellung mit Entschiedenheit zurück. Einen Ausspruch, wie Sie ihn mir zuschieben, gibt es von mir nicht. Sie werden daher auch nicht in der Lage sein, einen Beweis für Ihre Behauptung anzutreten. Ich fordere Sie deshalb auf, diese unverschämten böswilligen Unterstellungen in Zukunft zu unterlassen.

Gustav Sühler"

Meine Antwort, die mir heute noch diebische Freude bereitet, folgte prompt. Auch sie in gekürzter Form:

„Sehr geehrter Herr Sühler!

Im `Bayernwald-Echo Cham´ vom 31.10./1.11. dieses Jahres steht ein Bericht über eine Veranstaltung, die ich in Gleißenberg bestritten habe. Danach soll ich folgendes Zitat von Ihnen wiedergegeben haben: Aus der Sicht des Bayerischen Bauernverbands sei eine Lösung der Agrarprobleme bald zu erwarten, da große Hoffnung bestehe, dass die kleinen Betriebe aufhören müssen: Ich kann Ihnen nur bestätigen, dass dieses Zitat falsch ist, die Damen und Herren Journalisten sollten besser hinhören. Der Ausspruch, den ich von Ihnen zitiert habe, lautet folgendermaßen:

‚Es ist eine Hoffnung, dass immer mehr Klein- und Problembetriebe aufhören werden. Auf diesem Weg kann eine Lösung möglich sein.' Gesagt haben Sie diesen Satz am 22.2.1985 bei einer Pressekonferenz im `Münchner Hofbräu am Platzl´. Ich kann dafür Zeugen benennen und freue mich schon jetzt auf die Gerichtsverhandlung, falls Sie eine solche wollen. Ich fordere Sie deshalb auf, die unverschämte, böswillige Unterstellung zu unterlassen, ich hätte Ihnen unverschämt und böswillig etwas unterstellt.

Hias Kreuzeder"

Um mehr über diesen Verein zu erfahren, muss man manchmal auch eine List anwenden. Also schrieb ich dem Bauernverband unter falschem Namen

Anfang 1985 einen Brief: Ich sei gerade mit der Erstellung einer Chronik über unseren Hof beschäftigt und würde dabei gerne die Führungspersönlichkeiten meiner Berufsvertretung erwähnen zum Dank für deren hervorragenden Einsatz für die bayerischen Bauernfamilien. Schon wenig später bekam ich eine komplette Aufstellung aller Bezirkspräsidenten, ihrer Stellvertreter, der Landesbäuerin, Bezirksbäuerinnen und des Präsidenten mit Fotos, unter jedem Bild der Eintrag ihrer politischen Ämter, die sie laut Satzung gar nicht ausüben dürften. Von den dreiunddreißig Amtsträgern des BBV waren vierzehn parteipolitisch als Senatoren/innen, Landtagsmitglieder oder Landräte aktiv – raten Sie mal, bei welcher Partei. Das Begleitschreiben des zuständigen Referenten an mich schloss mit dem Satz:
„Nachdem jeder Präsident, die Landesbäuerin und die Bezirksbäuerinnen noch in vielen anderen Gremien mitarbeiten, wäre eine Auflistung der gesamten Ämter zu umfangreich und würde den Rahmen dieses Schreibens sprengen."

Der Präsident des Deutschen Bauernverbands sagte bei seiner Amtsübernahme: „Ein politisches Mandat stempelt vorweg jemanden als parteihörig, und das möchte ich vermeiden." – Die Nachricht hör ich wohl, allein mir fehlt der Glaube.
Constantin Freiherr Heeremann von Zuydtwyck war der Abgeordnete des deutschen Bundestags mit den meisten Nebenposten, obwohl er noch in den 70er-Jahren seinen Verbandsfunktionären „Bescheidenheit statt Ämterhäufung" gepredigt hat. Im April 1985 musste er seine Ämter offenlegen, gezwungenermaßen. Hier eine unvollständige Auflistung seiner Pöstchen – alles nur für die bäuerlichen Familien?
Präsident des Deutschen Bauernverbands, Präsident des Weltbauernverbands IFAP, Vorsitzender des Verwaltungsrats des Absatzfonds, Vorsitzender des Verwaltungsrats der Landwirtschaftlichen Rentenbank, Vorsitzender der westfälischen Zentralgenossenschaft, stellvertretender Vorsitzender im Aufsichtsrat der deutschen Milch-Kontor GmbH, Hamburg, Mitglied des Aufsichtsrats der Deutschen Nordsee Bremerhaven, Mitglied des Aufsichtsrats der Centralen Marketinggesellschaft, Mitglied des Aufsichtsrats der Bayer AG Leverkusen, Mitglied des Aufsichtsrats von Klöckner-Humboldt Deutz, Mitglied das Aufsichtsrats der Deutschen Genossenschaftsbank in Frankfurt am Main, Mitglied des Aufsichtsrats der Handels- und Privatbank Köln, Mitglied des Verwaltungsrats der Kreditanstalt für Wiederaufbau, Mitglied des Verwaltungsrats der Deutschen Bundesbank usw. usf.

Insgesamt kam Heeremann auf dreiundzwanzig Nebenposten, darunter einige recht lukrative. Dabei war er keineswegs ein Einzelkämpfer. Karl Eigen, Präsident des Bauernverbands Schleswig-Holsteins, Günther Schartz, Präsident des Bauern- und Winzerverbands Rheinland-Nassau, Egon Susset, Vizepräsident des Bauernverbands Württemberg-Baden: Sie alle waren Mitglieder des Bundestags und Mitglieder der CDU, einer Partei, der es gelungen ist, in den Jahren von 1972/73 bis 1982/83, in einer Zeit, in der sie die Bauernfamilien im Bundestag hätte vertreten sollen, die Zahl der Höfe in Deutschland um 224.100 zu reduzieren. Das heißt, dass es im Durchschnitt jedes Jahr mehr als 22.000 Bauern weniger gab. Ein noch heute landauf, landab gängiger Slogan dieser Herrschaften lautet: „Wir tun alles, was in unserer Macht steht, aber nur die Fleißigsten werden überleben."
Das ist eine ungeheuerliche Beleidigung und für mich als Bauer kaum zu ertragen. Die Mehrheit meiner Kollegen aber hat nach solchen Sätzen auch noch Beifall geklatscht. Die durchschnittliche Wochenarbeitszeit eines Bauern, einer Bäuerin betrug 63,4 Stunden im Jahr 1972 und 63,7 Stunden im Jahr 1982. Der Einkommensunterschied zwischen einem Erwerbstätigen, der eine 40-Stunden-Woche hatte, und einem Bauern, der mehr als 63 Stunden arbeitete, betrug 7.611 DM im Jahr 1972 und 23.326 DM im Jahr 1982 zugunsten des Erwerbstätigen. Und das, obwohl die Gesetze eine solche Entwicklung ausschließen. Im Landwirtschaftsgesetz der BRD heißt es unmissverständlich, dass das Einkommen der Bauern an die allgemeine Einkommensentwicklung anzugleichen sei.

Ein letztes Beispiel für das Wirken dieser „Bauerngewerkschaft" stammt aus meinem Bundesland Bayern. In der Verfassung des Freistaats steht in Artikel 165: „Die Überschuldung landwirtschaftlicher Betriebe ist durch die Gesetzgebung möglichst zu verhindern." Dieser Satz hat nicht zu Unrecht Eingang in die bayerische Verfassung gefunden, deren Väter die Jahre der Inflation 1923/1924 und die der Weltwirtschaftskrise nach 1929 miterlebt hatten. Den Bauern ging es damals so elend, dass sie Hitler als neuen Heiland erlebten, als einen Erlöser, von dem sie sich in ein besseres Reich führen lassen wollten. Sie, die nichts mehr zu verlieren hatten, folgten ihm und seinen Versprechungen begeistert.
Die Spitzenfunktionäre des Bayerischen Bauernverbands, die aufgrund dessen eigener Satzung in diesem Verband gar nichts zu suchen hätten, legen den Artikel 165 seit Jahrzehnten wohl ein wenig anders aus, als er gemeint ist. Dies gilt auch für die übrigen Mitglieder des bayerischen Landtags, die Staatsregierung inbegriffen. Sie folgen wohl dem Motto: „Wir lassen die Bauern über

die Klinge springen, dann hat sich Artikel 165 von selbst erledigt." In all den Jahrzehnten, in denen ich mein Bundesland erlebe, glaube ich mittlerweile sowieso, der einzige Artikel unserer Verfassung, der zu hundert Prozent befolgt und eingehalten wurde, ist Artikel eins, Satz zwei: „Die Landesfarben sind Weiß und Blau." Wenigstens etwas.

Was also hat das gewollte Bauernsterben mit „natürlich" zu tun, mit einem „natürlichen Strukturwandel"? Nichts, aber auch gar nichts! Das Wort „natürlich", das an „Naturgesetze" erinnert, wird hier missbraucht. Für mich ist das ein Frevel an unserer Sprache. Die Entwicklung ist nichts anderes als ein von industriehörigen Politikern gut vorbereiteter „strukturierter Naturwandel". Denn mit Abstand am meisten gelitten haben neben den Bauern und ihren Dörfern die Pflanzen und Tiere in diesem Land, eben die Natur. Wenn wir diese weiter so „verwandeln" werden wir bald merken, dass sie über uns lachen wird. Denn die Sahara, die Wüste Gobi, die leergefischten Meere, auf denen Plastikinseln herumtreiben, die größer als das Saarland sind, werden uns Menschen freundlich und abwartend betrachten. Denn das alles ist Natur, nur kann sie uns nicht mehr gebrauchen. Jedes Jahr wird weltweit auf einer Fläche so groß wie die alte Bundesrepublik guter fruchtbarer Boden vernichtet. Ein nie dagewesenes Artensterben findet gerade statt und breitet sich aus, mit zunehmender Geschwindigkeit.

Noch werden siebzig Prozent der Menschheit von Klein- und Kleinstbauern ernährt. Und in der Regel findet man genau auf deren Flächen die größte Artenvielfalt. Darum ist es – vielmehr: wäre es – unser aller Pflicht, für jeden einzelnen kleinen Bauern, der in seiner Existenz durch uns, die industrielle Wohlstandsgesellschaft, bedroht ist, auf die Straße zu gehen. Ich jedenfalls versuche mein Bestes dafür zu tun. Oder soll es soweit kommen wie in Indien, wo jede Woche Dutzende Bauern Selbstmord begehen, weil die „Chemiebomben", die man ihnen aufgeschwätzt hat, auf ihren Flächen nicht mehr wirken und sie ihre Familien nicht mehr ernähren können?

Oder sollten wir gar Gewalt einsetzen wie der Vater meines Freunds Blagowest Doganov? Das war ein alter bulgarischer Kleinbauer aus einem Dorf nicht weit von Varna mit seinem „Goldstrand" am Schwarzen Meer. Der hat einen fast wöchentlich über seinem Dorf fliegenden Piloten, der Pestizide auf die riesigen Pfirsichplantagen gespritzt hat und die Spritzdüsen über dem Dorf nicht abstellte, eines Abends in der Dorfwirtschaft gewarnt: „Noch einmal, und ich schieße dich runter!" Am nächsten Tag hat er diese Drohung um-

gesetzt und auf das Flugzeug geschossen. Der Pilot musste notlanden. Dafür waren die Gärten der Dorfbewohner wieder nutzbar.
Sie denken jetzt wohl, diese Geschichte sei weit hergeholt. Das sehe ich anders. Es gibt keine Zukunftsfiktion. Es gibt Bauern in Bayern, die investiert haben, manchmal Millionen, um mitzukommen beim „Wachsen oder Weichen“: immer größere Ställe und Maschinen aufgrund der gewachsenen Agrarfläche, die sie jetzt zur Verfügung haben, die dazugepachteten Flächen von einem, zwei oder drei Nachbarn, die aufgehört haben. Dann kam der „Biogasler“, bot die zwei- oder dreifache Pacht. Die Flächen wurden neu verpachtet, und viele Bauern hatten den neuen Stall für hunderttausende Euro umsonst gebaut. Zu wenig Flächen, zu wenig Tiere. Die Schulden bleiben. Was bleibt als Ausweg? Mord oder Selbstmord?

Der seelische oder geistige Zustand der Betroffenen ist mir unbekannt, aber Beispiele, dass solche Menschen zu Verzweiflungstaten getrieben werden, gibt es bereits. Wollen wir also so weitermachen oder kehren wir um und versuchen wir, unseren Planeten vor uns selbst zu retten? Wollen wir unsere Bauern auf einen anderen Weg mitnehmen, auf einen ökologischen, der mit der Natur und nicht gegen sie arbeitet? An fünfzig Prozent der vom Aussterben bedrohten Tier- und Pflanzenarten tragen die heute praktizierte Landwirtschaft und ihre Methoden die Hauptschuld. Mehr als 53 Prozent der Säugetiere, mehr als 52 Prozent der Vögel, 65 Prozent der Lurche und Kriechtiere, 70 Prozent der Frösche, einem Großteil der Großschmetterlinge und mehr als 35 Prozent der Farn- und Blütenpflanzen droht das Verschwinden. Weltweit sind seit 1970 ein Drittel der Wildtiere von der Erde verschwunden, so der WWF (World Wide Fund for Nature).

Ein Indianerhäuptling soll einmal den weißen Eindringlingen gesagt haben: „Erst wenn der letzte Baum gerodet, der letzte Fisch gefangen und der letzte Fluss vergiftet ist, werdet ihr merken, dass man Geld nicht essen kann.“
Soweit sind wir jetzt. Alles Geld dieser Welt wird nicht ein einziges der ausgestorbenen Tiere zum Leben erwecken. So schrecklich das ist, vielleicht sind wir am Punkt, ein anderes Denken zu beginnen. Denn wir zerstören immer schneller die Fundamente, die der Mensch zum Leben braucht, man muss schon jetzt vom „Überleben“ sprechen: In meiner Kindheit, wenn die Sonne schien, schickte uns Mutter ins Freie: „Raus, Kinder, die Sonne scheint!“ Die Sonne war der Freund des Menschen. Heute höre ich in der „Tagesschau“, der Nachrichtensendung der ARD, an einem heißen Sommertag die Meldung: „Kinder höchstens zehn Minuten der Sonne aussetzen, die UV-Strahlung

könnte zu Verbrennungen führen, die später vielleicht Hautkrebs auslösen."
Jetzt weiß ich auch, warum bundesweit die Bräunungsstudios wie Pilze aus dem Boden schießen. Dort wird man aber nicht mit brauner Farbe angestrichen, sondern im Licht der strombetriebenen Bräunungslampen künstlich gefärbt. Jahrzehnte waren meine Arbeitskleidung im Sommer die kurze Turnhose, die Turnschuhe, ein Hemd und ein Hut. Seit mehr als zehn Jahren trage ich, und ist es noch so heiß, eine lange Hose, ein langärmliges Hemd und natürlich den Hut, damit der Verstand nicht leidet, der ja bekanntlich im Gehirn beheimatet ist.
Wenn verstehen von „Verstand" abgeleitet ist, verstehe ich nicht, warum bayernweit große Hallen gebaut werden, damit man auch im Sommer Eisstock schießen kann, halt, ich habe mich vertan: das heißt „Asphaltschießen". Hätte ich einem meiner Großväter erzählt: „Du, Opa, deine Enkel und Urenkel werden im Sommer auf einem Straßenbelag Eisstock schießen", hätte er gesagt: „Geh, Bua, spinn doch net!"

Aber um bei der Landwirtschaft zu bleiben: Die Herstellung von einem Kilo chemischen Stickstoffdünger verbraucht zwei Liter Öl. Die Kotausscheidungen des Regenwurms enthalten pro Kilogramm die vielfache Menge an Stickstoff wie der industrielle Dünger. Aber diesem Freund des Bauern machen wir jedes Jahr mit 300 Millionen Tonnen meist unbehandelter Gülle das Leben zur Hölle, in unserem Land und auch anderswo. Auch er gehört zu den bedrohten Arten. Wir befassen uns nicht mit den Ursachen, wir werkeln an den Symptomen herum. Für alle diese Beispiele verbrauchen wir Energie: Sonne gefährlich – Kinder einsperren und künstliche Bräunung. Immer weniger Schnee und Eis im Winter – Sommerstockschießen auf Asphaltbahnen. Und schließlich Millionen Liter Öl vergeudet für Dünger, den mein Freund und Helfer, der Regenwurm, umsonst herstellt, wenn ich ihm als Bauer die Möglichkeit biete und meine Flächen mit Festmist statt mit Gülle dünge. „Mia zamman s´Roß von hinten auf", sagt man bei uns in Bayern, wenn man etwas verkehrt herum tut: „Wir zäumen das Pferd von hinten auf."
Zwischen 1961 und 2001 hat sich der Energiebedarf weltweit versiebenfacht. Wenn jeder Mensch so viele natürliche Ressourcen konsumieren und den gleichen Ausstoß an Kohlendioxid produzieren würde wie die US-Amerikaner, die Deutschen und die Franzosen, bräuchten wir die Ressourcen von fast drei neuen Planeten.

KAPITEL ACHT: TSCHERNOBYL

All diese Argumente waren uns Mitte der 80er-Jahre bekannt, und so argumentierten wir auch als Bauern bei allen möglichen Anlässen. Einmal lud die CSU per Zeitungsannonce zu einer öffentlichen Bauernversammlung nach Weildorf ein, nicht weit von mir gelegen. Referent war der Stimmkreisabgeordnete, der von der Landwirtschaft ungefähr so viel Ahnung hat wie ich von der Steuerung eines Flugszeugs. Ich fuhr hin und trat ein.
Großes Unbehagen machte sich breit. Bauernverbandler und CSUler steckten die Köpfe zusammen und fingen an, untereinander zu tuscheln. Nach ein paar Minuten kam der „Herr Abgeordnete" auf mich zu und sagte, dies sei eine interne CSU-Veranstaltung, ich solle gehen, was ich nicht tat. Ich wusste es besser. Daraufhin teilten sie mir mit, sie würden die Veranstaltung nicht durchführen, wenn ich bliebe. Ich ging dann doch, aber mit dem Hinweis, ich würde binnen zwei Wochen im selben Raum eine eigene Veranstaltung abhalten.

Gesagt, getan. Es kamen doppelt so viele Bauern wie bei den Schwarzen. Grün haben die Anwesenden, mit Ausnahmen, nicht gewählt. Aber neugierig waren sie schon, wie wir Grünen die Sache mit der Landbewirtschaftung sahen. Wir – die zwei Hansen, der Sepp und der Hias – waren bei vielen Bauern keine Unbekannten mehr.
Bei Einführung der Milchkontingentierung schlossen wir uns der damals gegründeten „Schutzgemeinschaft" an und kämpften in unzähligen Veranstaltungen „wie die Löwen" gegen diese staatliche Umverteilung von den kleinen zu den großen Betrieben. Ein Quartier hatten wir inzwischen auch gefunden. Es war beim Wirt in Kammer, dem Sepp, der den Chef des Landwirtschaftsamts öffentlich einen Verbrecher genannt hatte, dafür zweitausend Mark Strafe zahlte, aber nichts von seinen Worten zurücknahm. Dieser Gastwirt und seine Wirtschaft wurden uns eine Heimat. Gerne denke ich an diese Zeit zurück.

Und die Tricks der anderen, mehr darzustellen, als wirklich stattfand, benutzten wir auch, aber selten. Einmal trafen wir uns zu viert in einem Gasthaus in Trostberg: Hans Urbauer aus Kienberg im nördlichen Landkreis Traunstein, Hans Glück aus Tittmoning, Toni Bichler aus Jettenberg im inneren Landkreis Berchtesgadener Land, also Bergbauer, und Hias Kreuzeder aus Freilassing. Tage danach erschien in den Lokalzeitungen ein halbseitiger Bericht, bei dessen Lektüre der Leser glauben musste, dass sich mindestens einhundert

Bauern aus achtzig Kilometern Umkreis getroffen hatten. Widerstand muss auch Spaß machen. Den hatten wir oft.

Dann kam der 26. April 1986. Tschernobyl explodierte, das Atomkraftwerk in der Ukraine. 120.000 Jahre sind seither vergangen. Wie schnell die Zeit vergeht! Sie lesen richtig. Die Wissenschaftler der Atomlobby haben uns das immer wieder eingetrichtert: „Ein Atomunfall bei Kraftwerken ereignet sich höchstens alle 60.000 Jahre." Auf Tschernobyl folgte der Unfall in Fukushima. Jetzt müsste eigentlich die nächsten 100.000 Jahre Ruhe sein, mindestens. Obwohl, zurzeit sind 63 neue Atommeiler geplant oder schon im Bau, weltweit, gottlob nicht in Deutschland. Jetzt hoffen wir hier einfach mal auf Windstille.

Um es vorweg zu sagen: Der Landkreis Berchtesgadener Land war das am meisten belastete Gebiet in Westeuropa. Schlagartig war es vorbei mit „lustig", endgültig vorbei. Für mich war es auch vorbei damit, diesem Staat und seinen Politikern auch nur ein Fünkchen Glauben zu schenken. Was sich nach der Katastrophe in Tschernobyl in unserem Land, speziell in Bayern, abgespielt hat, klingt wie ein böses Märchen. Aber es war und ist die Realität, die Wahrheit und nichts als die Wahrheit, von der ich zu berichten habe. Hier die Vorgeschichte, um zu zeigen wie die Regierenden logen:

- 1963: Die Bundesregierung stellt nach oberirdischen Atomversuchen in der Milch 7,3 bis 12 Becquerel pro Liter fest und hält dies für bedenklich.

- 1986: Die Bundesregierung stellt nach dem Unglück in Tschernobyl fest: 499 Becquerel pro Liter Milch seien unbedenklich.

- Am 10. Dezember 1981 sagt der Wahlkreisabgeordnete für Traunstein, Matthias Engelsberger, CSU, gleichzeitig energiepolitischer Sprecher seiner Partei, bei einer Rede im Bundestag: Die sowjetischen Kernkraftwerke seien hundertprozentig sicher. Auf diesem Gebiet seien die Russen für ihn zum ersten Mal Vorbild.

-Am 19. August 1982 schreibt der Kernphysiker Professor Erich Huster an den damaligen Bundespräsidenten Karl Carstens einen „offenen Brief", in dem er darauf hinweist, dass Atomstrom schon aus ökonomischer Sicht völlig hirnrissig sei. Ein Beispiel, ich zitiere: „Liefert ein Atomkraftwerk `unterm Strich´ überhaupt Energie? Man hält das meist für selbstverständlich. Aber: Die RWE haben in einem ihrer Prospekte mitgeteilt, wie viel Beton, Stahl und andere Materialien in Biblis A verbaut wurden. Der Ing. (grad.) Richard Wahl, (WLS) Trier, hat anhand technischer Literatur berechnet, wie viel Energie für Herstellung, Transport und Einbau der genannten Materialien aufzuwenden waren. Ergebnis: Das Werk muß 29 Jahre störungsfrei arbeiten, um die vorher aufgewandte Energie zu erzeugen. Herr Wahl hat über seine Rechnungen zahlreiche Lichtbildervorträge gehalten. Anwesende Techniker der RWE haben nie protestiert."

Ich kann den gesamten offenen Brief hier nicht wiedergeben, aber er ist für mich ein historisches Zeitdokument für alle, die an der Atomenergie festhalten wollen, auch heute noch, eine schallende Ohrfeige, besser formuliert: ein absoluter K.-o.-Schlag. Die Lektüre dieses Briefs ist jedem Bürger unbedingt zu empfehlen. Die Antiatombewegung hat ihn bestimmt noch vorrätig. Er wurde von 85 hochrangigen Wissenschaftlern aus aller Welt – unter ihnen viele Physiker – unterzeichnet.

Aber geholfen hat er nicht, vorerst zumindest, hatte doch der Bundespräsident – von Beruf Jurist – am 3. Februar 1981 das Atomkraftwerk Grafenrheinfeld besucht und bekundet, dass er die bundesdeutschen Kernkraftwerke für die sichersten in ganz Europa halte und kein Weg an der Kernenergie vorbeiführe. Wer ihn da wohl begleitet hat? Vor Radioaktivität warnt den Menschen kein Sinnesorgan, auch nicht einen Bundespräsidenten.

- 29. April 1986: ARD-Tagesschau. Frage des Sprechers: „Herr Minister, ist eine Gefährdung der Bevölkerung in der Bundesrepublik auszuschließen?" Antwort von Bundesinnenminister Friedrich Zimmermann, CSU: „Ja, absolut auszuschließen. Wir sind 2000 Kilometer von der Unfallstelle entfernt. Eine Gefährdung der deutschen Bevölkerung ist ausgeschlossen."

- 30. April 1986: Die Gesellschaft für Strahlenforschung stellt bei der Milch aus Süstostbayern 690 Becquerel pro Liter fest.

- 30. April 1986: Die bayerische Staatsregierung (CSU) weiß laut ihrem „Vordenker" Alois Glück über die atomare Verseuchung Bescheid und schweigt.

- 30. April bis 2. Mai 1986: Molkereien beginnen von sich aus, die Strahlenbelastung der Milch zu messen und untersagen uns Bauern, Milch von Kühen anzuliefern, die Grünfutter erhalten haben.

- 2. Mai 1986: Der Messwert bei Schafmilch beläuft sich auf 5500 Becquerel pro Liter.

- 4. Mai 1986: Der Messwert bei Kuhmilch beträgt 870 Becquerel pro Liter.

- 5. Mai 1986: Meiner Heimatstadt Freilassing, in der damals etwa 13.000 Menschen leben, ist nicht ein einziger Messwert bekannt, woraufhin ich als Stadtrat folgenden Antrag stelle: „Der Stadtrat möge beschließen: Die Stadt Freilassing richtet eine Meßstelle ein, mit der die radioaktive Verseuchung von Boden, Pflanzen und Lebensmitteln festgestellt werden kann. Begründung:

Am 26. April kam es in Tschernobyl in der Sowjetunion zum sogenannten GAU in einem Atomkraftwerk. Bereits am 30. April 1986 wusste die bayerische Staatsregierung über die atomare Verseuchung Bescheid. Doch die Bevölkerung wurde desinformiert, nicht informiert oder angelogen. Diese Aussage ist beweisbar. An den Tagen mit dem größten radioaktiven Niederschlag hat man uns alle, ob gewollt oder nicht, größter Gefahr ausgesetzt.
Selbst am 5. Mai kannten weder die Stadt Freilassing noch der Landkreis Berchtesgadener Land einen einzigen Messwert. Im Gegenteil: Den Wetterämtern wurde sogar verboten, Werte bekanntzugeben.

Erst am 14. Mai gab das bayerische Umweltministerium Zahlen bekannt, und es stellte sich heraus, dass der Landkreis Berchtesgadener Land zu den am meisten belasteten Gebieten Europas gehörte. Hätte das Kraftwerk Tschernobyl auf Volllast gearbeitet, die Katastrophe wäre nicht auszudenken. Weil sie jedoch in Zukunft nicht auszuschließen ist und von der Staatsregierung nach wie vor vertuscht statt darüber informiert wird, stelle ich diesen Antrag."

Erst zehn Tage nach Tschernobyl richtete das bayerische Landwirtschaftsministerium einen Telefondienst ein: drei Apparate für 200.000 Bauern. Nach einem halben Tag schaffte es Hans Urbauer durchzukommen:

> Urbauer: Wie hoch sind die Werte bei der Milch?
> Antwort: Unbedenklich, weiter sinkend.
> Urbauer: Unsere Molkerei hat vor zwei Tagen 600 Becquerel pro Liter gemessen!
> Antwort: Das muss Milch aus Grünfütterung sein.
> Urbauer: Nein, das ist Mischmilch. Ich möchte wissen, wie hoch jetzt die Werte sind, wenn sie niedriger sind.

Antwort: Ich habe nicht gesagt, dass sie niedriger sind.
Urbauer: Sagen Sie endlich, wie hoch sie sind.
Antwort: Ich habe keine Werte aus diesem Gebiet.
Urbauer: Wie sieht es bei anderen Molkereien aus?
Antwort: Das ist Betriebsgeheimnis.
Urbauer: Eine letzte Frage zum Cäsium ...
Antwort: klick! – aufgelegt.

Meine Bauernkollegen und Kampfgefährten gegen CSU und Bauernverband: Sepp Daxenberger (links) auf dem Freilassinger Bauernmarkt, Hans Urbauer (Mitte) in meiner Stube und Hans Glück (rechts) auf der Wolga. Wir sind bis heute Kampfgefährten geblieben, außer Sepp Daxenberger, der 2010 viel zu früh gestorben ist.

In schlechter Vorausahnung haben wir dieses Gespräch und alles andere, was damals geschah, aufgezeichnet und dokumentiert. Die verantwortlichen Politiker haben uns bei dieser Katastrophe buchstäblich im Regen stehen lassen, allen voran die „CSU-Größen" Franz-Josef Strauß und Friedrich Zimmermann. Sie hatten auf das Grundgesetz unserer Republik einen Eid abgelegt, in dem das Recht auf Leben und körperliche Unversehrtheit der Bürger garantiert wird, und sie haben geschworen, dass sie Schaden von unserem Volk abwenden wollten.
Das Gegenteil haben sie getan. Sie haben gelogen, dass sich die Balken biegen. Sie haben uns unsere Grundrechte absichtlich vorenthalten. Die Gründe dafür kann man nur erraten, denn es gibt deren einige, die plausibel wären. Der ehemalige Atomminister Strauß, 1955 Bundesminister für Atomanlagen, von 1956 bis 1962 Bundesminister der Verteidigung, wollte als bayerischer Ministerpräsident und Hauptlobbyist dieser Anlage auf keinen Fall, dass sein Groß-

projekt, die Wiederaufbereitungsanlage in Wackersdorf, ins Gerede kommt oder gar scheitert. Seine Vasallen halfen ihm dabei, wo sie konnten.

Mit den Worten „Des tut mir nix“ aß der bayerische Umweltminister Alfred Dick vor laufenden Kameras sogar verstrahltes Molkepulver, wenn es denn ein verstrahltes war. Nach Dicks Tod berichtete der einstige Sprecher des bayerischen Umweltministeriums, dass der Minister den Mittelfinger ins Molkepulver gesteckt und den Zeigefinger abgeschleckt habe. Einige Ratlosigkeit herrschte bei den Politikern wegen 100 Eisenbahnwaggons mit verstrahltem Molkepulver, die bei Rosenheim auf einem Abstellgleis standen. In diesem Zusammenhang schlug Alfred Dick vor, die mit bis zu 5000 Becquerel pro Kilo belastete Molke an Nutztiere zu verfüttern. Das wurde später tatsächlich getan.

Für mich als Betroffenen und jahrzehntelangen Beobachter dieser CSU hat sich ein anderer Verdacht erhärtet: Anfang der 90er-Jahre spielte ich mit unserer Altherrenmannschaft in Erlstätt, Landkreis Traunstein. Wie immer nach dem Spiel kehrten wir in der dortigen Dorfgaststätte zum Plaudern mit der anderen Mannschaft ein. Als wir eintraten, war der dortige Stammtisch schon „kreuzfidel“. Irgendwann hörten wir einen der dort Sitzenden laut rufen: „Wisst ihr überhaupt, was CSU heißt?“ Die Antwort folgte prompt: „Christbaum, Socken, Unterhosen!“ Das Gelächter war groß.

Heute bin ich soweit, vor allem auch nach Tschernobyl, dass ich ernsthaft über diesen Spruch nachdenke. Mein bisheriger Kenntnisstand: Dass der Christbaum symbolisch für das „Christlich“ steht, ist klar. Bei den „Socken und Unterhosen“ bin ich mir noch nicht ganz sicher. Heißt das nun, wir fördern die Atomwirtschaft und ihre Kraftwerke solange mit hunderten Milliarden Euro Steuergeldern, bis das Volk nur noch in Socken und Unterhosen dasteht? Oder handelt es sich - Tschernobyl ist Vergangenheit - um die Einsicht dieser angeblichen Volkspartei, dass das Volk nach dem nächsten Atomunfall im tschechischen Temelín oder anderswo die Oberkleidung täglich zu wechseln hat, außer Socken und Unterhosen, die nicht kontaminiert worden sind?

Man sollte seinen Humor nicht verlieren, aber damals war für ihn kein Platz mehr in unserem Leben, nicht eine Minute. Dabei hatten wir noch großes Glück im Unglück. Aus der Bioszene kam Jochen (Max gerufen) Benecke, Physiker am Max-Planck-Institut in München. Schon am 29. April erhielten wir von ihm einen Geigerzähler. Außerdem war Dr. Rudolf Ende Mitglied bei uns Grünen. Er war Arzt für Laboratoriumsmedizin und hat die Strahlenbelastung von allem, was wir ihm brachten, sofort in seinem Labor gemessen. Die Ergebnisse waren eindeutig, geradezu brutal.

- 28. April 1986: Spätnachmittags kommt der „warme Regen" auf mein Dorf herunter.

- 29. April 1986: Pressemitteilung Nummer 290/86 des Bayerischen Staatsministeriums für Landesentwicklung und Umweltfragen zur Reaktorkatastrophe in Tschernobyl und ihren Auswirkungen auf Bayern: „Bisher keine negativen Auswirkungen des Reaktorunfalls in der Sowjetunion in Bayern messbar."
Am selben Tag halte ich den Geigerzähler einer meiner Kühe auf den Bauch. Statt des erwarteten Knatterns höre ich einen Dauerton. Der Zeiger der Skala schlägt nach ganz rechts aus und rührt sich nicht mehr.

1. Januar 2018, halb neun Uhr in der Früh. Eben bin ich mit der Stallarbeit fertig geworden. Jetzt sitze ich allein in der Küche, das Silvestervolk schläft noch. Beim Ausmisten kam mir folgender Gedanke: Den ersten Tag eines neuen Jahres mit dem Schreiben über atomare Strahlung, Cäsium, Tellur, Strontium, Krebs und Leukämie zu beginnen, das tue ich mir nicht an. Es ist Brauch an Neujahr, anderen Menschen Glück und Gesundheit zu wünschen, was ich noch tun werde, wenn sie ausgeschlafen sind. Und natürlich habe ich auch Wünsche, die bei der Stallarbeit sozusagen geboren wurden, bei der Arbeit mit meinen Pinzgauer Rindern, die auch schon einmal vom Aussterben bedroht waren.

Drei „kleine Wunder" erhoffe ich mir vom neuen Jahr:
Zum Ersten, dass bisher in Bayern als ausgestorben oder verschollen geltende Tier- und Pflanzenarten plötzlich wieder auftauchen: drei Libellenarten, 17 Vogelarten, sechs Heuschreckenarten, sieben Tagfalter, die bayerische Kurzohrmaus und der europäische Nerz. Vom Auerochsen, ausgerottet um das Jahr 1520, und vom Braunbär – einer hatte versucht, sich wieder anzusiedeln – will ich gar nicht reden. Und dem Wolf werden wir es hier in Bayern auch noch zeigen, selbst wenn wir die Bundeswehr dafür einsetzen müssen.
Bei den Pflanzen würden mir auch das Rosmarin-Weidenröschen, der kleine Schafschwängel, das Hügelfingerkraut, das Weißenburger Fingerkraut, die Tannenrose, die Alpenweide, die Mattenweide, die Pfriemer Kresse und der Wiener Löwenzahn viel besser gefallen als das Indische Springkraut. Leider sind sie alle verschwunden.

Mein zweiter Wunsch: Noch einmal den Duft des echten wilden Veilchens zu riechen, den ich aus meiner Kindheit noch immer in der Nase habe. Noch toller wäre es, wenn es im Dorf wieder auftauchen würde.

Zum Dritten: Dass sich die Gesellschaft, die Menschen in unserem Land einen Spruch zu Herzen nehmen, der irgendwann letztes Jahr bei mir aufgetaucht ist: „Lesen gefährdet Ihre Dummheit". Das wäre ein großer Fortschritt im neuen Jahr, ansonsten ist zu befürchten, dass man in Bayern die Windräder flächendeckend verbietet und die Atomkraftwerke weiterbetreibt.

Beim Schreiben dieser Zeilen begleitet mich jemand, es ist der Chor der Gefangenen aus Verdis Oper Nabucco. Auf einer CD läuft gerade die vierte Wiederholung in voller Lautstärke. Einen solchen Aufschrei wünsche ich mir auch in meiner Heimat gegen Dummheit, gegen Gleichgültigkeit, gegen das Abmurksen der bäuerlichen Landwirtschaft, der Bäcker und Metzger, für die Freiheit, die wir der Natur zurückgeben müssen, damit sie sich von uns erholt und nicht endgültig verschwindet.
Nach Tschernobyl wären wir beinahe verschwunden und mit uns auch unser Fortschrittsglaube an die „sicherste Energieversorgung, die es gibt", die billigste, die umweltfreundlichste usw. Mir hat man schon als Bub beigebracht: „Glauben heißt nicht wissen." Tschernobyl hat das wieder mal bestätigt, und Nabucco läuft noch immer.

- 4. Mai 1986: Pressemeldung Nummer 306/86: Radioaktivität in Bayern weiter rückläufig – keine radioaktiv verseuchte Milch aus Molkereien im Handel.

Meine Milch und die vieler anderer Bauern landeten auf dem Misthaufen, in der Güllegrube. Sechs Wochen habe ich die Milch weggeschüttet, etwa 20 Direktabholer, also Kunden ab Hof, verlor ich über ein Jahr. Da kann man eine solche Meldung schon veröffentlichen. Das war aber noch lange nicht alles. Anfang Juli begann ich mit der Heuernte.

- Erster Schnitt, Messung am 10. Juli: 1417 Becquerel aus Cäsium 137 pro Kilogramm. Schwarze Johannisbeeren 663 Becquerel pro Kilogramm aus Cäsium 137.

- Messung am 25. Juli: getrockneter Pfefferminztee 5246 Becquerel pro Liter, ebenfalls aus Cäsium 137. – Es gab nichts mehr, das nicht gefährlich war.

Die weiteren Pressemeldungen des Bayerischen Staatsministeriums für Landesentwicklung und Umweltfragen vom 29. April bis zum 2. Juni 1986 erspare ich dem Leser, bis auf zwei:

- 5. Mai 1986: Pressemeldung Nummer 308/86: „Broschüre (`Radioaktivität und Gesundheit´) informiert über gesundheitliche Auswirkungen radioaktiver Strahlung".

- Am 14. Mai dann der Höhepunkt der Verlogenheit. Pressemeldung Nummer 347/86: „Der Unfall im Kernkraftwerk Tschernobyl war zu keinem Zeitpunkt mit Gefahr für die Bevölkerung in Bayern verbunden."

Wir wussten es besser. Fast jeden Tag bestritten wir zwischen dem Chiemsee und dem Königssee eine Veranstaltung. Die Säle waren so voll, dass viele Besucher standen oder auf den Fensterbrettern saßen. Schwangere Frauen weinten mit ihren Männern. Es gab alle möglichen Gefühlsregungen, von panischer Angst bis kaum zu zügelnder Wut und Hass auf die Verantwortlichen. Hätten wir damals die Anwesenden aufgefordert, den bayerischen Landtag oder die Landratsämter zu besetzen ... - ich glaube, wir haben eine Chance nicht genutzt.

Ein von uns verfasster Zeitungsartikel über eine Veranstaltung in Kammer bei Traunstein zeigt, dass wir Bäuerinnen und Bauern nicht mehr alleingelassen wurden:

> „Der `Arbeitskreis für die Erhaltung der bäuerlichen Landwirtschaft´ führte in Kammer bei Traunstein vor einigen hundert Zuhörern eine Informationsveranstaltung zum Reaktorunglück in der Sowjetunion durch. Auf dem Podium saßen neben den Veranstaltern - Hans Urbauer (Kienberg) und Hias Kreuzeder (Freilassing) - zwei Mediziner und ein Physiker. Von den Behörden waren ein Vertreter der Lebensmittelüberwachung im Landratsamt Traunstein und ein Vertreter der Firma Meggle-Milch anwesend.
>
> Der Mediziner informierte zunächst über die Symptome von Strahlenschäden wie Übelkeit, Erbrechen, Kopfschmerzen. Nach einer kurzen symptomfreien Zeit treten nach ein bis zwei Wochen Blutungen im Magen-Darm-Bereich auf. Besonders gefährdet seien Schwangere, bei denen am Anfang der Schwangerschaft eine Fehlgeburt stattfinden

könnte. Im späteren Stadium würden bei Neugeborenen Hirnschäden und Mißbildungen auftreten. Spätschäden, die erst nach einigen Jahren auftreten würden, seien insbesondere Schilddrüsen- und Lungenkrebs als auch Blutkrebs (Leukämie).

Während die normale Strahlenbelastung, so der Mediziner weiter, etwa 0,1 rem pro Jahr beträgt, belief sich die Strahlung zur Zeit des Reaktorunglücks pro Tag auf 1 rem. Die tödliche Dosis beträgt 1000 rem! Anders ausgedrückt, bedeute dies, dass die Bevölkerung zurzeit alle fünf Stunden so viel wie eine Jahresdosis abbekommt. In Anbetracht dieser Tatsache warf er den Behörden vor, „gegen besseres Wissen" eine Entwarnung gegeben und damit die Bevölkerung massiv gefährdet zu haben. Gegen die in Wackersdorf geplante Wiederaufbereitungsanlage übte er in diesem Zusammenhang massive Kritik, denn bei einem Unfall dort würde der „erste Regen durch den giftigsten Stoff der Erde den sofortigen Tod bringen". (Anmerkung: Ein Milliardstel Gramm Plutonium führt beim Menschen nach wenigen Tagen zum Tod). Das statistische Risiko eines Unfalls in einem sowjetischen Atomkraftwerk sei mit einem Unfall in 60.000 Jahren angegeben worden – man habe nur nicht gesagt, ob am Anfang oder am Ende dieses Zeitraums.

Ein Physiker der `Gesellschaft für Strahlen- und Umweltforschung´ (München) ergänzte, dass in Wackersdorf jährlich 700 Tonnen radioaktives Material verarbeitet werden würden. Zum Reaktorunglück in Tschernobyl meinte er, dass dort soviel Radioaktivität freigesetzt worden sei wie in 1.500 bis 2.000 Atombomben des Hiroshima-Typs. Es habe in Tschernobyl nur deshalb so wenig Tote gegeben, weil es sich nicht um eine Explosion, sondern um einen chemischen Brand gehandelt habe. Die aufsteigende Hitze habe die Radioaktivität nach oben gerissen, so dass die Bevölkerung in der unmittelbaren Umgebung relativ gering gefährdet gewesen sei. Stattdessen hätten sich die radioaktiven Wolken dann großräumig über Europa verteilt. Wie groß die Gefahr im Gegensatz zu den verharmlosenden Verlautbarungen der Behörden in Wirklichkeit gewesen sei beziehungsweise noch immer ist, demonstrierte er mit einer weiteren Zahl: Mit sechs Litern Milch nehme ein Erwachsener derzeit eine Menge an radioaktivem Jod auf, die für einen Arbeiter in einem Atomkraftwerk die jährlich zugelassene Höchstmenge sei. Ein Kleinkind nehme eine solche vergleichbare Menge bereits mit 0,6 Litern Milch auf.

Der Physiker erklärte die unterschiedlichen Gefahren, die von den radioaktiven Stoffen ausgehen. Während das Jod 131 bereits nach wenigen Wochen weitestgehend zerfallen sei, habe Cäsium 137 eine Halbwertszeit von 30 Jahren. Das heißt, dass nach 30 Jahren immer noch die Hälfte der ursprünglichen Strahlung vorhanden sei. Ähnlich sei es mit Strontium 90, das sich in den Knochen einlagere. Auch wenn die Luft inzwischen durch die Regenfälle weitestgehend sauber sei, reicherten sich Cäsium und Strontium im Erdboden an und seien praktisch in den nächsten Jahrzehnten nicht mehr aus dem Boden zu entfernen. Aus Untersuchungen nach oberirdischen Atombombenversuchen der Großmächte in einem Zeitraum von zehn bis 15 Jahren gehe hervor, dass etwa Strontium 90 heute bis circa 30 Zentimeter in den Boden hineingeschwemmt worden ist. Damit gelangt es über die Wurzeln der Pflanzen in die Nahrungskette. Deshalb sei es unverantwortlich von den Behörden, der Regierung und den Politikern, davon zu sprechen, daß für die Bevölkerung keinerlei Gefahr bestehe.

Ein Diskussionsteilnehmer wies darauf hin, dass in Österreich alle Freiluftveranstaltungen abgesagt und die höher gelegenen Berggasthöfe wegen der Verseuchung von Gletscher-Oberflächenwasser geschlossen seien, dass die Salzach aber anscheinend eine Schranke für Radioaktivität sei, da die bayerischen Behörden bereits entwarnt hätten. Südostbayern sei überhaupt das am meisten belastete Gebiet der Bundesrepublik. Nicht auszudenken wäre, was passieren würde, wenn ein solcher Unfall nicht 2.000 Kilometer entfernt, sondern in Ohu oder Gundremmingen passiert wäre.

Ein Journalist berichtete, dass ihm von Prof. Armin Weiß aus München, der als Gutachter und Kritiker der Schwandorfer Wiederaufbereitungsanlage aufgetreten sei, ein Artikel aus der „Atomwirtschaft“ geschickt worden sei. In diesem offiziellen Organ der Atomwirtschaft habe ein Experte im November 1983 über das Atomkraftwerk Tschernobyl geurteilt: „Die Verlässlichkeit ist sehr hoch.“ Welchen Glauben könne man also Experten schenken, die auch über unsere Atomkraftwerke urteilen? Interessant in diesem Zusammenhang sei auch, dass Tschernobyl wahlweise zur Stromgewinnung oder zur Herstellung von atomwaffenfähigem Material betrieben werden könne. Zur Zeit des Unglücks sei atomwaffenfähiges Material hergestellt worden. Hätte man hingegen Strom erzeugt, wäre die Strahlenbelastung zehnmal so hoch gewesen.

Breiten Raum nahm die Frage nach den Folgen für die Landwirtschaft und die Ernährung ein. Der Vertreter der Milchfirma Meggle teilte mit, dass der Milchabsatz praktisch eingestellt sei und man die Milch an die staatlichen Interventionsstellen liefern würde. Dort würde daraus dann Milchpulver hergestellt werden. Nach Aussage des Vertreters der Lebensmittelüberwachung werde die Empfehlung an die Bauern, nur Trockenfutter zu füttern, weitestgehend befolgt. Die „schwarzen Schafe" zu ermitteln, die ihre Kühe trotzdem auf die Weide ließen, sei nicht möglich, weil man nur stichprobenartige Untersuchungen machen könne. Ungeklärt sei für ihn, warum zum Beispiel am Tag vor der Versammlung die Strahlung wieder extrem gestiegen sei.

Viele anwesende Bauern wiesen darauf hin, daß kaum noch Vorräte an Heu und Silofutter vorhanden seien und man die Schuld auf die Bauern abwälzen würde. Durch die Vernichtung des radioaktiv verseuchten Gemüses seien der Landwirtschaft, die ohnehin durch Überproduktion, Milchkontingentierung und Getreidepreissenkungen in ihrer Existenz bedroht sei, weitere Schäden zugefügt worden, die viele kleine Betriebe jetzt endgültig in den Ruin treiben würden. Beklagt wurde die völlige Hilflosigkeit der Behörden, die total widersprüchliche Ratschläge geben würden. Kritik wurde auch laut am Bauernpräsidenten Heereman, dessen einzige Sorge es sei, dass der Absatz zurückgehe, und der die Gefahren für die Bevölkerung leugne."

Es gab also plötzlich viele Menschen aus allen gesellschaftlichen Gruppen im Land, die uns unterstützten. Ärzte, Physiker, Mütter und Väter, natürlich Bäuerinnen und Bauern, Handwerker, sogar Beamte, die uns Informationen zukommen ließen, die wir sonst nie erhalten hätten. Trotz aller Unterstützung war es unglaublich schwer. Wir waren Bauern. Unsere Themen waren Boden, Pflanzen, Tierzucht, Fruchtfolge und dergleichen. Da wussten wir Bescheid. Jetzt befassten wir uns mit Strahlung, mit Radionukliden wie Jod 131, Tellur 132, Cäsium 137 oder Strontium 90. Die beiden Letztgenannten haben eine Halbwertszeit von 30 Jahren. 2016 hatten sie also erst die Hälfte ihrer Strahlung abgegeben. Es wird noch einmal denselben Zeitraum dauern, bis die Hälfte der Hälfte verschwindet. Bei Strontium 90, das sich über die Nahrungskette stark anreichern kann und damit das Leukämie-Risiko erhöht, droht noch eine andere Gefahr: Das bei seinem Zerfall entstehende Tochternuklid Yttrium 90 verursacht schwerste Folgeschäden, zum Beispiel bei der Embryonalentwicklung.

Und am zeitlichen Horizont war das nächste Unheil schon in Planung, die Wiederaufbereitungsanlage in Wackersdorf, Oberpfalz. Sie hätte bei Inbetriebnahme pro Jahr über einen 200 Meter hohen Kamin 15 Milliarden Becquerel Cäsium 137, 20 Milliarden Becquerel Strontium 90, eine Milliarde Becquerel Alphastrahler wie Plutonium und sieben Milliarden Becquerel Jod 129 (Halbwertszeit: 17 Millionen Jahre) in die Umwelt ausgestoßen. Der bayerische Ministerpräsident Franz Josef Strauß jedoch behauptete, die WAA sei nicht gefährlicher als eine Fahrradspeichenfabrik. Er beschwerte sich sogar bei der katholischen Kirche über ein paar Pfarrer, die vor Ort in Wackersdorf für die Demonstranten Messen gelesen hatten, mit den Worten: „Ein gläubiger und verantwortungsvoller Christ kann mit guten Gründen der Überzeugung sein, dass auch ein Kraftwerk Teil des göttlichen Auftrags ist."

Mit dem massiven Bauzaun um das 138 Hektar große Gelände in Wackersdorf hat sich die Staatsregierung unsterblich blamiert! Ich war mehrmals bei Demonstrationen dort und habe für diesen Zaun nur zwei mögliche Erklärungen: Sollte der Zaun die Atomlobby vor dem Volk schützen? Oder doch das Volk vor der atomaren Strahlung der Wiederaufbereitungsanlage?

Ansteckungsgefahr für solche Lügen und Verdummungsversuche bestand bei uns nicht. Wir wussten es besser. Herr Strauß wusste es auch, sagte es aber nicht. Die Heuernte dieses Jahres war gut. Ich füttere nur Heu, die Strahlenbelastung allein durch Cäsium 137 betrug für mein Heulager 40.770.000 Becquerel. Laut Strahlenschutzverordnung vom 13. Oktober 1976 der Bundesrepublik hätte ich für die Lagerung eine atomrechtliche Genehmigung beantragen müssen. Der bei uns gemessene Spitzenwert pro Kilo Heu waren 12.107 Becquerel Cäsium 137, ohne die anderen Nuklide.
Ein besonders eklatantes Beispiel dafür, wie man die Bevölkerung belogen hat, passierte am 12. Mai 1986. Das zuständige bayerische Ministerium teilte mit der Presseaussendung Nummer 30/86 mit:
„Messwerte bestätigen die Entwicklung der vergangenen Tage, äußere Strahlenbelastung in ganz Bayern liegt wieder im Bereich des natürlichen Strahlenpegels."

Am selben Tag tritt eine Verordnung des Landeshauptmanns von Salzburg, Wilfried Haslauer, in Kraft, gültig für das Bundesland Salzburg. Ein österreichischer Landeshauptmann entspricht etwa dem, was in Deutschland ein Ministerpräsident ist.
Darin heißt es: „Verboten ist die Einfuhr aus allen Staaten, die mit Österreich eine gemeinsame Grenze haben, dazu noch Albanien, Bulgarien, Griechenland, Polen, Rumänien, aus der Sowjetunion und aus der Türkei. Das Verbot bezieht sich auf Milch und Milcherzeugnisse, Gemüse, Hülsenfrüchte, sofern es sich um Frischware handelt. Die Einfuhr von Wild jeder Art ist verboten.
Die Einfuhr von Schafmilch, Ziegenmilch, Schafkäse, Ziegenkäse sowie Ziegenmischkäse ist verboten.
Dasselbe Verbot gilt für Frischwaren aus dem Inland, die in Freilandkulturen gezogen wurden. Die Bewässerung von Gemüse mit Regenwasser ist verboten. Das Auslegen oder Anbieten von Obst und Gemüse im Freien ist im Nahbereich von befahrenen Verkehrsflächen verboten.
Bei Milch und Milchprodukten aus dem Inland gilt dasselbe. Bei Grünfütterung ist der Verkauf von Frischmilch ab Hof verboten. Die Verfütterung von Molke an Schweine und die Verarbeitung von Molke zu Getränken für den menschlichen Genuss ist verboten.
Das Öffnen von öffentlichen Freibädern ist untersagt. Das Kehren von Verkehrsflächen ist verboten.

Der Wechsel und der Ausbau von Luftfiltern mit Luftansaugung aus dem Freien sind verboten. Dasselbe gilt für Luftfilter von Verbrennungsmotoren.

Ist ein Wechsel oder ein Ausbau unbedingt erforderlich, sind folgende Sicherheitsmaßnahmen zu beachten:

- Erstens: Bei den Arbeiten sind Sicherheitshandschuhe (Einmalhandschuhe) und Staubfiltermasken zu verwenden.

- Zweitens: Filter, Schutzhandschuhe und Staubfiltermasken sind nach Gebrauch in Kunststoffsäcke einzuschließen und, gegen Zugriffe gesichert, vom anderen Müll getrennt aufzubewahren. Die Aufbewahrungsbehälter sind entsprechend zu kennzeichnen.

- Drittens: Nach Beendigung der Arbeit haben sich die damit befassten Personen gründlich zu waschen. Der Aufenthalt in unmittelbarer Nähe von Luftfiltern in Gebäuden ist untersagt."

Wie viele Hausmeister und Automechaniker in Bayern haben ohne irgendeine Warnung an den damals extrem hoch kontaminierten Filtern ohne jeden Schutz gearbeitet? Es waren bestimmt tausende. Sie wurden wissentlich einer großen Gefahr ausgesetzt, ohne Zweifel einer Gefahr für Gesundheit und Leben.

Was doch ein so kleiner Grenzfluss wie die Salzach alles möglich macht! Einen Kilometer Luftlinie von meinem Hof entfernt herrscht höchste Alarmstufe, während bei mir im schönen Bayernland alles im Bereich des „natürlichen Strahlungspegels" ist. Ich dachte immer, weltweit gibt es nur einen heiligen Fluss, den Ganges. Nach Tschernobyl werden noch heute einige unserer Politiker auf die Abwehrkräfte unserer Grenzflüsse pochen, den strahlenden „Heiligenschein" vor Augen.

Mehrere Schreiben habe ich verschickt, an das bayerische Umweltministerium, ebenso an das bundesdeutsche in Bonn.
Man stelle sich meine Situation vor:
Seit sechs Jahren hatte ich einen Biobetrieb mit dem Schwerpunkt Direktvermarktung von Milch, Käse, Butter, Getreide, Brot, Obst, Fleisch, Fische, ebenso Honig und Holz. Meine monatlichen Einnahmen beliefen sich auf zwölfhundert Mark. Das alles sollte nun vorbei sein? Das habe ich den „Volksvertretern" auch mitgeteilt.
Anerkannt wurde die Menge von 1627 Litern Milch, die ich wegschütten musste und nicht an die Molkerei liefern durfte. Der andere, weit höhere

Schaden war nicht entschädigungsrelevant nach der „allgemeinen Entschädigungsregelung unter Billigkeitsgesichtspunkten für Schäden in Folge des Unfalls im Kernkraftwerk in Tschernobyl", so der Bescheid. 813,50 DM wurden gewährt. Das reichte gerade für das Benzin, um mit dem Auto in die dutzende Versammlungen zu fahren, mehrmals nach Wackersdorf und manchmal eine Brotzeit. Diese Ausgaben für Tschernobyl waren ja auch freiwillig. „Demokratie heißt auf Deutsch Volksherrschaft."

Die Politiker, die uns alles „eibrogt ham" (eingebrockt haben) sind die Vertreter des Volks, man nennt sie auch Volksvertreter. Der Souverän ist das Volk. Nach dieser schrecklichen Erfahrung mit Tschernobyl, bei der wir Biobauern der Verzweiflung nahe waren, bringe ich meine Erlebnisse mit einem Witz zu Ende:
Wer kennt den Unterschied zwischen einem Staubsaugervertreter und einem Volksvertreter? Es gibt keinen! Der Staubsaugervertreter verkauft seinen Staubsauger. Der Volksvertreter verkauft sein ...

Der nächste Atomunfall kommt bestimmt. Widerstand ist wichtig. Vielleicht lebe ich deshalb noch.

KAPITEL NEUN: VIER JAHRE DEUTSCHER BUNDESTAG. WIDERSTAND GANZ OBEN?

Sollte der Verdacht aufkommen: Da will einer nach oben – falsch gedacht! Sollte jemand glauben, dort wäre das Geld leichter zu verdienen für weniger Arbeit als jene, die ein Biobauer zu leisten hat, auch falsch. Wenn Sie glauben, der hat das gemacht, weil ihm Bäuerinnen und Bauern und deren Existenz für die gesamte Gesellschaft, für alle Menschen, lebenswichtig sind, dann liegen Sie richtig.
Mein Wegweiser waren immer die Bauernfamilien und die Politik, die für sie gemacht wurde. Diese elende Politik zu ändern und möglichst vielen Menschen darüber berichten zu können, dazu und ausschließlich dazu habe ich das Mandat benutzt. Aber noch war es nicht soweit.

Beim Eintritt in die „grüne Partei" habe ich keinen Gedanken darauf verwendet, dass so etwas jemals passieren könnte. Im Nachhinein betrachtet, kam ich zu meinem Mandat „wie die Jungfrau zum Kind".
Die Wahl der Grünen-Landesliste fand auf einer Landesversammlung in Lindau am Bodensee statt. Völlig arglos fuhr ich als Delegierter des Grünen-Kreisverbands Traunstein dorthin, gespannt darauf, wie wichtig oder unwichtig Landwirtschaft gesehen wurde, welchen Stellenwert sie hat bei den bayerischen Grünen. Für mich hatte sie den höchsten Stellenwert.

Also bewarb ich mich für den Listenplatz zwei oder vier. Ich wusste jedoch, dass beide theoretisch längst an die bayernweit bekannten Gerald Häfner und Wolfgang Daniels vergeben waren. Trotzdem: Die Themen Bäuerinnen, Bauern, Natur, Bio und Öko waren mir wichtig genug, gegen die beiden zu kandidieren. Damals sollte nach der Quotenregelung gewählt werden, was auch getan wurde: Auf Platz eins eine Frau, auf Platz zwei ein Mann, auf Platz drei eine Frau und so weiter. Kurz vor Wahlbeginn wurde ein Antrag gestellt, diese Regelung auszusetzen, damit auch ein Mann für den ersten Listenplatz kandidieren kann. Die beiden männlichen Favoriten unterstützten diesen Antrag und fielen aus meiner Sicht deshalb durch.

Dann die Kandidatenvorstellung:
Jeder hatte fünf Minuten Zeit, danach jeweils fünf Minuten Befragung der Person. Meinen Kurzvortrag muss ich hier nicht erläutern. Der Inhalt war logisch. Worum es mir ging, ist in diesem Buch nachzulesen. Bei meiner Befragung meldete sich zuerst eine Frau:

Wie ich zur Quotierung stehen würde. Antwort: Welche Quotierung sie meine, doch sicher nicht die Milchquotierung?
Damit war die Befragung zu Ende. Der ganze Saal lachte, und man wählte mich auf Platz zwei mit großem Vorsprung. Die Rechnung war einfach: Ein Prozent der Wählerstimmen in Bayern bedeutete ein Mandat im Bundestag, vorausgesetzt, die Grünen kämen bundesweit über fünf Prozent. Wir lagen damals bei 8,3 Prozent. Somit war klar, was mir bevorstand.

Erst am Abend begriff ich langsam, was mir passiert ist. Ich konnte keine Minute schlafen und lief die ganze Nacht barfuß durch Lindau. Es war eine schöne warme Nacht, mein Kopf war heiß: was jetzt? Den Hof aufgeben? Nein! Verpachten? Nein. Und wieder hatte ich Glück. Mein jüngster Bruder Franz, von Beruf Metzger, im Grunde auch ein begnadeter Bauer und trotz seines Berufs ein Tier- und Naturliebhaber, war bereit, seinen Arbeitsplatz aufzugeben. Er hat mich vier Jahre auf dem Hof vertreten. Ich hätte es nicht besser machen können.

Ende Januar 1987 ging´s dann los. Erste Fahrt nach Bonn, damals noch Hauptstadt der Republik, natürlich mit dem Zug. Später stellte ich fest, ich hatte die weiteste Anreise von allen Abgeordneten. Ankunft mit einem Zettel in der Hand. Darauf stand, wo wir uns treffen, die Mitglieder der neuen Fraktion, dreiundvierzig Menschen, die die Welt verändern wollten. Erstmal musste ich mich durchfragen: „Wo ist das Hochhaus am Tulpenfeld? Wo ist das Regierungsviertel?“ Vom Bahnhof waren es etwa zwei Kilometer zu Fuß. Damals ging ich ihn zum ersten Mal, den Weg, den ich dann vier Jahre lang zweimal täglich gelaufen oder gegangen bin. Wenigstens hatte ich ein bisschen Ausgleich für den Körper und für meine Gesundheit.

Am Tag vor der Abreise habe ich noch ganz normal meine Arbeit auf dem Hof erledigt, circa zwölf Stunden körperliche Arbeit, wie ich es seit vielen Jahren gewohnt war. Da stellen sich sehr bald Entzugserscheinungen ein, wenn man nur im Büro sitzt und nicht einmal ein Fenster öffnen kann. Aber so weit war es noch nicht. Erstmal wollte ich die anderen aus der Fraktion kennenlernen. Viele Mitarbeiter der alten Fraktion waren auch da in der Hoffnung auf eine neue Anstellung. Es gab noch keine Raumzuteilung der Verwaltung.

Jeder/jede suchte eine Bleibe für die nächsten Jahre. Es herrschte ein großes Durcheinander, aber auch eine große Euphorie. Es dauerte einige Wochen, bis die „Rahmenbedingungen“ geschaffen waren, die wir brauchten, um zu

arbeiten, zu schlafen, uns zurechtzufinden. Ich fand ein Zimmer in der Poppelsdorfer Allee, nur ein paar Schritte vom Bahnhof entfernt, Klo und Badezimmer auf dem Gang, ein Bett, ein Schrank, ein Tisch und ein Stuhl. Das Bettzeug hatte ich von zuhause mitgebracht, dazu einen Zweiplattenkocher für den Kräutertee am Morgen.
Das war´s. Kein Telefon, kein Radio, kein Fernseher, nicht einmal einen Wecker hatte ich. Den stellten noch immer die Kühe im Hinterkopf oder wo das Wachwerden angesiedelt ist. Vier Jahre lang habe ich nicht einmal verschlafen, meistens war ich bereits um sieben Uhr in der Früh als einer der Ersten im Hochhaus. Dabei hatte ich gleitende Arbeitszeiten und konnte am Morgen kommen, wann ich wollte. Ich hielt es, wie man es halt gewohnt ist als Bauer mit Rindviechern.

Dabei hätte es für alle Abgeordneten den Fahrdienst des Bundestags gegeben. Den bestellte man einfach per Telefon. Zu jeder Tages- und Nachtzeit bringt der dich hin, wo du willst. Ebenso holt er dich ab, wo auch immer. Doch, wie gesagt, jeden Tag vier Kilometer zu Fuß ist gesünder.

„Zwischenspiel"

Samstag, 21. Januar 2018, ist ein besonderer Tag für mich, und niemand weiß davon.
Vor genau 25 Jahren bekam ich vom Finanzamt Traunstein die Bestätigung, dass der Verein „Auferstehung der freien Bauern Russlands e.V." die Anerkennung als gemeinnütziger Verein zum Zweck der Entwicklungshilfe zum 21. Januar 1993 bekommen hat.
Seitdem bin ich Vorsitzender dieser seltsamen Vereinigung, die mein Leben unglaublich bereichert hat und die mir nach wie vor große Freude bereitet. Dabei bin ich eher ein Anhänger jenes italienischen Philosophen, der einmal gesagt hat: „Ich liebe das Vereinswesen, besonders liebe ich Vereine mit ungeraden Mitgliederzahlen unter drei."

Über dieses Beispiel eines positiven Widerstands gegen das weltweite Bauernsterben möchte ich in diesem Buch noch ausführlich berichten, aber später. Die Tür geöffnet für dieses schöne Russland haben mir mein Vater mit seinen Geschichten und meine „politischen Erfahrungen" in der Bundestagszeit.
Und die Erfahrung aus diesen vier Jahren ist nur schwer wiederzugeben, speziell wenn man Bauer ist, der gewohnt ist, über seine Arbeit vorher nachzu-

denken und sie dann zu erledigen. Selbständig über Probleme nachzudenken, danach als Volksvertreter den Mund aufzumachen und dem eigenen Gewissen folgend abzustimmen, das kam äußerst selten vor. Parteidisziplin stand an erster Stelle. Bei uns, den Grünen, war es damals noch anders. Die Betonung liegt auf „damals".

Mein Arbeitsfeld – Landwirtschaft, Umwelt und Naturschutz – lieferte ein besonderes Beispiel an Ignoranz der Regierenden und ihrer Parteien. Vier Jahre gegen eine Gummiwand anzurennen, ist frustrierend und macht überhaupt keinen Spaß.
Aufgeben kam trotzdem nicht in Frage, hatte ich doch auch zwei exzellente wissenschaftliche Mitarbeiter/innen: Gerhardt Hirn und Ulli Höfken, beide Agraringenieure und schon in der ersten grünen Bundestagsfraktion tätig bei meinem Vorgänger Helmut Werner. Nicht zuletzt war auch meine Kollegin, die Bäuerin Dora Flinner, ein Grund, warum ich nicht ans Aufgeben dachte. Dora kam aus Boxberg-Bobstadt in Baden-Württemberg, wo Mercedes eine Teststrecke bauen wollte. Sie hat sich mit ihren Mitstreitern mit allen Mitteln dagegen gewehrt – mit Erfolg.

31 Jahre sind seit meinem Einzug in den Bundestag vergangen, und ich bin immer noch Bauer, Ulli Höfken ist seit Jahren Ministerin für Landwirtschaft in Rheinland-Pfalz. Keine Minute würde ich mit ihr tauschen, nicht für alles Geld dieser Welt. Auch das ist ein Ergebnis meiner vier Jahre im Parlament.

Dann die erste Zusammenkunft der damals 519 Abgeordneten zur konstituierenden Sitzung des elften deutschen Bundestags am 18. Februar 1987.

Es war das einzige Mal, dass ich im Parlament meine von zuhause gewohnte Kleidung trug, die lange Lederhose, Kniestrümpfe, Hosenträger aus Leder, ein Trachtenhemd aus Leinen und den ärmellosen Schafwolljanker. Das tat ich nur, um den Schwarzen aus Bayern zu zeigen, dass auch Grüne durchaus in der Lage sind, Tradition zu leben und, wenn sie positiv ist, auch zu achten.
Ich gehe einen der Gänge zwischen den Sitzreihen entlang, weiß noch nicht, wo der Platz für unsere Fraktion ist.
Direkt am Gang sehe ich Franz Josef Strauß sitzen. Er liest in der Bildzeitung. Ich tippe ihm auf die Schulter. Er blickt auf, ich deute auf die Messertasche meiner Lederhose, in der ein Rehfuß zu sehen ist, der Griff meines Stehmessers.
Er lacht, ich auch. Wir wissen beide, dass Waffen jeder Art im Parlament

strengstens verboten sind. Die Sicherheitsbeamten haben das Messer, von dem nur der Griff zu sehen ist, wohl für eine Art Schmuck gehalten, der zur Lederhose gehört. Ich glaube, dass ich das Alleinstellungsmerkmal „Waffenträger im Bundestag" bis heute besitze.
Der Leser wird denken, eine so ernste Sache wie Parlament, Bundestag, Vertreter des Volks sollte man gebührend darstellen, ernsthaft eben. Ich muss Sie enttäuschen, es würde mir keine Schwierigkeiten bereiten, ein Drehbuch für eine zweistündige Kabarettsendung zu schreiben, zum Weinen und zum Lachen, und ich werde das auch niederschreiben in diesem Buch.

Die erste Sitzung war also vorbei. Die wirkliche Arbeit begann. Ich wurde Mitglied des Ausschusses für „Ernährung, Landwirtschaft und Forsten" und dort Obmann, ebenso Vertreter im Ausschuss für Wirtschaft.
Zwei Schwerpunkte hatte ich mir selbst gesetzt, erstens das Bauern- und Handwerkersterben mit allen Mitteln anzuprangern und dagegen zu kämpfen, und zweitens, den Umstand ins allgemeine Bewusstsein zu bringen, dass die Industriegesellschaft es fertiggebracht hat, den Beruf des Bauern innerhalb von zwei Generationen zum Gegenteil dessen zu degradieren, was der Bauer Jahrhunderte hindurch gewesen ist, nämlich derjenige, dem wir eine vielfältige Natur- und Kulturlandschaft verdanken, die er mit seinem Tun erst geschaffen hat.
Laut und deutlich zu sagen, welch ungeheuerliche Zerstörung mit der heutigen „Landbewirtschaftung" einhergeht, darin sah ich meine Aufgabe. Wie das in einem Parlament klingt, will ich an zwei Reden deutlich machen, die ich im Bundestag hielt: meine erste am 2. April 1987 und meine letzte am 31. Mai 1990. Sie sind in Hochdeutsch protokolliert und sollen hier wiedergegeben werden. Gesprochen habe ich bairisch, wie immer, wenn ich mich ärgern muss.

Meine erste Rede im Bundestag. Im Hintergrund rechts die Bundestagsvizepräsidentin Annemarie Renger, links eine Parteikollegin, Hannelore Seibold.

„Schlimmer als ein Hagelschlag"

Kreuzeder (GRÜNE): Frau Präsidentin! Meine Damen und Herren! Herr Minister Kiechle! Es ist schon klar, warum die Aktuelle Viertelstunde heute gemacht wird: damit man den Bäuerinnen und Bauern vorgaukeln kann, dass die Regierung Interesse am Erhalt möglichst vieler bäuerlicher Betriebe hat. Dem ist aber nicht so.

Die Schuld für die Misere in der Landwirtschaft, für das Bauernsterben, dass jede Stunde einer aufhören muss, liegt ganz woanders. Die liegt bei den Politikern im Lande, die nicht einmal wissen, was Grundgesetz und Verfassung unserer Bundesländer heißt.

(Dr. Probst (CDU/CSU):
Welche Sternstunde,
dass Sie das sagen!)

Herr Kiechle, ich frage mich, auf was Sie einen Eid abgelegt haben: auf das Grundgesetz oder auf die EG-Beschlüsse, und wem sie verpflichtet sind, den GATT-Verträgen oder den Verfassungen in unseren Bundesländern. Was die Regierungen in dem Land von den Gesetzen halten, die für Bäuerinnen und Bauern gemacht sind, sieht man an den Programmen zur Erhaltung „möglichst vieler bäuerlicher Betriebe", wie es so schön heißt. Einzelbetriebliche Förderprogramme, Milchkontingentierung, die gewesene und die am 1. April in Kraft getretene, sind in meinen Augen ebenso wie das Flurbereinigungsgesetz kapitalistische Zwangswirtschaft in Reinkultur. Sie haben mit Demokratie überhaupt nichts zu tun.

(Beifall bei den GRÜNEN)

Und zur Besetzung des Bauernlandes brauchen Sie keinen Panzer und keinen Hubschrauber. Das geht über die Schreibtischattentäter in den Ministerien, Herr Kiechle. Da läuft die kalte Enteignung der Bauern.
Zur Flächenstilllegung: Sie sind doch der Bauernminister. Was glauben Sie, wo der Name „Bauer" herkommt? Von stilllegen oder von bebauen? Aufforsten sollten die Bauern, pro Jahr und Hektar für 1.000 DM. Wenn die TA-Luft weiterhin so greift wie bisher, kann der Bauer in zehn Jahren nicht einmal mehr einen Christbaum ernten, weil er keine Chance hat, zu überleben.

(Beifall bei den GRÜNEN)

Vizepräsident Frau Renger: Herr Kollege, darf ich einmal einen Moment anhalten? Ich muss die Stenographen fragen, ob sie mitkommen.

(Heiterkeit bei allen Fraktionen)

Geht es gut? – Ja? – Wunderbar, dann dürfen Sie mit dem bayerischen Akzent fortfahren.
(Zuruf vom Stenographendienst: Es wäre für uns einfacher, wenn Sie sich bemühen, hochdeutsch zu sprechen)

Kreuzeder (GRÜNE): Es tut mir leid, wenn Sie kulturellen Nachholbedarf haben. Ich verstehe Ihr Hochdeutsch auch. Da müssen sie schon bairisch verstehen.

(Beifall bei den GRÜNEN
und der SPD –
Heiterkeit bei allen Fraktionen)

Vorruhestand und Milchrente sind das Programm „zur Erhaltung der bäuerlichen Betriebe"! Biosprit bedeutet ein Existenzsicherungsprogramm für Großbetriebe und die Agrarindustrie, damit sie weiterhin ihre eineinhalb Millionen Tonnen Stickstoff und ihre 30.000 Tonnen Pestizide jährlich absetzen können, aber nicht für die durchschnittlichen 15-Hektar-Betriebe in Bayern.

(Beifall bei den Grünen und der SPD)

Landaufkaufbetriebe sollen installiert werden. Herr Kiechle, ich komme aus Bayern. Da heißt es in Artikel 153 der Verfassung: Die Klein- und Mittelstandsbetriebe der Landwirtschaft sind in Gesetzgebung und Verwaltung zu fördern und gegen Überlastung und Aufsaugung zu schützen.
Steuerfreibeträge: Das ist der Hammer, dass sich Herr Kohl, Herr Kiechle und Co., der Bauernverband, Heereman rühmen, dass sie Herrn Stoltenberg so weit gebracht haben, dass die Bauern, wenn sie ihren Grund verkaufen müssen, weil sie zu verschuldet sind, Steuerfreibeträge bekommen.

(Eigen (CDU/CSU): Besser als nichts!)

In Artikel 165 in der Verfassung in meinem Bundesland heißt es: Die Überschuldung bäuerlicher Betrieb ist durch Gesetzgebung zu verhindern. Genau das Gegenteil haben Sie zur Pflicht.

(Beifall bei den GRÜNEN)

Der Hammer ist Punkt vier unter den nationalen Maßnahmen der Koalitionsvereinbarungen. Da heißt es dann: zugunsten der bäuerlichen Landwirtschaft Abbau gesetzlicher Hemmnisse, die den Strukturwandel behindern; sprich Bauernsterben. Wir wissen ja inzwischen, was Strukturwandel heißt.

(Lambinus (SPD): Bauernlegen!)

Bei uns in Bayern heißt das Bauernsterben.
Die Forderung der GRÜNEN: Bestandsobergrenzen, flächenbezogene Produktion, gestaffelter Preis und vor allem, dass die Bäuerinnen und Bauern endlich für die Arbeit, die sie leisten – 70-Stunden-Woche ist normal – so entlohnt werden wie die 53 Prozent Beamten im Bundestag zum Beispiel.

(Beifall bei den GRÜNEN –
Zuruf von der CDU/CSU:
Die Beamten klatschen da!)

Aber all die Dinge, die wir GRÜNE von Ihnen wollen, Herr Kiechle, sind für Sie ein Fremdwort, leider. Sie handeln weiterhin gegen die Gesetze, die für uns Bauern, für die Bäuerinnen und für die Menschen im Land gemacht sind.
Ich stelle mir einmal vor, was ich in den letzten Wochen gehört habe: Wenn ich als bayerischer Bauer die Volkszählung boykottiere, dann werden mir bis zu 10.000 DM Strafe angedroht.

(Eigen (CDU/CSU): Das ist richtig!)

Wenn man für die Agrarpolitik, wie sie in den letzten 30 Jahren in diesem Land betrieben worden ist, Strafe zahlen müsste, dann wäre Herr Stoltenberg mit seinem Haushalt pleite.

(Heiterkeit und Beifall bei den GRÜNEN)

Vizepräsidentin Frau Renger: Herr Abgeordneter, Ihre Redezeit ist zu Ende.

Kreuzeder (GRÜNE): Nur noch ein Satz, dann bin ich fertig.
Vizepräsidentin Frau Renger: Aber wirklich nur einen, ganz schnell.
Kreuzeder (GRÜNE): Herr Minister, Sie sind für mich und meine Kollegen schlimmer als ein Hagelschlag kurz vor der Ernte. Treten Sie endlich zurück!

(Beifall bei den GRÜNEN).

Meine letzte Rede im Bundestag hielt ich am 31. Mai 1990 zum Agrarbericht der Bundesregierung 1990. Hier das Redeprotokoll des stenographischen Diensts:

Kreuzeder (GRÜNE): Herr Präsident! Meine Damen und Herren! Wenn ich es richtig sehe, sind fünfmal so viele GRÜNE wie CSU-Abgeordnete im Saal.

(Kroll-Schlüter (CDU/CSU):
Wo hast du denn rechnen gelernt?)

Ich finde es eigentlich schlecht, wenn das in einem Land passiert, in dem 230.000 Bauernfamilien darauf warten, dass die Regierung etwas für sie macht.
Alle Jahre wieder der gleiche Vorgang: Der Agrarbericht der Bundesregierung wird vorgestellt, als wäre – von ein paar Ausnahmen abgesehen – alles bestens. Minister Kiechle gibt Einkommenssteigerungen bekannt, die selbst bei der Unterabteilung der CDU/CSU, beim Bauernverband, Empörung auslösen, zumindest als erste Reaktion, sozusagen als Alibi. Am Ende jedoch herrscht eitel Sonnenschein über die großen Verdienste unseres Landwirtschaftsministers und seinen heldenhaften Kampf gegen die böse EG-Kommission.

(Jäger (CDU/CSU):
Ja, das ist auch richtig so!)

Vergessen wird, dass es auch deutsche Kommissare gibt, zum Beispiel Herrn Bangemann. Vergessen wird, dass im Ministerrat in der Regel deutsche Belange durchgesetzt werden, manchmal sogar mit Hilfe des Kanzlers. Ich erinnere an die Fettsteuer oder an die Stabilisatoren. Vergessen wird auch, dass im letzten Jahr wieder 16.200 Betriebe aufgehört haben. Seit 1979 haben insgesamt 160.000 Betriebe aufgegeben; das ist ja eine ganz erkleckliche Zahl. Niemand redet mehr davon, dass die gravierendsten Fehlentscheidungen der Agrarpolitik in Europa vor allem auf deutsche Forderungen zurückzuführen sind.

(Eigen (CDU/CSU): Völliger Blödsinn!

Die Milchkontingentierung, die 50.000 Betriebe zum Aufhören zwang,

(Eigen (CDU/CSU): Das war doch
keine Fehlentscheidung,
das war eine richtige Entscheidung!)

ist in erster Linie ein Machwerk deutscher Politiker. Aus Ihrer Sicht erstklassig, führt sie dazu, dass die damaligen Härtefälle ihre Quoten beim Milchabgabevergütungsgesetz teuer verkaufen konnten und jetzt durch Quotenleasing ohne Fläche wieder zukaufen können. Mit Besitzstandswahrung, Herr Eigen, hat das nichts zu tun. Das, was Sie mit den Milchbauern gemacht haben, sind Mafiamethoden der übelsten Art.

(Beifall bei den GRÜNEN – Eigen (CDU/CSU):
Es ist ausschließlich Blödsinn, was Sie reden!)

Auch für die Stabilisatorenregelung, die Ihnen zurzeit so große Sorgen bereitet, haben Sie sich feiern lassen. Die nationale Agrarpolitik unterscheidet sich nicht im Geringsten von der EG-Politik, im Gegenteil: In unserem Land wird das Zerstören bäuerlicher Existenzen geradezu gezielt betrieben.

(Jäger (CDU/CSU): Das ist eine Frechheit!)

Ein Strukturgesetz, bei dem sich industrielle Massenproduzenten die Hände reiben, weil sie nun ebenfalls Zuschüsse für bäuerliche Betriebe kassieren können, ist bezeichnend für Ihre Politik.

(Eigen (CSU/CSU): Da ist doch die Grenze
von 8.000 DM pro Betrieb drin!
Es gibt doch eine Prosperitätsgrenze!)

8.000 DM sind 8.000 DM. Dabei handelt es sich nicht um Lire, sondern um D-Mark.

(Heiterkeit bei allen Fraktionen)

Herr Präsident, schlagen Sie einmal den Aufstand nieder.

(Heiterkeit bei allen Fraktionen)

Vizepräsident Cronenberg: Unter „Aufstand" verstehen wir schon etwas anderes. Aber der Bitte des Redners, ihn in Ruhe ausreden zu lassen, komme ich schon gerne nach.

Kreuzeder (GRÜNE): Eine Vorruhestandsregelung, bei der einer Bauernfamilie das vorzeitige Altersgeld nur gewährt wird, wenn sie ihre Existenz aufgibt, führt diese Logik fort. Durch die ruinöse Preispolitik, die Sie auf EG-Ebene nach wie vor mittragen, bleibt der 18-ha-Durchschnittsbetrieb der Bundesrepublik einfach nicht mehr übrig; er muss aufhören. Doch das Schiff läuft aus dem Ruder. Heute müssen sogar 80-ha-Marktfruchtbetriebe, die von Ihnen jahrelang als existenzfähig propagiert wurden, um ihr Überleben bangen. In 20 Jahren werden die 180-ha-Betriebe keine Chance mehr haben.

Die Dynamik der jetzt betriebenen Politik wird keine Bauern übrig lassen, höchstens Leibeigene von BayWa, BP, Nestlé, Raiffeisen oder Aldi. Deswegen hören Sie auf, diesen Kurs weiterzusteuern; kehren Sie um, bevor es zu spät ist!
Gerade die Entwicklung in der DDR ist eine große Chance, in Deutschland und in Europa eine andere Agrarpolitik ohne eine zusätzliche neue grüne Mauer einzuleiten.

(Zuruf von der FDP: Die habt ihr doch vor dem Kopf!)

Denn es wird nicht möglich sein, den 4.450-ha-Durchschnittsbetrieb der DDR und den 18,2-ha-Durchschnittsbetrieb bei uns unter einen Hut zu bringen, weder national noch auf EG-Ebene. Hüben wie drüben hat die chemisierte, industrialisierte Landwirtschaft Landschaft und Natur geschädigt oder gar zerstört.

(Dr. Meyer zu Bentrup (CDU/CSU):
Ihr GRÜNEN habt doch immer
von Karl Marx geträumt!)

Boden, Wasser, Luft und Nahrung, unsere Lebensgrundlagen, werden in zunehmendem Maß verseucht und belastet, und das von den Menschen, die jahrhundertelang das Gegenteil praktiziert und gewährleistet haben. Denn Bäuerinnen und Bauern waren die Garanten für saubere Umwelt, intakte Naturlandschaft und gesunde Lebensmittel, bevor sie von der Industrie entdeckt wurden.
Eine freiheitliche und demokratische Gesellschaft ist mit stalinistischen Agrarstrukturen nicht vereinbar. Die Wiederherstellung des bäuerlichen Familienbetriebs in der DDR, wie er nach der Volksabstimmung und Bodenreform 1949 installiert war, muss ohne Wenn und Aber angestrebt und gewährleistet werden.

(Dr. Meyer zu Bentrup (CDU/CSU):
Guck, jetzt kommt schon der Karl Marx!)

Das ist weder mit Flächenstilllegung möglich noch mit dem Verkauf erworbener Grundstücke gleich wieder zurück an die LPGs, wie es von westlichen Politikern und anderen sogenannten Spezialisten gefordert und empfohlen wird.
Ebenso wenig wird die Modernisierung zentraler Verarbeitungs- und Vermarktungsstrukturen oder gar die Neubegründung solcher Strukturen, mit Westkrediten forciert und unterstützt, eine bäuerliche Landwirtschaft entstehen lassen. Großstrukturen ziehen Großstrukturen nach sich. Nicht Großbäckereien und Großschlachthöfe sind die Garantie für eine demokratische Ordnung und für Wohlstand, sondern dezentrale, kleistrukturierte Handwerksbetriebe, Bäcker, Metzger, Müller, kleine Genossenschaftsmolkereien usw.

(Zuruf von der CDU/CSU: Da habt
ihr ja ein großes Betätigungsfeld!)

müssen geschützt und gefördert werden, in der Gesetzgebung ebenso wie finanziell. Denn sie sind eine der Voraussetzungen, um eine bäuerliche Landwirtschaft am Leben zu erhalten.
Die für die DDR wichtigste Voraussetzung ist jedoch, dass wir gemein-

sam bereit sind, gezielte finanzielle Hilfe für den Aufbau alter Betriebsgebäude und zur Anschaffung von Werkzeug und Maschinen zu gewähren. Tausende schöne alte Bauerndörfer verrotten. Sie sollten aus vielerlei Gründen wieder instandgesetzt werden. Sind wir dazu nicht bereit, brauchen wir uns nicht zu wundern, wenn die Menschen abwandern und die Dörfer veröden. Denn die Menschen haben keine Perspektive. Der eigene Boden allein hilft ihnen gar nichts.
Das Vorurteil, die Großstrukturen seien nur schwer oder nicht veränderbar, ist falsch. Es wird zum Teil bei uns bewusst unter die Bauern gebracht, um diese gegeneinander ausspielen zu können. Es wird darauf ankommen, wo man hilft. Fördert man zuerst die Verpackungsindustrie und agrarindustrielle Großbetriebe oder selbstbestimmte vielfältige Arbeitsplätze in einer bäuerlichen Landwirtschaft?

(Zuruf von der CDU/CSU:
Das ist wieder euer Marx-Modell!)

Ebenso müssen wir bereit sein zu lernen, bereit sein, positive Dinge zu übernehmen. Betriebsgemeinschaften, die eigenverantwortlich und selbstbestimmt in der Lage sind, den Betrieb mit 43,5 Arbeitsstunden pro Woche und Arbeitskraft zu führen, müssen auch bei uns auf freiwilliger Basis angestrebt und gefördert werden. Für den Weizen pro Doppelzentner 67 DM, für den Liter Milch 1,70 DM, die soziale Gleichstellung von Mann und Frau in der Landwirtschaft, Urlaub – das sind genau die Bedingungen, die das Höfesterben bei uns beenden würden.

(Zurufe von der CDU/CSU:
Das war halt Spielgeld! – Mit fliegenden Fahnen
in den Sozialismus!)

Niemand soll behaupten, dass eines der reichsten Länder der Welt nicht in der Lage wäre, so etwas zu leisten. Voraussetzung dafür ist jedoch eine andere, eine grundlegend neue Agrarpolitik für beide Teile Deutschlands und für Europa. In Politik, Verwaltung, Ausbildung und Finanzierung ist dem bäuerlichen Gemischtbetrieb absoluter Vorrang einzuräumen. Nur einer ökologischen flächengebundenen vielfältigen Landwirtschaft wird die Gesellschaft der Zukunft den Stellenwert beimessen, den die Landwirtschaft braucht. Den hat sie dringend nötig. Die Chemisierung und Industrialisierung, die Monokulturen und die

Agrarsteppen haben dazu geführt, dass das Wort „Bauer" ein Feindbild geworden ist. Das muss sich ändern und zwar schnellstens.

Wer jedoch Flächen stilllegt und auf den verbliebenen noch mehr gif- tet, hat wenig Akzeptanz zu erwarten. Wer das Vorhaben unterstützt, Weizen zur Energiegewinnung zu verbrennen, während zugleich täg- lich 40.000 Kinder verhungern, darf sich in meinen Augen keineswegs christlich nennen. Wer sieht, dass die Weltbevölkerung explodiert, und gleichzeitig zulässt, dass jährlich tausende Bauernfamilien aufgeben müssen, der soll mir sagen, wohin das führt. Das würde mich mal inte- ressieren.

Die Industriegesellschaften rauben unsere Erde aus. Sie zerstören unse- re Welt, vergiften unsere Meere und Flüsse. Die Wälder sterben. Das Klima verändert sich bereits. Ich glaube, es ist Zeit, sich zu besinnen auf eine ökologische bäuerliche Landwirtschaft, die mit Hilfe von Sonne, Wasser, Luft und Boden in der Lage ist, Lebensgrundlagen zu erzeugen, ohne sie zu verbrauchen. Das wäre eine Möglichkeit, noch zu überle- ben. Nicht immer weniger Menschen, sondern immer mehr Menschen braucht die Landwirtschaft. Das wird uns die Zukunft zeigen.

(Beifall bei den GRÜNEN und
bei Abgeordneten der SPD – Zuruf von der CDU/CSU:
Zu welchen Löhnen?)

Dazu noch eine Begebenheit, was meine bairische Sprache betrifft. Bei irgend- einer Parlamentsrede - mehr als ein Dutzend werde ich gehalten haben – saß Landwirtschaftsminister Kiechle etwa vier Meter vom Rednerpult entfernt, seitlich von mir auf der Regierungsbank. Ich drehte mich in seine Richtung und sagte in meiner Wut zu ihm:

„Ge-i Kiechle, i woaß scho, dass da de kloan Bauern an Weg umgeh´n!"
In Hochdeutsch würde man sagen: „Gell, Kiechle, ich weiß schon, dass dir die kleinen Bauern im Weg stehen (dass du sie loshaben willst)." Etwa eine Stunde später bekommt man das vom stenographischen Dienst erstellte Redeproto- koll, damit man es, falls erforderlich, ausbessern kann. Da lese ich Folgendes: „Und die kleinen Bauern stehen auf dem Weg herum." Noch heute, nach über dreißig Jahren, muss ich laut lachen, wenn ich daran denke.

Schon damals war mir klar, dass jede Art von Kompromiss stündlich einem Bauern die Existenz kostet. Und das zuzulassen, war und bin ich nicht mehr bereit, erst recht nicht mehr jetzt, im Jahr 2018. Und genau mit dieser Entschlossenheit habe ich meine Reden vorgetragen, in der Dorfwirtschaft und im Bundestag: Mit einer klaren eindeutigen Sprache. Ich hatte Recht, kein Wort, keinen Satz muss ich zurücknehmen, nein, es ist noch schlimmer gekommen, als ich damals befürchtet habe.

Zwei große Vorteile hat das Parlament für einen Bauern. Bist du Bauer, kannst du dich auf eine leere Obstkiste stellen auf einem Platz in der Stadt oder im Dorf und so lange deine Meinung rausschreien, bis du keine Stimme mehr hast. Als Abgeordneter hast du die gesamte bundesdeutsche Presse als Zuhörer, die deine Anliegen dem ganzen Volk weitervermittelt, wenn sie es will. Und, du hast jetzt die Zeit, in der ganzen Republik Veranstaltungen abzuhalten, mit den Bäuerinnen und Bauern auf „du und du" miteinander zu reden, was natürlich wesentlich mehr dazu beiträgt, Vertrauen und Verständnis zu schaffen als eine Meldung in der Zeitung. Da mir „Basisdemokratie" sehr wichtig ist, habe ich in den vier Jahren, in denen ich im Bundestag war, etwa achthundert Veranstaltungen bestritten, von Ostfriesland bis Berchtesgaden, von Saarlouis bis Tirschenreuth. Mein wöchentliches Minimum an Fahrstrecke mit der Bahn waren circa zweitausend Kilometer, in den meisten Wochen waren es mehr. Jeder meiner Vorträge begann mit dem Satz: „Mir ist es völlig wurscht, wen ihr wählt, denn wählen allein wird euch nicht helfen. Was wir alle brauchen, sind engagierte, aufmüpfige Bäuerinnen und Bauern, die das Denken und Handeln nicht irgendeiner Partei überlassen."

Diese Einleitung kam bei den grünen Orts- und Kreisverbänden, die mich zumeist eingeladen hatten, nicht besonders gut an. Macht aber nichts, denn es war die Wahrheit, wie sich heutzutage fast täglich bestätigt. Wer heute, aus welchen Gründen auch immer, grün wählt, muss sich zum Beispiel damit abfinden, dass die grüne Landtagsabgeordnete aus unserem Stimmkreis, Gisela Sengl, gemeinsam mit den anderen Betonierern mit einer Schere dasteht, um das Eröffnungsband für ein Straßenprojekt zu durchschneiden, anstatt die zu vertreten, die gegen die Straße und für den Erhalt der landwirtschaftlichen Flächen waren, die durch die Straße zerstört wurden.

Wenn sie dann auch noch verlauten lässt, dass sie in „fast allen Punkten mit dem Bayerischen Bauernverband einig ist", wünsche ich mir für ihre politische Laufbahn dasselbe Schicksal, das der kleine Stein in einem Gedicht von

Joachim Ringelnatz hat: „Ein kleines Steinchen rollte munter / einen großen Berg herunter. / Als es da so rollte, / wurde es viel größer, als es wollte. / Da sprach der Stein mit stolzer Miene: / Jetzt bin ich eine Schneelawine / und riss im Rollen noch ein Haus / und drei große Bäume aus. / Dann rollte er ins Meer hinein. / Und dort verschwand der kleine Stein."

Wenn ein grüner Kreisvorsitzender bei einer Konferenz in der Akademie für Naturschutz und Landschaftspflege in Laufen zum Thema Vermarktung unserer wiederentdeckten alten Sorte „Laufener Landweizen" sagt, es sei wichtig, er wüsste einige „Großabnehmer", dann hat der Mann keine Ahnung, wer die bäuerliche Landwirtschaft ruiniert und ihre letzten Vertreter noch immer ruiniert. Gut, dass ich anwesend war als jener, der die Sorte anbauen und an den Bäcker im Ort verkaufen will. Noch ein Beispiel gefällig?
Ein ganz besonderes Ereignis, das grüne Glaubwürdigkeit zeigt: Die grünen Stadträte der Stadt Laufen waren einstimmig für den Bau einer Umgehungsstraße mitten durch das Bauernland, circa 40 Hektar bester Boden würden dadurch zerstört. Letztes Jahr, im Herbst, stehen dieselben Kommunalpolitiker auf dem Stadtplatz in Laufen und demonstrieren gegen den Flächenfraß, gegen den übermäßigen Landverbrauch in Bayern. Schon Jesus Christus hat in einem Anfall von heiligem Zorn die Händler und Pharisäer aus dem Tempel geworfen. Es ist eben sehr schwer – das Einmaleins der Ökologie. Das richtige Ergebnis ist meistens reiner Zufall.

Vor dreißig Jahren wussten wir noch, was „Grün" bedeutet. Als Mitglied des Bundestags hatte man viele Möglichkeiten, sich zu artikulieren. So gab es das große Privileg, dass die Regierung, die Ministerien einem Abgeordneten auf seine mündlich, vor allem schriftlich gestellten Fragen schriftlich antworten müssen. Man hat dann schwarz auf weiß ein Zeugnis in der Hand, wie die Herrschaften denken und handeln. Dieses „unters Volk" zu bringen, damit es weiß, was ist, wäre eine der wichtigsten Aufgaben des Volksvertreters. Das findet fast nie statt. Ich erkannte es als eine meiner Hauptaufgaben, diese Papiere, so oft es ging, zu verteilen. Da ich freiwillig jedes Jahr Rechenschaft abgelegt habe, wussten alle Grünen in Bayern Bescheid über die Arbeit ihres Vertreters.

Bonn den 31.3.88

Rechenschaftsbericht Hias Kreuzeder

1987 → 98 Veranstaltungen bei KVs und OVs
1988 bisher 28 Veranstaltungen bei KVs + OVs
außerdem 3 Schreiben an die Basis
1. Brief an die Basis, Aufforderungs zu Aktivitäten
2. Dekzettel oder Denkschrift, wie Ihr wollt.
3. Die notwendige Utopie

Arbeit im Bundestag (Grüne Agrarpolitik)

4 Reden im Plenum
9 kleine Anfragen
3 mündliche Fragen
5 schriftliche Fragen
8 Anträge im Bundestag
ca. 12 Anträge im Agrarausschuß
16 Presseerklärungen
6 Pressekonferenzen

Bleibt auf dem Lande und wehret Euch täglich

Bleibt auf dem Lande und wehret Euch täglich

2 Reisen (Sizilien, Irland) 4 abgesagt
2 parl. Empfänge über 100 abgesagt und
5 Musteranträge für grüne Vertreter/innen in den Kommunen (Gribs)

Zu guter Letzt ca 10 Spiele bei der Bundestags=fußballmannschaft, beim letzten Spiel Knie ruiniert, 4 Wochen Krankenhaus, 10 Wochen Gibs.
Den Rest des Jahres zu Hause gearbeitet, kein Urlaub.

Herzliche Grüße
Hias

Rechenschaftsbericht - mit diesem handschriftlichen Dokument legte ich nach einem Jahr im Bundestag bei allen Grünen-Kreisverbänden der Bundesrepublik und bei allen Grünen im Land Rechenschaft ab. Die Information für alle Bürger war für mich die wichtigste Aufgabe, denn: Demokratie heißt Volksherrschaft.

Das hier abgedruckte Blatt ging an alle Grünen der Republik, außerdem haben wir eine sogenannte „Agrarinfo" kreiert, meist um die hundert Seiten stark, in einer Auflage von sechshundert Stück, und diese alle paar Monate an die Kreis- und Ortsverbände verschickt. Die „Agrarinfo" beinhaltete unsere sämtlichen Aktivitäten im Bereich Landwirtschaft und Natur, insbesondere unsere Reden im Bundestag, Anfragen, Anträge und so weiter. Damit war die Basis in der Lage, vor Ort den Damen und Herren der anderen Parteien einschließlich des Bauernverbands auf die Füße zu treten. Sie hatte die Unterlagen, die andere nicht hatten, um sich wehren zu können.
Wie sagte Jakob von Uesküll, der Begründer des alternativen Nobelpreises, in einem Interview: „Kein General, kein Bischof, kein Kanzler, Minister oder Abgeordneter wird dir helfen, etwas zu verändern, nur du selbst." Diese Einstellung, sich selbst helfen zu wollen, zu unterstützen, wäre die vornehmste Aufgabe eines Vertreters des Volks. Das habe ich vier Jahre lang versucht als aufmüpfiger Zwerg unter Riesen, der der Bevölkerung und Gesellschaft Argumente, Fakten und Informationen liefert, die die notwendigen Veränderungen, auch bei sich selbst, erleichtern.

Diese Aufmüpfigkeit kann einen auch teuer zu stehen kommen. Es war damals die Zeit der „Volkszählung", die Regierung zählte ihre Untertanen, aber nicht bloß die Zahl. Sie wollte auch wissen, wie viele Klos im Haus waren. Ich habe damals sieben angegeben, vier Bäder und „a Speis´", wie man bei uns sagt, in Hannover wahrscheinlich „Lebensmittelvorratsraum". Aber nicht mal bayerische Beamte beherrschen ihre Muttersprache. Ich wurde abgemahnt, das Wort „Speis´" zu erklären, und aufgefordert, denselben Fragebogen noch einmal auszufüllen, diesmal jedoch richtig. Denn dass ein 1857 errichtetes Bauernhaus – auch das glaubten sie zu wissen – keine sieben Toiletten und vier Badezimmer hat, ist sogar unseren gesetzestreuen Kontrolleuren aufgefallen.

Aufgeben gilt nicht, dachten wir, und überlegten, wie wir als Abgeordnete gegen die Volkszählung vorgehen könnten. Wir besorgten uns ein Transparent, etwa sechs oder sieben Meter lang und gut einen Meter breit, und spannten es innerhalb der Bannmeile auf, direkt am Parlament. In diesem Bereich ist jede Art politischer Agitation strengstens verboten und wird als Ordnungswidrigkeit bestraft. Und so kam es. Nicht etwa, dass ich ein Bußgeld zahlen musste, nein, es gab eine richtige Gerichtsverhandlung am Bonner Landgericht. Die bekannte Fernsehserie „Königlich bayerisches Amtsgericht" diente ihr scheinbar als Vorlage. Mein Kollege Thomas Ebermann fragte zuerst den

Richter, ob der denn den Volkszählungsbogen schon richtig ausgefüllt habe, sonst würde er ihn, den Richter, wegen Befangenheit ablehnen. Ebermann erhielt seine Strafe, die Höhe weiß ich nicht mehr genau, so um die viertausend Mark. Dann war Erika Trenz an der Reihe. Sie lachte die ganze Zeit, manchmal sogar laut. Sie hatte eine Tochter. Die wurde beim Urteil berücksichtigt, vierhundert Mark weniger. Jetzt war ich dran. Natürlich habe ich die „Tat" zugegeben, ich war ja stolz darauf. Vor der Urteilsverkündung wurde ich nach den Kindern gefragt. Ich hatte drei – und ob ich noch etwas sagen wolle. Natürlich wollte ich, und jetzt wurde es richtig lustig: Keine drei Wochen zuvor hatten Fernfahrer bei einer unangemeldeten Protestaktion die Brennerautobahn blockiert. Der bayerische Ministerpräsident Strauß fuhr hin und spendierte den Blockierern Freibier. Laut Gesetz war die Blockade ebenfalls eine Ordnungswidrigkeit. Diese Geschichte erzählte ich dem Richter mit dem Zusatz, „dass ich mich schon auf mein Freibier freue". Wie viele Mass ich wohl bekäme?
Freibier war keins drin für mich, sondern eine Geldstrafe. Minus drei Kinder je vierhundert Mark ... die Höhe weiß ich nicht mehr genau, so um die dreitausend Mark musste ich zahlen.

Schwerpunkt meiner Arbeit im Parlament war nicht der Widerstand gegen die Volkszählung. Der passierte ganz nebenbei. Es war das Eintreten gegen eine unglaublich brutale Politik, die sich gegen die bäuerlichen Familienbetriebe richtete, nicht etwa gegen die Großbauern mit hunderten Hektar und mehr oder gegen den sogenannten Landadel. Den gibt es immer noch. Nein, im Fokus der bundesdeutschen Agrarpolitik stand die absolute Mehrheit der Höfe mit einer Durchschnittsgröße von unter 25 Hektar. Gegen diese wandte sich die Politik und tut das bis heute.
Auf dem CSU-Parteitag am 19. und 20. Oktober 1984 zur „Kursbestimmung" sagte der bundesdeutsche Landwirtschaftsminister Ignaz Kiechle, CSU, bei einem Grundsatzreferat: „Aber unsere Richtung sollte zumindest deutlich werden. Durch eine gezielte, vernünftige, reformierte EG-Agrarpolitik werden wir wieder Luft bekommen für preispolitische Spielräume. Allerdings nicht so viel, dass wir unsere kleinen Bauern tatsächlich längerfristig über die Runden bringen können."

Endlich mal Klartext und nicht gelogen! Dieser Satz steht auch für das Arbeitsfeld, das ich zu „beackern" hatte: die Milchkontingentierung, die Flächenstilllegung und – Sie lesen richtig – „das Gesetz zur Förderung der Einstellung der landwirtschaftlichen Erwerbstätigkeit". Ein anderes Gesetz beinhaltete die

Erhöhung der Tierbestände pro Betrieb und Hektar und führte unweigerlich zur Umweltzerstörung. Solchermaßen waren die Werkzeuge der Bundesregierung, um den kleinen Höfen den Garaus zu machen.
Damals wurden sehenden Auges die Weichen gestellt für die Katastrophe, die uns heute ereilt, für die Zerstörung der Artenvielfalt, die Unfruchtbarmachung des Bodens, den „stillen Frühling" und das Verhungern der Bienen während der Vegetationsperiode, das Verschwinden des Lebensmittelhandwerks und der kleinen Strukturen auf dem Land.

Das alles sind keine „Kollateralschäden", sondern die beabsichtigten Folgen einer Politik der Zentralisierung, der Förderung der Großen. Irgendein „Genie" auf Seiten der Regierungsparteien oder des Bauernverbands hat für diese „Entwicklung" die passende Bezeichnung gefunden: „natürlicher Strukturwandel". Das zeigt, welche Macht die Sprache hat. Dieser Ausdruck verschleiert, dass die Entwicklung, die wir gegenwärtig erleben, nicht natürlich ist, sondern gemacht. Diese Bezeichnung vermittelt vielmehr den nachhaltigen Eindruck, dass hier eine höhere Kraft waltet, ein Naturgesetz, das sich unausweichlich nach und nach entfaltet. In Wirklichkeit handelt es sich um die Zerstörung unserer Lebensgrundlagen, die mit Mühe, Aufwand und durch beständige Manipulationen des gesamten Volks herbeigeführt wurde, aus Gründen des Gruppenegoismus.

Wir alle – Tiere, Pflanzen, Menschen - leiden unter diesem „natürlichen Strukturwandel", doch wir nehmen ihn hin, wie wir die Phänomene des Wetters hinnehmen: als etwas Unausweichliches. Und es regt sich kein Widerstand. Denn welcher Narr würde Widerstand leisten gegen Entwicklungen, die „natürlich" und deshalb unvermeidlich sind? Nachfolgende Generationen werden uns verfluchen. Und fragen: Wie konntet ihr zulassen, dass uns, euren Nachkommen, die Lebensgrundlagen zerstört wurden? Für mich geht es um nichts weniger als das Überleben selbst. Wie ich die Entwicklung sehe, möchte ich in einem kleinen Exkurs zum Thema Boden darlegen.

Kleiner Exkurs: Die Apokalypse ist am Horizont bereits sichtbar

Die Grundlagen des Lebens sind Wasser, Luft und Boden. Dies betrifft die Menschen im besonderen Maß, und jeder Erstklässler wird uns sagen können, was passiert, wenn wir damit fortfahren, diese Grundlagen zu zerstören. Die Apokalypse ist am Horizont sichtbar.

Insbesondere das Element Boden ist für uns von höchster Bedeutung. Auf betonierten Flächen wächst keine Eiche, die täglich für tausend Menschen die Luft reinigt, auch nicht, wenn auf diesem Beton eine Fabrik steht, die Frischluftsprays herstellt. Auf versiegelten Arealen bildet sich kein Trinkwasser. Niederschläge erreichen von dort unser Grundwasser nicht mehr, höchstens als kontaminierte Brühe. Kein Baggerfahrer denkt beim Bau einer Straße daran, dass es in seiner Baggerschaufel voll Erde vor Leben nur so wimmelt, vor winzigen Organismen, die unentwegt für die Grundlagen unseres eigenen Lebens sorgen.

Der Boden ist für eine Industriegesellschaft wie die unsere zum Spekulationsobjekt verkommen und wird mit einer Arroganz und Unwissenheit behandelt, die für mich auf einen Bildungsnotstand größten Ausmaßes hindeutet. Verursacher des Bodenfraßes sind drei Gruppen: die Normalbürger, die Politiker und die Bauern selbst.

I. Die Normalbürger

In meiner heimatlichen Kleinstadt gab es Ende der 60er-, Anfang der 70er-Jahre des letzten Jahrhunderts keinen Kleingarten, in dem nicht alle denkbaren Arten von Gemüse und Obst gehegt, gepflegt und geerntet wurden. Viele Bewohner aus dem Ort kamen damals auf meinen Hof und baten nach ein wenig Dünger in Form von Schweine-, Kuh- oder Hühnermist.
Ab den frühen 80er-Jahren wurden die Hausgärten nach und nach in Rasenflächen umgewandelt.

Bald dröhnten überall Rasenmäher und machten die Ruhe und Vielfalt in den Siedlungen und ihren Gärten kaputt. Gemüse und Obst gab es jetzt in einem Supermarkt, der am Stadtrand auf einem ehemaligen Getreidefeld errichtet worden war. Die Stadt breitete sich aus, die Getreidefelder wichen. Und mit dem heimischen Getreide verschwanden nach und nach auch die Müller und Bäcker aus unserer Region. Den Dünger für die englischen Rasen gibt es heute im Gartencenter, natürlich chemischen, abgepackt in Plastiksäcke. In den 90er-Jahren – immer weniger Bürger waren mittlerweile aufgrund ihres Bewegungsmangels und ihrer unausgewogenen Ernährung und der daraus resultierenden Fettleibigkeit in der Lage, ihre Rasenmäher selbst zu schieben – hielt der selbstfahrende Mähtraktor Einzug. Die Rasenmäherindustrie verdiente Millionen, und die paar Quadratmeter Boden für den Unterstellraum des Mähers fielen auch nicht mehr ins Gewicht. Die neueste Errungenschaft ist der Mähroboter. Er schlägt alles bisher Dagewesene, ein Vorzeigeobjekt, was unsere Industriegesellschaft so alles auf die Beine stellt.

So weit, so schlecht, was den Anteil der „Normalbürger" beim Verbrauch und Missbrauch des wertvollen und nicht vermehrbaren Guts Boden betrifft. Sie spielen dabei eine eher untergeordnete Rolle. Im bundesweiten Maßstab betrachtet, ist jedoch auch der Normalbürger für das Verschwinden einer riesigen Fläche fruchtbaren Bodens verantwortlich, ohne dass ihn irgendjemand dazu gezwungen hätte.

II. Die Politiker

Zumindest die Große Mehrheit dieser Bürgervertreter, reagiert geradezu euphorisch, wenn es gelingt, ein neues Gewerbegebiet zu schaffen. Niemand, wirklich niemand, verliert ein Wort darüber, dass zuvor ein anderes Gewerbe zerstört worden ist: das der Bäuerin und des Bauern, das der Handwerker, die zusammen mit ihren in der Regel kleinen landwirtschaftlichen Betrieben verschwinden.

In der Bayerischen Verfassung heißt es:
„Der Aufstieg tüchtiger Kräfte aus nichtselbständiger Arbeit zu selbständigen Existenzen ist zu fördern." Man könnte meinen, wir werden von lauter Verfassungsbrechern regiert. Die Folgen dieses Bauernsterbens, dessen Ursache nicht zuletzt der gigantische Landverbrauch unserer Industriegesellschaft ist, sind in meiner Gemeinde deutlich sichtbar: Ehemals selbständige Bauern füllen heute nachts bei einer multinationalen Supermarktkette die Regale auf und können froh sein, wenn sie dabei auf den Mindestlohn kommen.
Dieser für mich augenscheinliche Zusammenhang wird von unseren Kommunalpolitikern noch nicht einmal angedacht. Das Thema wird vermutlich erst dann aktuell, wenn es zu spät ist und eines Tages die Regale dieser Supermärkte leer bleiben – und das in einem der fruchtbarsten Länder der Erde.

Demonstration von 30.000 Menschen in Dublin gegen den Beitritt Irlands zur einheitlichen europäischen Akte, die es ermöglicht hätte, dass Truppen und Atomwaffen anderer Staaten, sprich der USA, auf der Insel stationiert werden. Die irischen Veranstalter stellten mich an die Spitze der Bewegung mit dem Schild „Glaube nie einem Politiker“.

III. Die Bauern

1950 gab es zwei Millionen bäuerliche Betriebe in Deutschland. Davon sind heute nicht einmal 300.000 übrig. Dieser Rest wird von Menschen bewirtschaftet, die zu Sklaven der Zulieferer und Abnehmer verkommen sind. Das Schlimmste ist jedoch, dass viele von ihnen das über Jahrhunderte angesammelte Wissen ihrer Vorfahren über Bodenbehandlung, Bodenbearbeitung und Bodenaufbau ignorieren oder einfach vergessen haben. Bundesweit ein „Klassiker“ ist es für sie, bei feuchtem Wetter mit riesigen Fässern Gülle auszubringen. Jeder frühere Bauer würde sich im Grab umdrehen bei solchen Todsünden. Könnte der Boden schreien, unser Gehör würde das nicht aushalten.

Die sogenannte Bodenbewirtschaftung in unserer agrarindustriellen Praxis ist heute in Wirklichkeit eine Bodenzerstörung, die jedoch über einen längeren Zeitraum, also schleichend, stattfindet. Das Ergebnis wird ähnlich sein wie beim Bau einer Autobahn: nämlich eine Steppe! Agrarsteppe oder Asphaltsteppe: Was die Fruchtbarkeit der Erde betrifft, macht das fast keinen Unterschied. Die Umstände, durch welche die Bauern so weit gebracht wurden, dass

sie ihren Boden nur noch als mechanisch zu bearbeitende Produktionsfläche betrachten, sind vielfältig. Die Ausbildung der bäuerlichen Jugend ist in dieser Hinsicht eine Katastrophe.
Seit Jahrzehnten trichtert man ihr ein Credo ein, das mit der Wirklichkeit des Bodens nichts zu tun hat: „Wachse oder weiche."
Das Wachstum hat in der heutigen Landwirtschaft viel mit Intensivierung zu tun. Und eine solche ist nur möglich auf Kosten der Artenvielfalt und der Mikroorganismen, die im Boden für dessen Fruchtbarkeit zuständig sind. Die Tötungsmaschinerie dafür liefert die Chemieindustrie in Form von Pestiziden und Kunstdüngern. Monokulturen, die Erosion der oberen fruchtbaren Bodenschicht, verdichtete wasserundurchlässige Böden und das Aussterben tausender Pflanzen- und Tierarten sind das Ergebnis dieses Wahnsinns. Ein weiteres Ergebnis: Mitten in der Vegetationsperiode sterben unsere Bienen den Hungertod.

Wo dieser Weg endet, kann man bereits heute im größten Agrarland der Erde, in Russland, „besichtigen". Zum Beispiel am Aralsee. Dort wurde für eine intensive Baumwollproduktion viele Jahrzehnte das Grundwasser verbraucht, und es wurden chemische Dünger und Pestizide im Übermaß eingesetzt, bis der Boden versalzte. Das Ergebnis waren Versteppung und Winderosion der früher fruchtbaren Böden. Auch sonst sind heute in Russland, zum Beispiel im Gebiet zwischen Don und Wolga, aufgrund kapitaler Fehler in der Landwirtschaft viele Flächen, einige davon größer als Oberbayern, in jeder Beziehung tot, und die Dörfer dort sind menschenleer. Dieses einst von durchgedrehten Sowjetkadern verursachte Schreckgespenst ist ein durchaus denkbares Zukunftsszenario auch in Deutschland, wenn wir nicht schleunigst umsteuern. Es hat bereits begonnen!

Fazit: Diese drei Gruppen – die Normalbürger, ihre politischen Vertreter und die Bauern selbst – sind die Ursache der Bodengefräßigkeit unserer Gesellschaft und der Zerstörung fruchtbarer Böden. Bildung und Ausbildung im Sinne dieses elementaren Themas sind gar nicht mehr vorhanden, und ein Ende dieser Fehlentwicklung ist leider nicht in Sicht. Erst wenn der Baggerfahrer sich weigert, mit einer Schaufel Erde Milliarden von Lebewesen zu vernichten, wird sich etwas ändern.

Die Lebensgrundlage Boden zeigt uns also, dass wir alle gefordert sind, nicht nur die Abgeordneten in unserem Parlament, von denen ich mir schon lange nichts mehr erwarte.

6. März 2018. Seit zwei Wochen habe ich nichts mehr geschrieben. Alles in mir sträubt sich, noch einmal einzutauchen in die Zeit im Parlament, in der so viel zerstört worden ist für die Bauernfamilien in unserem Land. Im Nachhinein betrachtet sehe ich, dass es in Wirklichkeit noch deprimierender war, als ich es schon damals empfand. Und auch ein Baggerführer mit einem Sinn für den Boden ist weit und breit nicht zu sehen.

14. März, nachmittags. Beerdigung von Ludwig Unterreiner sen. Er war der Vater meines Bäckers gleichen Namens. Seltsam, dass eine Beerdigung einen animieren kann, wieder zu schreiben, doch sie war Anstoß für diese Zeilen. Ludwig Unterreiner, Lugg gerufen, starb im neunzigsten Lebensjahr. Er war das vierzehnte von siebzehn Geschwistern. Seine Eltern hatten einen kleinen Hof mit zehn Tagwerk, der sie alle ernähren musste. Über etliche Jahre hinweg habe ich den Lugg regelmäßig im Bäckerladen seines Sohns getroffen, wo er nach getaner Arbeit in der Ecke saß, sich mit den Leuten unterhielt und seine wohlverdiente Halbe trank. Noch mit neunundachtzig Jahren half er seinem Buben in der Bäckerei, die Zwetschgen für den Zwetschgendatschi zu entkernen. Fast wöchentlich sah ich ihn, wenn ich Brot kaufte von meinem eigenen Getreide – welch ein Privileg. Seit mehr als zwanzig Jahren sind wir als Bauer und Bäcker Partner. Da saß die Weisheit von fast neunzig Lebensjahren in der Ecke, und fast immer haben wir uns unterhalten, der Lugg und ich.

Es ist mir eine Freude, Menschen zu treffen, mich mit ihnen zu unterhalten, Menschen, die wenig reden, aber viel sagen, aus denen die Weisheit ihres langen Bauernlebens spricht. Leider wieder einer weniger seit heute, 14. März 2018. Dabei bräuchte unsere Gesellschaft gerade jetzt Menschen wie den Lugg, denn „wenn ich nicht weiß, wo ich herkomme, weiß ich auch nicht, wo ich hin will". Das Mobiltelefon wird es mir nicht sagen. Die meisten Alten werden in Altersheime abgeschoben, ihr Wissen, ihre Lebenserfahrung, die wir so nötig hätten, verschwinden eines Tages mit ihnen im Sarg.

21. März 2018. Heute ging durch alle Medien eine fast sensationelle Meldung, überraschend in vielerlei Hinsicht. Die Abgeordnete des bayerischen Landtags Michaela Kaniber aus dem Stimmkreis Traunstein/Berchtesgadener Land wurde vom neuen bayerischen Ministerpräsidenten Markus Söder zur bayerischen Landwirtschaftsministerin ernannt, eine junge Frau, die dem Landtag erst vier Jahre angehört.
Ihre Eltern sind einst aus Kroatien nach Bayern eingewandert, mit dem Allernötigsten, in zwei Plastiktüten verpackt, mehr haben sie nicht in ihre neue

Heimat mitgebracht. Sie werden sich für ihre Tochter freuen. Meine Freude hält sich in Grenzen, doch sollte man Optimist sein.
„Neue Besen kehren gut“, heißt es. Vielleicht kommt bei der Michaela schnellstmöglich die Erkenntnis zum Tragen, dass nicht der Wolf das große Problem der bayerischen Bauern ist, sondern die Partei, der sie angehört, die CSU, die es in weniger als fünfzig Jahren geschafft hat, achtzig Prozent der bayerischen Bauernfamilien zu ruinieren, eine fast einmalige Leistung in Europa. Man darf gespannt sein, ob diese Partei die russischen Verhältnisse herstellt: Hundert Prozent der Bauern nicht mehr vorhanden.

Meine politische Erfahrung war eine andere.
Die Tragödie des bäuerlichen Familienbetriebs in Deutschland ist nicht begreifbar, man kann es nicht verstehen. Unsere Kinder und Enkel werden eines Tages gezwungenermaßen die richtigen und wichtigen Fragen stellen, wie es so weit kommen konnte. Dann wird es zu spät sein: „Wie war es möglich, dass kein Hahn gekräht hat um sechs Millionen Arbeitsplätze in Landwirtschaft und Handwerk?“ „Wie war es möglich, dass sich alle möglichen Volksvertreter gleichzeitig mit aller Kraft dafür eingesetzt haben, dass die etwa einhunderttausend Arbeitsplätze bei Heckler und Koch, Rheinmetall oder Kraus-Maffei um fast jeden Preis zu erhalten seien, Arbeitsplätze, die direkt oder indirekt jedes Jahr hunderttausenden Menschen das Leben kosten?“

Wer Waffen produziert, produziert den Tod. Wer Essen produziert und veredelt, produziert Leben. Basta. So ist es und nicht anders. Wie formulierte es Friedrich der Große, der „Alte Fritz“: „Wenn ein Mann es fertigbringt, dass dort, wo dieses Jahr drei Halme wachsen, im nächsten Jahr aber sechs, ist diese Arbeit mehr wert, als der größte Sieg eines Feldherrn.“
Die erste Amtshandlung des bayerischen Ministerpräsidenten Dr. Wilhelm Hoegner im Herbst 1945 war die Frage, ob die Ernährung der Bevölkerung gesichert ist, was ihm trotz 1,9 Millionen Flüchtlingen im Land bestätigt wurde. Das Erzeugen der Lebensgrundlage Nahrung war über Jahrhunderte das zentrale Thema aller Länder und ist es noch heute. Doch jeder der „oberen Zehntausend“ behauptet inzwischen, der Leitfaden unseres Daseins seien die Autoindustrie und die Digitalisierung aller Lebensbereiche. In Bayern jubiliert man geradezu mit dem Spruch „Laptop und Lederhose“. Man will weg vom Agrarland hin zum siebtgrößten Industriestaat der Erde.

Es ist zu erwarten, dass die bayerischen Trachtengauverbände eines Tages den Beschluss fassen, dass in Zukunft an jeder Lederhose, ob kurz oder lang, eine

statt dem „Hosenbeike“ (Hosentürl) angebrachte Tasche für das Handy als zur traditionellen Tracht gehörend erklärt wird. In denselben Genuss könnte eine Umhängetasche aus Fuchsleder kommen, in der man sein Laptop verstauen kann, da der Fuchs seit dem Mittelalter als Symbol für Schlauheit gilt.
Auch im deutschen Bundestag war, während der vier Jahre, die ich ihm angehörte, bei den meisten Parteien der Aberglaube fest verankert, Industrie und Zentralisierung seien alles, während Landwirtschaft, Bauern und Natur Nebensächlichkeiten seien, die man dann auch so behandelt. Die einschneidendsten Beschlüsse, Gesetze und Verordnungen will ich hier in Kurzform beschreiben. Alle verfolgen dasselbe Ziel: die kleinbäuerlichen Strukturen zugunsten von Großbetrieben und Agrarindustrie zu zerstören, zum Nutzen von Chemie- und Handelskonzernen.

Zum Ersten wäre da das „Gesetz zur Förderung der Einstellung der landwirtschaftlichen Erwerbstätigkeit“ zu nennen. Die Überschrift allein hat dazu geführt – und das ist kein Witz – dass ich eines Abends im Büro saß und ernsthaft überlegt habe: „Bin ich der Idiot oder sind es die anderen?“ Kein Landes- oder Bundesgesetz hat jemals ein solches Ansinnen gedeckt, im Gegenteil. In Verbindung mit einer sogenannten Vorruhestandsreglung, also Frührente, die nur in Kraft tritt, wenn man den Hof aufgibt, sah der damalige Staatssekretär im Landwirtschaftsministerium, Dr. Wolfgang von Geldern, am 6. April 1987 in seiner Antwort auf meine schriftliche Frage das Vorhaben folgendermaßen: „Die Bundesregierung misst dem Vorruhestand mit der Flächen- und Produktionsstillegung ganzer Betriebe im Hinblick auf eine Marktentlastung besondere Bedeutung bei.“

Dass der Markt für Milch und Fleisch stark „belastet“ war, lag aber nicht daran, dass es zu viele Bauern gab; die Ursachen waren ganz andere. Im Jahr 1986 beliefen sich die Agrareinfuhren der Bundesrepublik Deutschland aus Ländern der Dritten Welt auf einen Wert von 13,5 Milliarden Mark. Geht man von den durchschnittlichen Erträgen weltweit aus, ergibt sich eine für die Produktion dieser Importe nötige Anbaufläche von 30 Millionen Hektar. Das entspricht der landwirtschaftlich genutzten Fläche von Frankreich, 31,5 Millionen Hektar, deren Ertrag in den Futtertrögen der EG landete.
Die Rückstände in Form von Kot und Urin wurden nicht zurückgeschickt, sie haben einen maßgeblichen Anteil an der Belastung unseres Trinkwassers, unserer Böden, der Natur insgesamt. Gleichzeitig führte der verstärkte Sojaanbau im großen Maßstab zum Beispiel in Brasilien dazu, dass zigtausende Bauern dort ihr Hab und Gut verloren.

Die Folge waren Nahrungsmittelknappheit und Hunger in großen Teilen dieses Landes. Mehr noch: Selbst aus den ärmsten Ländern wurden Nahrungsmittel nach Deutschland importiert, aus Somalia zum Beispiel in einem Jahr zwanzigtausend Tonnen Soja, obwohl dort die Menschen verhungerten. So entstanden die Überschüsse bei uns, die sinkenden Preise für landwirtschaftliche Produkte und die Verschuldung der Landwirtschaft insgesamt.
75 Prozent der Betriebe konnten keine Rücklagen mehr bilden, 46 Prozent der Vollerwerbsbetriebe erwirtschafteten ein Einkommen unter dem Sozialhilfesatz. Die Gesamtverschuldung der Bauern in Deutschland erreichte die 50-Milliarden-Marke. Die durchschnittliche Verschuldung pro Hektar betrug 4500 Mark, bei zehn Prozent der Vollerwerbsbetriebe über 10.000 Mark pro Hektar. Allein im Jahr 1986 haben fast 15.000 Höfe aufgehört, von denen viele seit Jahrhunderten bestanden hatten.
Erstaunlich ist das keineswegs, wenn man den maßgeblichen Akteuren dieser abartigen Politik genau zuhört. Da sagt der parlamentarische Staatssekretär Georg Gallus: „Es kann nicht mehr jeder Bauer bleiben, der Bauer bleiben will.“ Sein Kollege Dr. Wolfgang von Geldern, ebenfalls Staatssekretär im Landwirtschaftsministerium, sagt eiskalt öffentlich: „Fünfzehn Hektar sind in Zukunft für eine Familie keine Existenz mehr.“
Wir Bauernfamilien in Bayern oder Baden-Württemberg hatten damals diese Durchschnittsgröße noch gar nicht erreicht! Den Mund besonders voll nahm der ehemalige FDP-Vorsitzende, ehemalige Wirtschaftsminister und später rechtskräftig verurteilte Straftäter Otto Graf Lambsdorff: Er habe es statt, die faulen Bauern zu unterstützen.

Der Anführer dieser Leute zur damaligen Zeit, Agrarminister Ignaz Kiechle selbst, hat den Vogel abgeschossen. Er behauptete Folgendes: „Die Milchkontingentierung wird eingeführt, um den Überschuss dort zu reduzieren, wo er produziert wird.“ Das Ergebnis: 50.000 meist kleine Milchviehbauern haben aufgehört, weil nach dem Abzug eines Teils der hofeigenen Liefermenge die Milchproduktion zum Überleben nicht mehr reichte. Über eine zusätzliche Regelung jedoch, die sogenannte „Härtefallregelung“ für Betriebe, die vor einem bestimmten Stichtag neue, oft größere Ställe gebaut oder auch nur rechtzeitig die Planung dazu bei den Behörden eingereicht hatten, wurde die Liefermenge nicht reduziert, sondern erhöht. Das führte dazu, dass nach der Kontingentierung mehr Milch erzeugt wurde als vorher, bundesweit. Wie sagte Kiechle doch: der Überschuss wird dort reduziert, wo er produziert wird. „Wer´s glaubt, wird selig, wer´s nicht glaubt, kommt auch in den Himmel“, sagt man bei uns. Also ist ein Platz für mich im Himmel reserviert.

An einem Beispiel kann ich meinen „Unglauben" verdeutlichen: Ein alter Bauer aus meinem Landkreis, im Berggebiet des Berchtesgadener Lands, hatte seit jeher nur eine einzige Kuh, weil die Steilhänge, die ihm gehörten, nur mit der Sense und dem Rechen zu ernten waren und weder Nachbarn noch Maschinenring ihm unter die Arme greifen wollten. Er hatte 700 Liter Kontingent pro Jahr und hat im Milchwirtschaftsjahr 1984/85 siebenhundertvierundfünfzig Liter zu viel geliefert. Dafür wurde er bestraft, mit Absicht. Genau auf solche Kleinstbetriebe hatte es der Staat abgesehen.
Die Kleinen hängt man, die Großen lässt man nicht bloß laufen, man hofiert sie sogar, auch in der Sozialpolitik für die Landwirtschaft. Ein Zehn-Hektarbetrieb hatte damals pro Hektar vierhundert DM Belastung, der Einhundert-Hektarbetrieb nur neunzig DM. Gelder der EG wurden ebenso gehandhabt in Bayern. Auch hier ein Beispiel für viele: Man hat 2,3 Millionen Mark EG-Gelder zur „Förderung der bäuerlichen Struktur" verteilt. Zwei Millionen Mark davon bekam das Pfanni-Werk zur Einlagerung von Kartoffelpüree. Der Rest, 300.000 DM, blieb für die Bauernfamilien übrig.
Das war unsere Realpolitik.

Ein weiterer Schwerpunkt lag auf der Flächenstilllegung zur Reduzierung der Überschüsse. Natürlich war nicht daran gedacht, die guten Böden stillzulegen, nicht mal zeitweise als Brache. Natürlich wurde kein Gedanke darauf verwendet, die Futtermittelimporte aus aller Welt zu beenden, die einen gewichtigen Anteil daran hatten, dass im Bereich von Getreide, Milch und Fleisch Überschüsse entstanden. Schon gar nicht in Frage kam, die 30.000 Tonnen Gift in Frage zu stellen, die damals jährlich auf uns niederregneten in Form von Pestiziden. Es gab 300 zugelassene Wirkstoffe, die in etwa 1800 verschiedenen Mischungen in den Handel kamen, durchschnittlich 2,6 Kilogramm pro Hektar. Das alles geschah natürlich nicht zur Überschussreduzierung, sondern zur Ertragssteigerung. Diese schlechte Praxis zu beenden – das ging natürlich überhaupt nicht!

Das Gegenteil trat ein. Auf den guten, nicht stillgelegten Äckern wurde der Einsatz von neuen Spritzmitteln empfohlen, zum Beispiel von Halmverkürzern zur weiteren Ertragssteigerung. Ebenso erhöhte sich der Verbrauch chemischer Dünger. Das Paradebeispiel USA wurde vollkommen ignoriert. Dort wurde eine Fläche, annähernd so groß wie die alte Bundesrepublik, stillgelegt, um die Überschüsse zu reduzieren. Der Erfolg: Wöchentlich wurden 2000 Farmen versteigert, und der Überschuss stieg.
In Wirklichkeit wurde nie daran gedacht, irgendeine Überproduktion zu stop-

pen, denn an dieser haben einige wenige Konzerne unglaublich viel Geld verdient. Dieser Umstand wurde im Bundestag „streng vertraulich" behandelt. Aber gewusst haben es alle, die solchen Gesetzen und Verordnungen zugestimmt haben. Oder sie hätten es wissen können, wenn sie es nur gewollt hätten.

Ich jedenfalls wollte es und habe mir dafür die Mühe gemacht: Eines Tags ging ich zum Ausschusssekretär des Agrarausschusses und bat ihn um eine Aufstellung aller gelagerten Güter aus der Überschussproduktion. Nachdem er mit dem Ministerium Rücksprache gehalten hatte, händigte er mir die Unterlagen aus mit der Auflage, dass ich sie nur im Büro des Sekretärs lesen und auf keinen Fall kopieren dürfe. Auch Notizen zu machen, war mir nicht erlaubt. Es waren etwa zwanzig Seiten mit Angaben über die Firmen, die eingelagerte Menge und dem Betrag, der pro Tonne und Jahr bezahlt wurde. Jedes einzelne Blatt trug den Stempel „streng vertraulich, nicht für die Öffentlichkeit gedacht". Mir als Vertreter des Volks konnte man die Einsichtnahme zumindest nicht verwehren. Da saß ich nun und überlegte krampfhaft, wie ich mir die Informationen sichern könnte, die diese Papiere enthielten. Da kam mir der Zufall zu Hilfe. Der Sekretär kam aus dem Nebenzimmer, es war Mittagszeit, und fragte, wann ich denn zum Essen gehen würde, er würde jetzt gerne gehen. Ich antwortete, ich würde nur abends essen, er könne mich gerne alleine lassen, ich hätte noch viel zu lesen.

Der Sekretär war kaum weg, da griff ich mir die Papiere und rannte mit ihnen die etwa 200 Meter bis zu meinem Büro und kopierte mir alles. Zurück im Ausschussbüro, spielte ich den Unschuldigen. Klingt fast ein wenig wie eine Szene aus einer Spionagegeschichte. Aber Bürger, die Widerstand leisten wollen, müssen informiert sein. Alle schriftlichen Unterlagen, derer ich in meiner Zeit als Abgeordneter habhaft wurde, habe ich bei mir zu Hause, sonst könnte ich diese Zeilen nicht schreiben. Nur ein einziges Mal habe ich aus Mitleid auf einer Veranstaltung einem Bauern Unterlagen gegeben. Es waren eben jene, von denen ich gerade erzählt habe. Aber eine Zahl ist fest in meiner Erinnerung verhaftet und nicht vergessen: Für die Einlagerung von einer Tonne Fleisch gab es pro Jahr 800 DM. Es entstanden in dieser Zeit riesige Kühlhallen, in denen tausende Tonnen über Jahre gelagert wurden. In einem kurzen Zeitraum waren diese Gebäude abbezahlt und brachten ihren Besitzern Millionengewinne. Der Inhalt selbst, das Fleisch, war zur Spekulationsmasse verkommen. Die Erzeugung der importierten Futtermittel, mit denen in Deutschland der Fleischberg erst produziert werden konnte, hat hunderttausende Hektar Urwald vernichtet, nicht nur in Brasilien.

Anfang der 90er-Jahre – in Russland herrschte Chaos – bot Deutschland seine Hilfe an: Eine Schiffsladung Fleisch sollte ab Hamburg zur Linderung der Not nach Russland geschickt werden. Russische Veterinäre begutachteten in Hamburg die Ladung, und die waren ganz andere Zustände bei Lebensmitteln gewohnt. Sie verweigerten trotzdem die Annahme. Fleisch mit Gefrierbrand, Gammelfleisch, völlig ungenießbare Fleischberge wäre der deutsche Handel auf diese Weise gerne losgeworden. Die Not in Russland war groß, aber die Menschen dort hatten noch ihren Stolz.
Nochmal zurück zur Überschussproduktion bei der Milch. Die Kontingentierung brachte das Gegenteil dessen, was sie vorgeblich erreichen sollte, nämlich weniger Milch – so hat man es zumindest den Bauern gesagt. In Wirklichkeit handelte es sich um eine gezielte Umverteilung von den kleinen Höfen zu den großen Wachstumsbetrieben. Doch kleine Höfe gab es immer noch zu viele, offiziell zumindest. Also schob man eine Verordnung nach, die sogenannte „Milch-Hygieneverordnung". Und hier beginnt der humoristische Teil meines Berichts über vier Jahre im deutschen Bundestag, die mich auch jetzt noch, nach mehr als dreißig Jahren, innerlich dermaßen aufwühlen, dass ich nicht bereit bin, die vielen Anträge, kleinen und großen Anfragen, Reden und Ähnliches weiter niederzuschreiben. Sie würden den Umfang dieses Buchs sprengen. Die Tendenz der Politik in diesen Jahren war klar und eindeutig: Man braucht die bäuerliche Landwirtschaft nicht mehr, und Befürworter derselben wie ich standen dieser Politik nur im Weg.

Kabarettnummer eins

Eines Tages bekamen wir Abgeordneten eine Richtlinie „zur Regelung gesundheitlicher und tierseuchenrechtlicher Fragen im innergemeinschaftlichen Handel mit wärmebehandelter Milch" auf den Tisch. Sie stammte ursprünglich vom EG-Veterinärausschuss und kam als Vorlage des Landwirtschaftsministeriums, damit wir sie in nationales Recht umsetzten.
Es ging im Grunde darum, die Keimzahlen in der Milch zu senken, damit diese möglichst weit transportiert werden konnte und damit außerdem viele Bauern die verlangten Keimzahlen nicht erreichen konnten, sodass sie dann mit Preisabschlägen zu rechnen hatten.
Die durchschnittliche Keimzahl betrug damals in Bayern 450.000 Keime pro Liter Milch. Der neue Grenzwert verlangte 100.000, was wiederum dazu führen würde, dass viele Bauern mit der Milcherzeugung aufgrund des gesun-

kenen Preises aufhören müssten. Das aber ist es nicht, was den Lachmuskel beansprucht. Es sind die weiteren Forderungen dieser Richtlinie, die als „Anforderungen an Erzeugerbetriebe" aufgelistet sind: „In allen Räumen, in denen Milch produziert oder mit Milch umgegangen wird, sind sämtliche Tiere zu entfernen."

Daraufhin haben wir sofort eine „kleine Anfrage" gestellt, was natürlich schriftlich geschieht. Wir hatten folgende Fragen: „Wie soll eine solche Bestimmung in der Praxis verwirklicht werden, wenn Kühe im Stall oder gar auf der Weide gemolken werden (was ja auch Umgang mit Milch bedeutet)? Auf welche Tiere soll sich das Verbot beziehen und schließt es auch Milchkühe ein?" „Wird etwa angestrebt, solch schmutzige, riechende und staubige Lebewesen wie Kühe endgültig aus dem Herstellungsprozess von Milch und Milchprodukten zu verbannen?" „Wenn die Bundesregierung auch, aufgeschreckt von der Öffentlichkeit, entgegen dem Entwurf versichert, dass es kein Verbot für Schwalbennester in den Ställen geben werde, können im Stall dann noch Tiere, die Schädlinge und Ungeziefer fressen, nach dieser neuen Verordnung erlaubt werden, oder ist die Konsequenz, dass statt Schwalben und Katzen Insektizide und Giftköder zum Zug kommen?"

Anzumerken ist noch: Wäre diese von EG-Beamten entworfene Richtlinie Gesetz geworden, dann hätten ihre Verfasser ein Extrahonorar bekommen, obwohl sie auch damals schon etwa das Doppelte eines deutschen Beamten verdienten.

Kabarettnummer zwei

Berlin, Reichstag. Dort findet eine von uns durchgesetzte Anhörung zum Thema „Gift im Grund- und Trinkwasser" statt. Damals führte der Rhein pro Sekunde 190 Milligramm Simazin, 640 Milligramm Atrazin, 43 Milligramm Propazin, 151 Milligramm Terbutylazin, 10 Milligramm Prometryn, 20 Milligramm Cyanizin, 759 Milligramm Metolachlor und 87 Milligramm Metazachlor mit sich. Eine Dokumentation des Bundesverbands der deutschen Gas- und Wasserwirtschaft (BGW) belegt mit Stand vom 24. Februar 1987, dass bis zu diesem Datum in Brunnen, Uferfiltrat, Grund- und Trinkwasser mehr als 50 verschiedene Pestizidwirkstoffe nachzuweisen sind.
Da saßen wir nun, der gesamte Agrarausschuss, umgeben von Wissenschaftlern der Wasserwirtschaft, der Chemieindustrie und natürlich des Bauernverbands. Wie ich als Biobauer argumentiert habe, ist klar: Das große Prob-

lem damals war Atrazin, das Vorläufermittel des heutigen Glyphosats – also ziemlich harte Worte meinerseits. Da meldete sich der Vertreter des Bauernverbands auf einen meiner Beiträge und sagte: „Herr Kreuzeder, alle Stoffe, die auf unserem Planeten vorkommen, kommen aus der Natur, sind schon deswegen natürlich. Somit ist nicht zu verstehen, warum Mineraldünger von ihnen so verteufelt wird."
Darauf meine Wortmeldung: „Herr Huber oder Meier" – wie Sie wollen, den Namen habe ich vergessen – „Herr Huber, wenn Sie einverstanden sind, machen wir einen Versuch. Ich esse einen Esslöffel der Stickstoff sammelnden Knöllchen von der Wurzel der Ackerbohne auf meinem Acker, und Sie essen einen Esslöffel voll Nitrophoska blau, des Stickstoffdüngers der Chemieindustrie, und dann schauen wir, was natürlich ist."
Die etwa einhundert Zuhörer haben herzlich gelacht. „Herr Huber" war bedient. Ganz nebenbei: Ein Vertreter der Chemieindustrie, jener Firma, die Atrazin herstellte, hat sich in seiner Euphorie ein furchtbares Eigentor geschossen. Er erzählte völlig unbedarft, dass sein Unternehmen in Rumänien unter dem Despoten Nicolae Ceaușescu Versuche gemacht, nämlich 100 Liter Atrazin pro Hektar ausgebracht habe, wohlgemerkt Reinsubstanz. Und dass sie keine Rückstände gefunden habe. Diese Aussage wird ihm wohl große Schwierigkeiten bereitet haben.

Kabarettnummer drei

Es war in der Zeit, als die Flächenstilllegung, die sogenannte Brache, verordnet und durchgeführt wurde. Ein Teil der Ackerfläche durfte nicht bewirtschaftet werden, mindestens über ein Jahr.
Ich bekam einen Anruf von Sigrid Engelbrecht aus Bayreuth, einer aktiven Frau bei den Grünen und grüne Bezirksrätin in Oberfranken. Als Mitglied des Bezirksrats war sie berechtigt, einmal im Jahr eine Bezirkseinrichtung mit einem Bus voll interessierten Menschen kostenlos zu besuchen, mit ausführlicher Führung durch die Anlage vom Leiter selbst.
Sigrid Engelbrecht hatte sich für eine staatliche Fischzuchteinrichtung entschieden und bat mich, sie zu begleiten, da sie keine Ahnung habe von dieser Materie. Hatte ich auch nicht, außer meiner Erfahrungen beim Schwarzfischen. Ich sagte zu, und so stiegen wir eines Tages aus dem Bus.

Der Chef der Anlage, ein kleiner, etwas dicklicher Mann, hatte uns schon erwartet und begrüßte uns. Bei der Führung erwies sich dieser Chef als ein mit Vorurteilen behafteter höherer Beamter. Den Verdacht hatten wir bereits, als wir uns den ersten Teich anschauten. Wir waren etwa 40 Leute, davon nur drei Männer. Sigrid war eine engagierte Frauenrechtlerin und hatte Gleichgesinnte mitgebracht. Der Leiter begann mit seinen Erläuterungen zur Fischart, die dort schwamm, und das klang so: „Dort links am Rand ein Männchen, groß und schön mit herrlicher Farbgebung. Direkt vor sich sehen Sie, etwa zwei Meter vom Ufer, diese unscheinbaren grauen, viel kleineren und eben unscheinbaren Exemplare. Das sind die Weibchen, es ist fast wie bei uns Menschen."

Mir war schnell klar: Dieser Mann war ein Macho, wie er im Buche steht. Arrogant und dumm, schlug er sprachlich auf die anwesenden Frauen ein, die allmählich innerlich kochten, sich aber zurückhielten. Nach etwa einer Stunde, am letzten Weiher, ließ er wieder einen seiner Sprüche los, mit der abschließenden Frage, die etwa so klang: „Viel werden Sie vermutlich nicht verstanden haben, aber sollte noch jemand eine Frage haben, dann fragen Sie bitte."

Ich stellte mich ganz schüchtern und hob vorsichtig die Hand, ging in der Gruppe nach vorn und begann zu fragen:
„Herr Fischzuchtleiter, ich habe heute in der Süddeutschen Zeitung gelesen, dass in Niedersachsen und Holstein, nachdem die Regierung dort die sogenannte Brache eingeführt hat, um den Überschuss in der Landwirtschaft zu vermindern, auf den brachliegenden Feldern die Population der Brachmücke extrem zugenommen hat.

Diese unterscheidet sich von gewöhnlichen Fluginsekten durch ihre hohe Giftigkeit. Und es ist ja bekannt, dass Fische nach Insekten schnappen. Nun hat man festgestellt, dass eine einzige, etwa 2,5 Zentimeter große Brachmücke, wenn sie gefressen wird, schon nach kurzer Zeit zum Tod des Fisches führt. In den beiden Bundesländern werden bereits feinmaschige Netze über die Fischteiche gespannt. Deshalb würde ich gerne wissen, ob Sie auch schon Probleme mit dieser Mücke haben."

Der Mann war plötzlich völlig verschreckt und brachte nur noch den Satz über die Lippen: „Die Führung ist jetzt beendet. Ich muss sofort mit dem Ministerium telefonieren." Wir gingen, stiegen in den Bus, und die anderen fragten sofort: „Ist es wirklich so schlimm mit der Brachmücke?" Ich sagte ihnen, dass es diese Mücke überhaupt nicht gibt. Welch ein Spaß und welch schöne Erinnerung!

Kabarettnummer vier

Der Agrarausschuss, so wie alle anderen Ausschüsse auch, konnte einmal jährlich eine Reise unternehmen, bezahlt von der Bundestagsverwaltung, also von uns Steuerzahlern, um sozusagen den Horizont der einzelnen Mitglieder zu erweitern, ihr Wissen und ihr Weltbild zu vervollständigen.
In den vier Jahren bin ich einmal Mitglied dieser „Reisegruppe" gewesen. Es war im ersten Jahr meines Mandats, 1987. Ich war noch neugierig. Diese Reise verlief so:

Erster Schritt: Vorbereitung der Reise, wohin fahren wir, für wie lang, welche Einrichtungen besichtigen wir? Die Obleute der Parteien trafen sich im Büro des Ausschusssekretärs. Jeder konnte seine Wünsche äußern.
Ich wünschte mir als Reiseziel Portugal, um zu sehen, wie die Bauern dort leben und arbeiten, bevor ihr Land der EG beitritt. Keine Chance.
Die Mehrheit stimmt für Italien, um dort zu sehen, wie gut die Europäische Gemeinschaft die italienischen Bauern behandelt und unterstützt, das Lebensmittelgewerbe eingeschlossen. Also wurden die einzelnen Tagesziele festgelegt. Auch dabei konnte jeder seine Wünsche vortragen.

Meiner war es, in Kalabrien ein Bergdorf und einen dort ansässigen Bauernhof zu besuchen, was mir nicht abgeschlagen wurde. Sie waren einverstanden. Die anderen Ziele waren eine 400 Hektar große Apfelsinen- und Zitronenfarm, eine Molkerei auf Sizilien, wo deutsche Milch in italienischen Käse verwandelt wurde, und der bei Catania gelegene riesige Soldatenfriedhof.
Weiteres Reiseziel war eine Tomaten verarbeitende Fabrik im Industriegebiet von Neapel.
Am Schluss der Reisevorbereitungen hatte der vorgesehene Delegationsleiter eine Frage an den Sekretär. Da geplant war, dass wir als offizielle Delegation des Deutschen Bundestags auf dem Soldatenfriedhof einen Kranz niederlegen sollten: „Wie macht man so etwas?"

Der Sekretär nahm seine Aktentasche, hielt sie etwa auf Hüfthöhe vor sich, ging gesetzten Schritts bis zur Bürotür, legte die Tasche ab, ging drei Schritte zurück, wartete ein, zwei Sekunden, trat noch mal vor und imitierte das Richten der Kranzschleife.
In diesem Augenblick verstand ich, was uns bevorstand: Staatstragendes Gehabe, nichtssagende Oberflächlichkeit und das schnelle Abhaken eines Tagesordnungspunkts wurden hier geprobt.

Meine Einstellung war eine andere. In hunderten von Veranstaltungen habe ich versucht, mit dem Krieg und seinen ungezählten Opfern, aber auch mit der Sprache angemessen und ehrlich umzugehen. Die Floskeln „gefallen für Volk und Vaterland" oder „gefallen auf dem Feld der Ehre" sind mir zutiefst zuwider. Sie ekeln mich an. Der Vergleich mit dem Ausdruck „natürlicher Strukturwandel" drängt sich mir auf. Es wird nicht gesagt: durch Politik und Turbokapitalismus gezieltes Abmurksen der kleinen, seit Jahrhunderten bestehenden Höfe und ihrer Familien". Nein, man bezeichnet diesen Vorgang als „natürlich".

Das elende Verrecken junger Menschen bei oft vollem Bewusstsein mit abgerissenen Gliedmaßen oder aufgerissenen Bäuchen nennt man „gefallen", als ob da jemand gestolpert wäre. Diesen Menschen, die dort auf dem Friedhof liegen, ist es völlig gleich, wie die Kränze niedergelegt werden. Ernsthaftes Gedenken und Nachdenken wären angebracht.
Wir begaben uns also irgendwann auf die Reise, der Kranz wurde so niedergelegt, wie es geübt worden war, zurück in den Bus, und weiter ging´s. Nicht ganz. Zwei Herren fehlten. Herr Koltzsch von der SPD und Herr Kreuzeder von den Grünen. Eine gute halbe Stunde später tauchten wir auch auf. Wir hatten gemeinsam nachgedacht über die, die dort lagen.

Bei der Besichtigung der Molkerei und der Tomatenfabrik wären deutsche Lebensmittelkontrolleure in Ohnmacht gefallen, wenn denn welche dabei gewesen wären. Die Maden feierten dort Kirchweih. Der Besitzer der Orangenfarm erzählte, dass sein Bruder und Mitinhaber vor Jahren von der Mafia umgebracht worden sei, weil er nicht zahlen wollte. Dann kamen wir endlich zum Kleinbauern ins Bergdorf, der italienische Landwirtschaftsminister begleitete uns.

Erstes Hindernis: Die Straße wurde immer enger, es ging nicht mehr weiter mit dem Bus. Die Reisegruppe musste über einen Kilometer zu Fuß hinauf, mit Anzug und Krawatte. Eine leichte Verärgerung wurde spürbar. Meine Kleidung – „ein luftiges Bauerng´wandl" – machte mir keine Schwierigkeiten. Als wir endlich ankamen, wartete die Bauernfamilie bereits auf uns in ihrem Garten aus Apfelsinen-, Zitronen- und Feigenbäumen, der den Hof umgab. Der Bauer, ein hagerer Mann von etwa 40 Jahren, erklärte zuerst die Fakten. Er hatte etwa drei Hektar Obst, zwei Kühe, ein Schwein und, je nach Nachwuchs, 15 bis 20 Schafe, nicht zu vergessen die etwa zehn Hühner. Am Ende seines Obstangers befand sich ein etwa dreißig Meter hoher Felsen, ein natür-

licher Wärmespeicher. Meine Kollegen hatten wenig bis keine Fragen, sahen sie doch hier, was aufgrund ihrer Politik schon längst hätte verschwinden sollen.
Mir allerdings ging das Herz auf. Meine erste Frage: „Wie ist das Wetter dieses Jahr?", ist unter Bauern normal. Aber schon die zweite Frage kam einigen verdächtig vor:
„Wie war es denn hier auf dem Hof in den 60er-Jahren?" Die Antwort fiel positiv aus, fast schwärmerisch. Dann wollte ich wissen, wie es heute ist. Der Bauer explodierte geradezu in einem ausführlichen Schwall, in dem er ausschließlich über negative Entwicklungen schimpfte, garniert mit kräftigen italienischen Schimpfworten.
Ich kam nicht mehr dazu, weiter zu fragen. Der Bauer kannte auch seinen eigenen Minister nicht, dessen Gesichtsfarbe sich stark verändert hatte. Er wurde immer blasser, ein Teil meiner Kollegen auch. Endlich machte die Schimpfkanonade des Bauern eine kurze Pause, und ich wollte die nächste Frage stellen.

Da kam der Chef unserer Delegation, Egon Susset aus Württemberg, schnellen Schritts auf mich zu und sagte: „Kreuzeder! Wenn du noch eine Frage stellst, erschieße ich dich!"
Stellen Sie sich vor, der Ausflug wäre nach Portugal gegangen. Dort hätte man mich vielleicht wirklich erschossen. Denn dort hätten die Bauern gefragt, und ich hätte geantwortet.

Kabarettnummer fünf

Kurztripp des Ausschusses in reduzierter Besetzung, die sich nach dem Mehrheitsverhältnis der Parteien richtet, nach Brüssel zur EG-Kommission, die uns für zwei Tage eingeladen hatte.
An Tag zwei: festliches Mittags- und zugleich Abschiedsmenü, organisiert vom ebenfalls anwesenden Agrarkommissar. Die Tafel war festlich gedeckt, links und rechts der drei Teller eine Batterie von Bestecken, meine Kollegen in ihren besten Anzügen, ich im kurzärmeligen Hemd. Und, „wie´s der Teufel haben will", der reservierte Platz für den Gastgeber direkt neben mir. Eine Zeitlang, etwa bis nach der Vorspeise und der Suppe, sprachen wir nicht miteinander, der Kommissar warf mir eher verwunderte Blicke zu, wegen meines Gewands.
Irgendwann fragte er mich:
„Sind Sie Landwirt?"
„Ja, ich bin Bauer."

„Was produzieren Sie denn?"
„Ich habe Rinder, Schweine, Geflügel. Außerdem Roggen, Weizen, Hafer, Dinkel, Obst, Kartoffel und Gemüse."
„Dann erzeugen Sie bestimmt auch Zuckerrüben?"

Er wollte wohl das Gespräch in diese Richtung lenken, vielleicht, weil die Zuckerrübe die damals am höchsten subventionierte Feldfrucht in der EG war, und ich ihm, dem zuständigen Kommissar, dafür hätte danken können. Meine Antwort war knapp:
„Nein! Wer braucht denn Zuckerrüben!"
Ich hatte ihn damit richtig getroffen.
„Ja, Sie sind gut. Die Zuckerindustrie, die Schokoladen- und Süßwarenhersteller, die Lebensmittelindustrie und so weiter."
Ich hatte das Interesse an dieser Unterhaltung verloren. Ich wollte in Ruhe essen und sagte:
„Wir süßen bei uns daheim alles mit Honig. Ich habe auch Bienen."
Ohne Störung konnte ich weiteressen.

Kabarettnummern dieser Art gäbe es noch genug. Zurück zum Thema „Widerstand eines Zwergs" gegen Politik und Politiker, gegen Gleichgültigkeit, Arroganz und Dummheit. Mein Ziel war es, diesen Menschen und deren Eigenschaften die Stirn zu bieten.
Da ich auch Mitglied im Wirtschaftsausschuss war, erhielt ich eine Einladung des damaligen Wirtschaftsministers Martin Bangemann zum Empfang einer sowjetischen Wirtschaftsdelegation. Ich war bereits mehrmals in Russland gewesen und wusste, was die Gäste wollten: Hilfe, wo immer möglich. Große Ansprache von Bangemann, dann sprachen die Wirtschaftsgrößen von CDU/CSU und SPD. Nur mich als Vertreter der Grünen hatten sie scheinbar auf der Redeliste vergessen. In weiser Voraussicht hatte ich meine Kollegin Erika Trenz gebeten, mich zum Empfang zu begleiten. Ich ging also zum Mikrophon und sagte:
„Was die deutsche Wirtschaft von Ihnen will, ist weder Kooperation noch Freundschaft. Es sind möglichst billige Rohstoffe. Sie wollen vor allem Ihr Land ausbeuten."
Ich hatte damit erledigt, was ich mir vorgenommen hatte, und ging zum Ausgang. Da passierte, was ich nicht für möglich gehalten hätte. Die Russen eilten hinter mir her und bedrängten mich mit Fragen: Wie ich das eben Gesagte denn gemeint hätte? Fast eine halbe Stunde erläuterten wir das dann im Stehen, und die deutsche Wirtschaftsrunde musste warten.

Ein andermal haben wir es fertiggebracht, dass der Präsident des Bauernverbands, Heeremann, mit mir in Niederbayern eine Veranstaltung macht. Hauptthema war, dass die Chemieindustrie bei Rückständen von Pestiziden zur Verantwortung gezogen werden soll, nicht nur der Bauer. Natürlich standen auch alle anderen Themen auf der Tagesordnung, die gerade aktuell waren, zum Beispiel die damals erfolgte Erhöhung der Tierbestandsobergrenzen. Massentierhalter haben sich die Hände gerieben, weil ihre Betriebe trotzdem noch unter „bäuerlicher Landwirtschaft" geführt wurden und deshalb bis zu 8000 Mark pro Betrieb kassieren konnten.

Der Saal war brechend voll, etwa 500 Bauern. Diese Geschichte erzähle ich deshalb, weil Heeremann zwei Lakaien dabeihatte, die in der ersten Reihe saßen und nach jeder Wortmeldung meinerseits dem Präsidenten Zettel mit Antworten zusteckten. Als wäre dieser Vorgang nicht blamabel genug, erfuhr ich durch Zufall, dass er Leute von meinem heimatlichen Bauernverband zu meinem ehemaligen Berufsschullehrer, Herrn Oberhofer, schickte. Sie sollten sich erkundigen, wie ich in der Landwirtschaftsschule gewesen sei. Der Zufall wollte es, dass mein ehemaliger Lehrer im selben Haus wohnte wie mein damaliger Regionalmitarbeiter Rainer Hüller, so dass mir diese Nachforschung bekannt wurde. Man hatte also Respekt vor dem Zwerg.

Eine letzte Anekdote zum Schmunzeln: Abendveranstaltung in Steinach im Spessart, mein letzter Zug nach Hause ging um halb elf. Ich erwischte ihn gerade noch. Ein alter Bauer hatte mir drei Spessartbesen geschenkt. Der Besen selbst war über einen Meter lang, der Stiel nur dreißig Zentimeter, handgebunden, etwas anderes und Besonderes für mich. Ich nehme in der ersten Klasse Platz. Es ist Samstag.
Auf der Heimfahrt von Bonn habe ich schon am Freitagabend eine Veranstaltung in Bettenfeld gehabt, einem Dorf, eingemeindet von der Stadt Rothenburg ob der Tauber. Ich bin nicht rasiert, trage wie immer ein kragenloses Hemd, bin nicht gekämmt, kaputt und müde. Ich schlafe sofort ein. Plötzlich weckt mich eine sehr laute, sehr barsche Stimme:
„Was machen Sie denn da!" Ich öffne die Augen, vor mir steht der Schaffner, die Hände in die Hüften gestemmt, als wolle er mich augenblicklich rauswerfen. Ich zeige ihm meinen Bundestagsausweis und die dazugehörende Freikarte für alle Busse, Bahnen und Flugzeuge der Republik. Schließen Sie kurz die Augen und stellen Sie sich das völlig verängstigte Gesicht eines Menschen vor, der soeben mit sich selbst und seinem Leben abgeschlossen hat. So schaute er nun aus. Er hat mir leid getan in seinem Schreck.

Eine Angewohnheit, die ich nie verstanden und immer abgelehnt habe, ist die Pressegeilheit, die Politiker quer durch alle Parteien befällt. Kam man am Morgen zum Frühstück in die Bundestagskantine, saßen viele Abgeordnete an den Tischen, vor sich einen großen Stapel Tageszeitungen, und suchten krampfhaft nach Pressemeldungen, die sie am Tag zuvor rausgegeben hatten oder gar nach einem Artikel über ihre Pressekonferenz. Ich selbst bin überzeugt, dass nur der direkte Kontakt mit denen, die ich vertreten will, etwas verändern wird, und so habe ich das vier Jahre lang gehalten und bin von einer Dorfwirtschaft zur nächsten gezogen. Eines Tages, der Rinderwahnsinn hatte auch Deutschland erreicht: Wir hatten schon bei dessen Auftauchen in England einen Antrag gestellt, der abgelehnt wurde, später aber trotzdem durch alle Medien ging wegen seines Inhalts, nicht wegen der Pressemeldung unsererseits. Da tauchte in meinem Büro ein Fernsehteam des Bayerischen Rundfunks auf: Sie hätten gerne ein Interview, ich hätte eine Minute und vierzig Sekunden Zeit. Ich sagte ihnen: „Meinen Feinden gebe ich kein Interview" und machte die Tür zu. So etwas ist den Leuten vom Fernsehen wohl selten passiert.

Zum Schluss der humorigen Ausflüge etwas, das mit „das Volk vertreten" überhaupt nichts zu tun hat. Es gab eine Bundestagsfußballmannschaft, die etwa zwanzig Spiele pro Jahr absolvierte und jedes Jahr an der Fußballeuropameisterschaft der Parlamentarier teilnahm. Diese wurde von immer denselben vier Ländern bestritten:
Von Finnland, der Schweiz, Österreich und Deutschland, jedes Mal in einem anderen Land. Da ich schon viele Jahre aktiver Spieler des SV Laufen und als unangenehmer Gegenspieler bekannt war, konnte die Mannschaft mich gut gebrauchen. In der Abwehr verteidigten außer mir Norbert Lammert und Peter Struck, der eine bis zur Wahl 2017 Bundestagspräsident, Peter Struck jahrelang Verteidigungsminister.

Mittelstürmer war Peter Rauen, einstmals Torjäger beim späteren Zweitligisten SV Salmrohr und dann Präsident des Vereins. Dies nur um ein paar Sportsfreunde zu nennen. Immer dienstags, da hatten wir meistens Fraktionssitzung, wo Fundis und Realos aufeinander losgingen, fand das Training der Mannschaft statt. Wir trainierten auf einem kleinen Sportplatz, direkt beim Hochhaus der Abgeordneten.
Es waren schöne Stunden und schöne Spiele. Wir waren keine schlechte Truppe und spielten gegen alle möglichen Gegner, sei es das Personal der russischen Botschaft, sei es die Belegschaft einer Schokoladenfabrik oder seien es die Fußballer des italienischen Parlaments. Eines Tages verdrehte ich mir im

Training das rechte Knie. Beide Kreuzbänder, Innenband und Innenmeniskus rissen. Ich ließ mich nach Hause transportieren, ins Krankenhaus nach Berchtesgaden. Die dortigen Mediziner sind Spezialisten für Sportverletzungen. Zwei Tage später lag ich auf dem Operationstisch. Bevor sie mich anästhesierten, sagte ich: „Es freut mich sehr, dass Sie sich wegen mir grün angezogen haben." Alles lachte. Seinen Humor verliert der Zwerg nie.

Die Bundestagsmannschaft vor einem Auswärtsspiel im finnischen Lappeenranta im Rahmen der Europameisterschaft der Parlamentarier. Hias Kreuzeder rechts neben dem Torhüter. Der ehemalige Verteidigungsminister Peter Struck stehend, Zweiter von links. Stehend Zweiter von rechts Norbert Lammert, langjähriger Bundestagspräsident. Rechts außen: Peter Rauen, ehemaliger Mittelstürmer des Zweitligisten SV Salmrohr.

Einen noch seltsameren Verein hätte ich beinahe vergessen: die „Freunde des parlamentarischen Gebetsfrühstücks", die auch mal kurz von Ronald Reagan zum Beten und Frühstücken in die USA eingeladen wurden und natürlich auch hingeflogen sind. Da die Hoffnung zuletzt stirbt, finde ich, dass es durchaus angebracht ist, wenn Volksvertreter darum beten, dass sie die richtigen Entscheidungen treffen. Leider habe ich vier Jahre lang von einer „göttlichen Eingebung" nicht das Geringste bemerkt. Es war eher Teufelszeug, was das Parlament so trieb.

Der endgültige Todesstoß für die bäuerliche Landwirtschaft war für mich nicht die Wiedervereinigung der beiden deutschen Staaten, sondern die Art und Weise, wie sie durchgeführt wurde; speziell im Bereich der Landwirtschaft. Über Jahrzehnte haben westdeutsche Politiker nicht aufgehört zu predigen, das größte Verbrechen der Kommunisten sei die Enteignung der Bauern gewesen und die Zerstörung des Rechts auf Eigentum, wie sie 1949 durch die Bodenreform der DDR festgelegt und bis in die 60er-Jahre verschärft worden war.
Nach der Wiedervereinigung kamen die „Demokraten" aus dem Westen und gaben die Grundstücke zurück, aber nur auf dem Papier. In der Folge hätten die neuen alten Herren des Bodens dringend Unterstützung benötigt: Aufbauhilfen in Form von finanzieller Unterstützung zum Kauf von Maschinen und Geräten, Tieren und Ställen, die Förderung dezentraler Verarbeitung und die Förderung von Betrieben des Lebensmittelhandwerks. Nötig gewesen wäre nicht zuletzt die Gründung und Entwicklung neuer Landwirtschaftsschulen, eventuell sogar von Universitäten. Doch diese Hilfe wurde ihnen vorenthalten. Und der Boden allein half den Besitzern gar nichts.
Binnen kurzer Zeit wurde er billiges Spekulationsobjekt. Und genau das war ja auch beabsichtigt. Es ist, als schenkte man jemandem den einzigen Brunnen weit und breit, erlaubte ihm aber nicht, daraus auch zu schöpfen. Was soll dann der Brunnen?

Die Folgen waren nicht nur in den neuen Bundesländern zu spüren. Denn nun standen sie da, die westdeutschen Familienbetriebe mit ihren durchschnittlichen 18,5 Hektar. Ihnen gegenüber standen die 4500 Hektar großen „landwirtschaftlichen Produktionsgenossenschaften", LPG genannt. Augenblicklich begann deren Ausverkauf an bundesdeutsche Investoren, die keineswegs alle aus der Landwirtschaft stammten. Der Brillenhersteller Fielmann kaufte 2000 Hektar, „Müller Milch" baute mit millionenschwerer Unterstützung des Staats eine große Molkerei, passend zu den Betriebsgrößen von tausend Kühen und mehr. Für die im Westen liefernden Bauern sperrte der Betrieb zu. Sie hatten das Nachsehen, um es milde auszudrücken.

Der andere Weg, den ich und Gleichgesinnte wollten, war zerstört. Vier Jahre politischer Kampf und Widerstand waren umsonst? Nicht ganz. Die grüne Partei hat in dieser Zeit einen einzigen politischen Antrag im Parlament durchgebracht. Und der war von meiner Leidensgenossin Dora Flinner, unseren tollen Mitarbeitern und von mir gekommen: Wir forderten das Verbot des Einsatzes von Anabolika und Wachstumshormonen in der Tiermast. Dem haben alle Fraktionen zugestimmt. Das ist heute Gesetz. Immerhin. Ein wichtiger Beitrag zur Volksgesundheit, denke ich.

Meine letzte Fahrt nach Bonn unternehme ich im Frühjahr 1991 mit dem Zug, natürlich, um mein Bettzeug und die letzten Unterlagen zu holen. Bei einem Zwischenstopp in Rosenheim geht die Abteiltür auf, und der BBV-Kreisobmann des Landkreises Rosenheim kommt herein. Er trägt einen nagelneuen Anzug, natürlich mit Krawatte, und hat einen hellbraunen Aktenkoffer aus Leder dabei. Als frisch gewählter Landtagsabgeordneter fährt er erstmals in den bayerischen Landtag nach München. Er nimmt mir gegenüber Platz, schaut mich lange an und sagt:
„Ich kenne Sie doch."

Ich habe ihn sofort erkannt, habe ich doch in seinem Landkreis einige Versammlungen durchgeführt, bei denen er anwesend war. Wahrscheinlich hat er dabei immer den Blick gesenkt, denn meine Aussagen zu seinem Verband sind sehr radikal. Ich erwidere: „Das kann nicht sein, denn ich kenne Sie nicht." Eine Zeit schaut er noch zu mir her, vermutlich, um seinem Gedächtnis auf die Sprünge zu helfen.

Das Foto zeigt mich bei meiner letzten Bundestagsrede im Mai 1990: Man kann das Volk auch ohne Krawatte, in legerer Kleidung vertreten.

Irgendwann hört er damit auf, legt sich seinen Koffer auf die Knie, öffnet ihn und zieht daraus ein Buch hervor mit einem schwarz-rot-goldenen Einband.
Autor: Karl Carstens.
Titel: „Vom deutschen Volk".
Ich fange laut an zu lachen, und er weiß vermutlich bis heute nicht, warum. So ist das also in unserem Staat mit den Volksvertretern, speziell denen, die Bäuerinnen und Bauern vertreten. Erst auf der ersten Fahrt ins Parlament kümmere ich mich um das Volk, zumindest theoretisch, mit dem Buch eines drittklassigen Autors. Ich kannte die bayerische Verfassung auswendig, ein Rest ist immer noch vorhanden.

Einen Kollegen des Rosenheimer Abgeordneten – Herrn Leitner – habe ich schon im November 1985 dabei erwischt, dass er von den Grundlagen unseres Handelns, sprich der bayerischen Verfassung und dem Grundgesetz der Bundesrepublik Deutschland, keine Ahnung hat. Er sagte öffentlich, um die Grünen zu bezichtigen, sie wollten Besitzende enteignen: „Im grünen Programm ist zu lesen: Grund und Boden, Naturschätze, Banken und Produktionsmittel können zum Zwecke der Vergesellschaftung durch ein Gesetz, das Art und Ausmaß der Entschädigung regelt, in Gemeineigentum oder in andere Formen der Gemeinwirtschaft überführt werden." Ebenfalls öffentlich, musste ich ihm sagen: „Diese Worte sind, außer dem Wort Banken, nichts anderes als wörtlich der Artikel 15 des Grundgesetzes der Bundesrepublik Deutschland." Wie nötig das Wort „Banken" wäre, man denke nur an die Bayerische Landesbank, muss ich an dieser Stelle nicht erläutern. Jetzt saß mir der nächste Unwissende gegenüber und glaubte, Karl Carstens würde ihm helfen. So endete mein Einsatz für die Bauern, Bäuerinnen und ihre Dörfer und damit für mich und meine Familie in der „großen Politik". Der Zwerg hatte seine Schuldigkeit getan. Er konnte gehen.

KAPITEL ZEHN: SCHNEEWITTCHEN, DIE SIEBEN ZWERGE UND DAS HANDWERK

Wer kennt nicht die wunderschöne Geschichte der Brüder Grimm „Schneewittchen und die sieben Zwerge"? Sie ist halt nur ein Märchen. Die sieben Zwerge sind darin Bergleute, die nach Erz graben. Als sie eines Abends nach Hause kommen, herrscht in ihrem Häuschen Unordnung, und sie fangen an zu fragen: „Wer hat auf meinem Stühlchen gesessen?" Der Zweite: „Wer hat von meinem Tellerchen gegessen?" Der Dritte: „Wer hat von meinem Brötchen genommen?" Und immer so weiter.

Historiker, Sprachwissenschaftler und Soziologen haben nach den historischen Quellen dieser Geschichte geforscht und herausgefunden: In Wirklichkeit war es ganz anders. Jeder Zwerg hat einen Namen, der sich von seinem Zweitberuf herleitet, den er neben dem Bergbau ausübt. Und die Prinzessin heißt auch nicht Schneewittchen, sondern „Gute Zeit". Die Zwerge, das sind der Bäckerzwerg, der Metzgerzwerg, der Bauernzwerg, der Müllerzwerg, der Kramerzwerg, der Schneiderzwerg und der Denkzwerg. Auch eine böse Stiefmutter und Königin kommt in der Geschichte vor. Sie heißt „Wachstuma von und zu Zentralismus".
Die wirkliche Geschichte, soweit wir sie heute kennen, erinnert mich ein wenig an mein eigenes Leben und die Misere in unserem Land. Und das ist keineswegs märchenhaft. Wollte man sie aber als Märchen erzählen, dann ginge sie so:
Prinzessin Gute Zeit muss aus dem Königreich ihres Vaters fliehen, weil die böse Stiefmutter „Wachstuma von und zu Zentralismus" in ihr eine Nebenbuhlerin sieht. Schließlich landet Gute Zeit bei den Zwergen, wo sie in einen tiefen Schlaf fällt. Nachdem sie wach geworden ist, herrscht bei diesen große Freude.

Sie rufen: „Ach du mein Gott, ach du mein Gott, was ist das Kind so schön!" Und beginnen eine Unterhaltung mit ihr. Der Denkzwerg fragt:
„Gute Zeit, ich habe in Eurem Königreich Verwandte, einen Schuhmacherzwerg und einen Fischerzwerg. Kennt Ihr sie? Wie geht es ihnen?"

Gute Zeit bejaht: „Ich kenne sie. Der Fischerzwerg arbeitete im Norden am Fluss Elbe. Darin gab es so viele Lachse und andere Fische, dass das Gesinde in der großen Stadt Hamburg sich eines Tags weigerte, seine Arbeit zu tun, weil es jeden Tag nur Lachs zu essen bekam. Das ist lange her, die Lachse sind heute aus der Elbe verschwunden. Was der Fischerzwerg macht, kann ich nicht mit Sicherheit sagen. Aber ich habe gehört, er arbeitet auf einem Fischkutter und sortiert dort den Fang. Fische, die zu viel Plastik gefressen haben, muss er zurück ins Meer werfen.“

„Hm“, meinte der Denkzwerg, „das ist eine reichlich seltsame Geschichte. Und der Schusterzwerg? Sagt an, wie geht´s dem Schusterzwerg?“
Gute Zeit erwiderte:
„Von dem weiß ich nicht viel. Mein Vater hat mir erzählt, er trage noch immer Schuhe, die ihm der Schusterzwerg in seiner Jugend angefertigt hat. Die sind also schon älter als ich. Solche Schuhe werden heute leider nicht mehr gemacht. Meine Stiefmutter hat nämlich angeordnet, dass die Untertanen ihre Schuhe in großen Kaufhäusern erwerben müssen. Wie es der Zufall will, gehören diese Kaufhäuser ihr selbst. Diese Schuhe sind viel, viel billiger, deshalb kaufen die Untertanen sie gern. Aber leider sind sie nicht sehr gut. Schon nach kurzer Zeit gehen sie kaputt. Man braucht neue und wirft die alten weg.“

„Da werden die Untertanen aber murren“, vermutete der Denkzwerg.
„Aber nein“, sagte die Prinzessin. „Die Untertanen lassen sich´s gern gefallen. Sie haben längst vergessen, dass gute Schuhe früher ein Leben lang hielten. Der Schusterzwerg, so hört man, habe sich darüber lange gegrämt. Schließlich habe er sein Ränzel geschnürt und sei nach Afrika gegangen, wo die Menschen gute Schuhe noch zu schätzen wissen ...“

Die Zwerge wunderten sich gar sehr über diese Geschichte. Und weil sie wie alle Zwerge auf der ganzen Welt neugierig waren, fragten sie die schöne Prinzessin stunden-, tage-, ja wochenlang aus. So erfuhren sie merkwürdige Begebenheiten und schreckliche Dinge, die sie nicht für möglich gehalten hätten.
„Das ganze Reich ist unter der Herrschaft meiner Stiefmutter umgekrempelt worden“, erzählte Gute Zeit, „und stellt euch vor: Sie hat dem Volk sogar einen neuen Namen gegeben. Es heißt jetzt Naivus vom Scheitel bis zur Sohle.“
„Aber werden die Leute denn gar nicht inne, wie sie von der Königin zum Narren gehalten werden?“, wunderte sich der Denkzwerg und stampfte zornig mit seinen Füßchen auf den Boden. Gute Zeit schüttelte traurig den Kopf:
„Sie können sich gegen die Launen und Bosheiten der Königin nicht wehren. Die Lebenserwartung der Untertanen beträgt zwar dreihundert Jahre, sodass sie in der Lage wären, längerfristig zu denken. Doch das Volk ist weder klug noch weise. Das verhindern die durchtriebenen Berater meiner Stiefmutter. Deren Aufgabe ist es, mit List und Tücke die Untertanen einzulullen.“

An dieser Stelle begann die Prinzessin heftig zu weinen. Als sie sich ein wenig gefangen hatte, berichtete sie den Zwergen, was unbemerkt von aller Welt seit einiger Zeit hinter verschlossenen Türen am Hofe vor sich ging: Die Königin war eitel und größenwahnsinnig. Sie liebte nur die großen Dinge und die ganz großen Geschäfte. Alles Kleine aber war ihr ein Graus. Deshalb hasste sie sogar ihr eigenes Volk. Ganz besonders aber hasste sie die Handwerkerzwerge. Deshalb rief sie eines Tages die Großen des Reichs zusammen: die reichen Bankherren und die vom König eingesetzten Verwalter aller Städte und Regionen. Unter der Verheißung einer königlichen Belohnung trug sie ihnen auf, die beim ganzen Volk beliebten Handwerkerzwerge zu beseitigen. Weil die Königin aber verschlagen war und den Zusammenhalt des Volks fürchtete wie der Teufel das Weihwasser, befahl sie ihren Beratern, sie sollten alles so einrichten, dass das Volk dieser Intrige nicht gewahr wurde. Als die Berater das hörten, erschraken sie sehr.

„Königliche Hoheit, was Ihr befehlt, ist unmöglich!", riefen sie.
„Findet Mittel und Wege, oder landet im Kerker!", drohte die Königin.
Jetzt saßen sie in der Patsche. Aber die Bankherren und Verwalter waren pfiffige Leute. Sie steckten die Köpfe zusammen, grübelten nach und grübelten nach und ersannen Mittel und Wege, wie sie alles bewerkstelligen konnten, ohne dass das Volk zu murren begann. Am nächsten Tag trug der oberste Verwalter der Königin das Ergebnis der Beratungen vor:
„Königliche Hoheit! Mit Eurer Erlaubnis halten wir es für das Klügste, das Volk zu spalten. Wir isolieren die Handwerkerzwerge von allen anderen. Dazu entziehen wir ihnen jede Solidarität und Hilfe. Das erreichen wir, indem wir ihnen überall im Reich eine neue Art von Konkurrenten vorsetzen. Diese Konkurrenten päppeln wir mit Steuergeldern und Krediten so lange auf, bis sie stark genug sind, um sämtliche Handwerkerzwerge aus dem Land zu drängen."

„Aber das Volk wird murren", wandte die noch immer ängstliche Königin ein. Der oberste Verwalter lächelte verschmitzt:
„Das wird es nicht, Majestät! Denn wir werden überall im Reich verkünden lassen: Was den Handwerkerzwergen widerfährt, ist der freie Wettbewerb. Und der ist das beste aller Systeme. Er führt dazu, dass nur die Tüchtigen überleben. Gott, der die Menschen liebt, will es so! Und die Leute werden aufhören zu murren."
Wachstuma war sehr angetan von diesem Plan und überhäufte ihre Berater mit Gold. Mit den nichts ahnenden Bäckerzwergen begann es. Es dauerte

nicht lange, und überall im Reich entstanden große Brotfabriken. Das neue Brot war billiger und selbst am Abend frisch gebacken. Doch es war kein Brot, wie die Bäcker des Reichs es von Anbeginn der Zeit gebacken hatten. Nein, mit dem neuen Brot hatte es seine eigene Bewandtnis: In riesigen Teigfabriken im Osten, weit jenseits der Grenzen des Königreichs, wurden aus billigstem Getreide Millionen und Abermillionen Rohlinge vorgebacken, tiefgefroren und sodann in Kühlschiffen heimlich, still und leise ins Reich geschafft. In den großen Supermärkten der Königin wurden die Rohlinge aufgebacken und verkauft. Das Volk griff zu und war zufrieden, bekam es doch für seine Thaler weitaus mehr Brot als in früheren Notzeiten. Doch das dumme Volk kaufte viel mehr von dem neuen Brot, als es essen konnte, wurde schließlich fett und übersättigt und warf die Backwaren auf den Müll.

Mit zitternder Stimme berichtete Prinzessin Gute Zeit davon, und die Zwerge schauderten.
„So sieht heute die Brotkultur im Königreich aus", ärgerte sich Gute Zeit. „Und stellt euch nur vor: Im Süden des Landes gibt es seit Menschengedenken eine typische Brotzeit: Weißwürste mit Brezen ..."
„Hm, köstlich", schwärmte der Bäckerzwerg. „Diese Brezen sind die Krönung der Backkunst." Und allen Zwergen lief das Wasser im Mund zusammen.
Die Prinzessin seufzte tief:
„Stellt euch nur vor: Heute stammen die Brezen nicht mehr aus dem Reich, sondern werden als Teigrohlinge in den Kühllastwagen der Königin aus Polen angekarrt."

„Ach herrje!" und: „ach nein!", riefen die Zwerge ein ums andere Mal. Der Denkzwerg aber stampfte wütend mit seinen Füßchen auf den Boden:
„Das ist Verrat! Wenn ich den erwische, der sich das ausgedacht hat!"
„Ja", nickte Gute Zeit. „So wie du, Denkzwerg, begann auch das Volk darüber zu murren. Die Berater der Königin steckten also wieder die Köpfe zusammen und verkündeten schließlich: „Gott, der die Menschen liebt, will es so. Was heute im Reich geschieht, heißt Globalisierung. Sie dient nur eurem eigenen Wohl! Und die Leute hörten auf zu murren, denn wer wollte schon anmurren gegen etwas, das auf der ganzen Welt passiert?"
„Die Folge war, dass in einem Zeitraum von nicht einmal zwanzig Jahren 20.000 Bäckerzwerge ihr Ränzel schnürten und aus dem Reich verschwanden." Der Denkzwerg rechnete nach und stampfte abermals mit seinen Füßchen auf den Boden:
„Aber das sind ja fast die Hälfte aller Bäcker im Reich."

Gute Zeit nickte traurig. Weiter musste der Bäckerzwerg erfahren, dass dieses Schicksal noch heute Tag für Tag mindestens einen seiner Bäckerkollegen ereilt. Obwohl der Bäckerzwerg schon am ganzen Leib zitterte, fuhr Prinzessin Gute Zeit unerbittlich fort:
„Unterdessen ereignen sich in den großen Brotfabriken ganz widernatürliche Dinge: Jeden Tag wird dort mehr Brot weggeworfen, als alle noch verbliebenen Bäckerzwerge im ganzen Reich überhaupt backen können. Alles landet auf dem Müll."

„Das kann doch nicht sein, nein, nein, nein!", brüllte der Bäckerzwerg. „Das Königreich ist doch berühmt für sein gutes Brot!"
„Es ist noch schlimmer, als du denkst", sagte Gute Zeit. Und immer weiter erzählte sie. Der Bäckerzwerg sank in sein Stühlchen zurück und ballte die Hände zu Fäusten. Er war bedient. Das zu sehen, verdross den Müllerzwerg gar sehr. Denn seit jeher fühlte der sich eng mit dem Bäckerzwerg verbunden. Aber auch an ihn wandte sich Prinzessin Gute Zeit:
„Müllerzwerg, wenn auch du erfahren willst, wie es deinen Berufskollegen bei uns geht, dann setz dich lieber auf dein Stühlchen. Also, hör gut zu: Bei uns gab es vor 80 Jahren einen großen Krieg. Denn der Vorgänger meiner Eltern liebte besonders die braune Farbe und steckte mit dieser absonderlichen Vorliebe Menschen im ganzen Reich an. Er verdrehte ihnen so lange die Köpfe, bis sie sich blind vor Hass auf die Menschen in den Nachbarländern stürzten. Es begann ein großes Hauen und Stechen."

„Wie schrecklich", riefen die Zwerge, „nein, wie schrecklich!"
„Es war schrecklich", sagte Gute Zeit, „aber darauf will ich nicht hinaus. Was ich sagen will, ist Folgendes: Vor diesem großen Krieg zählten unsere Verwalter sechsunddreißigtausend Mühlen im Reich. Nach dem Krieg schrumpfte unser Land. Aber im Jahre des Herrn 1950 gab es noch immer fast zwanzigtausend Mühlen. Dann entstanden nach und nach riesige Industriemühlen. In jenen Tagen verbot die Königin, dass die Kinder in der Schule das schöne Lied singen:
Es klappert die Mühle am rauschenden Bach. - Es war wie verhext: Mit jeder großen neuen Mühle verschwanden hundert kleine Mühlen. Die Kinder hörten auf zu singen, und die Mühlen hörten auf zu klappern. Heute gibt es im ganzen Land noch 212 Mühlen, vermelden die Verwalter. Jede von ihnen vermahlt tausende Tonnen billigstes Getreide. Von den Müllerzwergen aber hat niemand mehr gehört. Irgendwann müssen sie wohl ihr Ränzel geschnürt und das Reich für immer verlassen haben.

Nur ein Häuflein Unentwegter trotzt dem Schicksal: Immerhin gibt es noch 300 Klein- und Kleinstmühlen. In wenigen Jahren sind also 98 Prozent der Müllerzwerge ausgewandert. Warum von den Untertanen niemand diesen Exodus mitbekommen hat, ist mir schleierhaft. Der Königsfamilie ist das billige Mehl aus den Fabriken übrigens verhasst. Wir lassen unser Mehl im tiefen Süden des Reichs mahlen. Dort gibt es in der abgelegenen Gegend Rupertiwinkel noch eine Mühle, die gesunde alte Getreidesorten verarbeitet. Der Müllerzwerg dort heißt Aicher. Seine Mühle steht an einem munter fließenden Bächlein in der Gemeinde Fridolfing. Bei ihm kannst du dich erkundigen, wie man gutes Mehl herstellt. Aber das weißt du ja eh, lieber Müllerzwerg."
Als er das hörte, wurde der Müllerzwerg sehr traurig. Trotzdem notierte er sich die Adresse seines wackeren Kollegen im Rupertiwinkel.

Um die bedrückte Stimmung aus dem Zwergenhaus zu verscheuchen, bereiteten die Zwerge am Abend des nächsten Tages ein leckeres Essen zu. Es gab selbstgemachten Kartoffelbrei, Sauerkraut aus dem Krautfass im Keller und dazu deftige Leber- und Blutwürste, die der Metzgerzwerg nach einem alten Familienrezept hergestellt hatte.
Sehr zufrieden sagte Gute Zeit zum Metzgerzwerg:
„Etwas so Gutes habe ich ewig nicht gegessen. Danach kannst du im Reich meines Vaters lange suchen!"
„Das verstehe ich nicht", erwiderte der Metzgerzwerg. „In Eurem Land gibt es doch viele kleine Metzgereien, die solch köstliche Würste zubereiten. Existieren die denn nicht mehr? In einem jeden Dorf gab es solche Metzgereien, die Menschen brauchten nur über die Straße zu gehen, um sich mit den köstlichsten Würsten einzudecken."
„Ja, richtig!", seufzte Gute Zeit. „Früher mal war das so. Allein in der Stadt Essen gab es in der Jugend meines Vaters 400 Metzgereien. Vierzig Jahre später waren es nur noch dreißig. Und in der großen Stadt München gab es einst 1260 Betriebe. Im Jahre des Herrn 1985 waren es nur noch 211. Heute sind es noch weniger."
Der Metzgerzwerg erschrak zutiefst. „Dann hat Wachstuma also auch die Metzgerzwerge vertrieben. Ich dachte, das seien so wackere Gesellen, denen könne so etwas nicht widerfahren. Wie konnte es nur soweit kommen!", rief er, „Gute Zeit, was ist geschehen?"

„Das kann ich dir sagen", antwortet Gute Zeit. „Wir lebten einst wie im Schlaraffenland. Alle waren glücklich und zufrieden. Aber nur, bis sich Wachstuma auf den Thron setzte. Die winzigen Metzgerzwerge passten meiner Stiefmutter nicht in den Kram. Auf ihr Geheiß erlegten die Verwalter allen Metzgerzwergen ein strenges Schlachtverbot auf: Über Nacht durften sie in ihren eigenen Schlachträumen nicht mehr schlachten. In ihrer Not wichen die Metzgerzwerge auf die Schlachthöfe der Städte und Gemeinden aus, die es in ihrer Nähe noch gab. Aber wie alle Dinge damals im Reich waren diese Schlachthöfe winzig und deshalb meiner Stiefmutter verhasst. Ihre findigen Verwalter setzten viel Steuergeld dafür ein, dass auf den grünen Wiesen vor den Städten über Nacht neue Schlachthöfe gebaut wurden. Das war keine leichte Aufgabe. Denn diese Schlachthöfe mussten groß genug sein, um den Größenwahn der Königin zu befriedigen. Gegen diese widernatürliche Konkurrenz konnten die kleinen Schlachthöfe nicht bestehen. Und so verschwanden sie nach und nach. Und mit ihnen verschwanden die Metzgerzwerge. Sie schnürten ihr Ränzel und verließen für immer das Land. Darüber begann das Volk zu murren. Die Berater der Königin steckten also wieder die Köpfe zusammen und verkündeten schließlich: `Das ist der natürliche Strukturwandel. Was heute im Reich und überall auf der Welt geschieht, heißt Modernisierung. Gott, der die Menschen liebt, will es so. Es ist zu eurem eigenen Nutzen.´ Und die Leute hörten auf zu murren."

Die Prinzessin fuhr fort:
„Für die Metzgerzwerge war das eine traurige Geschichte. Im Süden des Reichs schlachteten im Jahre des Herrn 1984 nicht weniger als 77 Prozent der Metzgerzwerge ihre Tiere noch selbst. Aber eben schon in Schlachthäusern, die ihnen nicht gehörten. Dieses Verwaltungsgebiet heißt übrigens Bayern. Mein Vater blickt darauf mit großer Sorge. Denn der Verwalter dort führt sich auf, als wäre er selbst der König. Ich erwähne es nur, weil es so seltsam ist. So kam es, dass immer mehr Metzgerzwerge ihr Ränzel schnürten und das Reich verließen.

Bis Mitte der 80er-Jahre war ein Drittel deiner Berufskollegen verschwunden. Es gab nur noch 26.000 Metzger. Trotzdem stachelte die Königin ihre Verwalter zu immer neuen Schikanen an. Schließlich ersannen diese strenge Hygienevorschriften, die dazu führten, dass selbst die letzten Metzgerzwerge aus den kleinen Städten und Dörfern verschwanden. Den Untertanen aber ließen die listigen Verwalter verkünden: „Gott, der die Menschen liebt, will es so. Die neue Hygiene ist zu eurem eigenen Nutzen." Die Untertanen murrten nicht. Denn sie kauften ihre Würste fortan in den Supermärkten der Königin und bekamen für ihre Thaler mehr Wurst, als sie jemals essen konnten. Sie waren bald übersättigt und wurden dick und fett. Und in ihrer Dummheit warfen sie die Würste auf den Müll. Ich aber sah, dass ein altes Handwerk verloren gegangen war. Und unter uns, lieber Metzgerzwerg: Die neuen Würste schmecken wie Wasser, und manch einer, der davon isst, wird krank."

Der Metzgerzwerg war am Boden zerstört. Es dauerte lange, bis er sich von dieser Kunde erholte. Der Denkzwerg aber stampfte mit seinen Füßchen auf den Boden und rief trotzig:
„Wer weiß, ob das alles stimmt! Es sind so viele Zahlen, so viele Namen. Niemand kann sich das merken. Woher wollt Ihr denn das alles wissen?"
Gute Zeit antwortete:
„Ich verstehe deine Zweifel. Aber bedenke: Ich wurde dazu erzogen, die Königin zu sein. Sich kundig zu machen und Bildung zu erwerben, ist eine heilige Pflicht für die Mitglieder des Königshauses. Hingegen kommt es bei unseren Verwaltern keineswegs auf eine gute Bildung an; ganz im Gegenteil: Meine Stiefmutter wählt diejenigen aus, die sich am meisten bei ihr anbiedern. Nur wer niemals widerspricht, gelangt in den Kreis jener, die einmal Landesverwalter oder Minister werden. Auch durch fehlende Bildung wird das Reich ruiniert."

Ein ganz besonderer Geselle im Zwergenland war der lustige und immer freundliche Kramerzwerg. Er versorgte die Zwerge mit allem, was sie im Leben brauchten. Gute Zeit besuchte ihn gerne und schaute sich immer neugierig in seinem Laden um. Einmal sagte sie zu ihm:
„Sag mal, Kramerzwerg, du hast so viele schöne Sachen in deinem kleinen Laden. Woher kommen die denn alle?"
„Ja", sagte der Kramerzwerg stolz, „ich betreibe einen regionalen Einzelhandel für das Zwergenland. In meinem Zwergenstaatsmeisterbrief steht, ich bin Einzelhandelskaufmann. Aber niemand nennt mich so. Alle sagen Kramer zu mir, und mein Geschäft ist der Kramerladen."
„Und all diese schönen Stoffe! Machst du die selbst?", schwärmte die Prinzessin.
„Nein. Mein Freund, der Schneiderzwerg, baut Hanf und Leinen an und fertigt daraus im Winter die schönsten Kleider und die edelsten Tücher."
Und so unterhielten sich beide lange. Irgendwann wurde Gute Zeit sehr traurig. Sie setzte sich auf die Bank und weinte. Der Kramerzwerg setzte sich neben sie und wusste nicht, wie er sie trösten sollte.
„Weißt du", schluchzte die Prinzessin, „in den 60er-Jahren, als mein Vater so alt war wie ich heute, gab es bei uns im Reich solch kleine Paradiese, wie du sie hast, in jedem Ort, 210.000 an der Zahl. Auch sie waren meiner Stiefmutter

ein Dorn im Auge. Es ging ihnen nicht besser als den Betrieben der Handwerkerzwerge. 27 Jahre später gab es noch 73.000 Kramerläden. Die wenigen, die es heute noch gibt, sind eher Museen als Läden. Und unsere Kleidung kommt längst aus Bangladesch. Die Untertanen greifen gierig zu und freuen sich, weil alles so billig ist. Dabei wurde alles für einen Sklavenlohn hergestellt. In der Jugendzeit meines Vaters gab es in jedem Dorf Schneider, in den Städten sogar sehr viele. Sie waren nicht reich, aber auch nicht arm."
Und trotzig fügte sie an:
„Wenn ich eines Tags zurückkehre ins Reich meines Vaters, werde ich alles so machen wie ihr. Es wird dann wieder viele kleine Geschäfte geben."
„Euer Wort in Gottes Ohr, Prinzessin", sagte der Kramerzwerg, „Euer Wort in Gottes Ohr!"

Die Wochen vergingen. Alle Zwerge hatten mit „Gute Zeit" geredet, ihr viele Fragen gestellt, sie ihnen ebenfalls. Es gefiel ihr im Zwergenland. Eines Tages sah sie auf dem Feld den Bauernzwerg arbeiten. Sie ging hin und fragte, ob sie ihm helfen könne. Er erntete gerade Gemüse für das Abendessen. Plötzlich ging ihr ein Licht auf, und sie sagte zu ihm:
„Sag mal, lieber Bauernzwerg, deine Brüder haben mir Löcher in den Bauch gefragt. Nur du allein hast mir nie eine Frage gestellt. Wie kommt das?"
Der Bauernzwerg lächelte verschmitzt:
„Gute Zeit, als Ihr zu uns kamt und im Bettchen meines Bruders tief geschlafen habt, sah ich in Eurer Tasche ein Buch. Der Titel lautete `Widerstand eines Zwergs´. Das machte mich neugierig. Ich habe fleißig darin gelesen, ehe Ihr wach geworden seid. Deshalb weiß ich bereits alles, wonach meine Brüder erst fragen müssen."

Soweit die Geschichte in Märchenform. Es ist die Geschichte des deutschen Handwerks. Mit einem Satz kann man erklären, warum sie geschrieben wurde: „Ohne Handwerk keine bäuerliche Landwirtschaft, ohne bäuerliche Landwirtschaft keine Handwerker." In der Verfassung des Freistaats Bayern heißt es: „Die selbständigen Kleinbetriebe und Mittelstandsbetriebe in Landwirtschaft, Handwerk, Handel, Gewerbe und Industrie sind in der Gesetzgebung und Verwaltung zu fördern und gegen Überlastung und Aufsaugung zu schützen." Auf diese Verfassung legen unsere Politiker den Eid ab. Aber sie verhalten sich nicht wie Volksvertreter, sondern vielmehr so wie die Verwalter im Märchen.
Es fehlt noch das Ende des Märchens, natürlich muss es gut ausgehen, gut für die Zwerge und Gute Zeit:

Königin Wachstuma fürchtete nichts mehr, als dass Gute Zeit am Ende doch noch ins Reich zurückkehrte. Also machte sie sich auf den Weg ins Zwergenland. Ihr Plan war es, die schöne Stieftochter heimlich zu vergiften. Viele Quellen gehen davon aus, dass die wirkliche Geschichte zwar gut, aber anders als das Märchen endet. Was wir heute mit Sicherheit wissen, ist, dass sich Wachstuma als Kräuterweibchen verkleidete und Äpfel aus einem ihrer Supermärkte feilbot.
Doch das war ein großer Fehler: Als sie die Grenze zum Zwergenland überschritt, erspähte die Bienenkönigin eines wilden Bienenvolks, das hoch in einem Baum wohnte, die Königin und nahm mit ihrem feinen Geruchssinn wahr, dass eine Todfeindin gekommen war. Augenblicklich alarmierte sie das Bienenvolk:
„Ich wittere Glyphosat! Schaut mal, dort unten die Hexe mit dem Korb. Ich wittere doch, dass die Äpfel darin mit Gift gespritzt wurden."

Bienen haben einen hervorragenden Geruchssinn. Und Bienen hassen Pflanzenschutzmittel. In einem Akt der Selbstverteidigung fiel der Schwarm über Wachstuma her. Die flüchtete schreiend aus dem Zwergenland zurück in ihr Reich. Erschöpft und am ganzen Körper zerstochen ließ sich die Königin am Eingang eines Supermarkts nieder, den sie selbst einst hatte bauen lassen, um die Zwergenhandwerker aus dem Reich zu vertreiben. Aber was war das? Auf der Suche nach Hilfe spähte sie durch eins der riesigen Schaufenster. Da gewahrte sie etwas Absonderliches: Alle Lebensmittelregale waren leer! Sie verstand die Welt nicht mehr, aber nach und nach dämmerte es ihr:

Dies war die entsetzliche Folge ihres eigenen Regierens. In ihrem Kopf begann es zu rattern: Ein nicht absehbarer Umsatzrückgang könnte die Folge sein. Davon würden sich ihre Geschäfte, ja, die Finanzen des ganzen Reichs niemals erholen! Ihr wurde schwarz vor Augen. Ihr Herz begann zu hämmern. Sie schrie auf, schnappte nach Luft, griff sich ruckartig an die Brust und sank leblos auf das Straßenpflaster zurück. So fand sie einer ihrer Verwalter. Als Todesursache stellten die königlichen Leibärzte fest: Herzinfarkt.
Die Kunde vom Ableben der bösen Königin verbreitete sich in Windeseile. Nun kehrte Gute Zeit ins Reich ihres Vaters zurück. Dort herrschte eine große Hungersnot. Gute Zeit schickte Boten in alle Himmelsrichtungen, ließ an allen Orten nach den verschwundenen Handwerkerzwergen suchen und lud sie ein, in ihre Heimat zurückzukehren. Die hinterlistigen Verwalter und Bankherren aber ließ sie durch die königliche Garde mit Peitschen aus dem Land jagen. Keiner mehr von ihnen ward je gesehen.

Wenig später fand die Prinzessin auch ihren Prinzen. Er hieß „Heger von Fauna und Flora", stammte aus einem alten Wikingergeschlecht im fernen Land Norwegen und hielt die zurückgekehrten Handwerkerzwerge in hohen Ehren. Der Prinz und die Prinzessin liebten sich sehr. Und wenn sie nicht gestorben sind, leben sie noch heute in Glück und Frieden. Das ist sogar sehr wahrscheinlich, denn die klugen Zwerge wurden ihre neuen Verwalter.

KAPITEL ELF: NOCH IST NICHT ALLES VERLOREN – LETZTE VERSUCHE DES ZWERGENWIDERSTANDS

Die Zeit im Parlament hat mir einmal mehr gezeigt, dass nur ich selbst mir helfen kann, das in die Praxis umzusetzen, wozu mich meine Einstellung zu Gesellschaft, Landwirtschaft und Handwerk drängt. Dies versuchte ich mit drei Projekten: erstens dem Freilassinger Bauernladen, zweitens dem Verein „Auferstehung der freien Bauern Russlands“ und schlechtendlich mit dem „besseren Weg“ in der Gemeinde Kirchanschöring.
Der Bauernladen: Nach meinen Jahren in Bonn war ich endlich wieder zuhause. Die Direktvermarktung auf meinem Hof lief dank meinem Bruder Franz und meiner Mutter blendend. Trotzdem war ich nach meinen Erfahrungen in der Bundespolitik tief frustriert und überlegte, wie man das Denken der Bauern verändern und ihre Situation zum Besseren wenden könnte. Die Kriterien dafür waren mir klar:

Der Bauer brauchte den direkten Kontakt zum Verbraucher. Er musste seinen Hof ökologisch bewirtschaften und seine Rohstoffe durch einen örtlichen Lebensmittelhandwerker veredeln lassen. Dieser sollte möglichst so denken und ressourcenschonend handeln wie der Bauer selbst. Wichtig war es ferner, am Hof eine vielfältige Produktpalette zu erzeugen, den Preis selbst zu bestimmen und seine Ware dort zu verkaufen, wo die Menschen leben, damit nicht jeder einzelne zum Hof kommen muss.
Am besten wäre es, wenn die Bauern an einem Ort alle treffen könnten. Ein Bauernladen wäre eine Möglichkeit, um zu zeigen, dass es uns noch gibt und dass wir in der Lage sind, beste Qualität in großer Vielfalt zu erzeugen. Jahrhunderte waren diese Kriterien die Normalität, außer dem Laden selbst: Die Bauern belieferten das Handwerk am Ort. Das war nicht länger möglich, weil es dieses zum größten Teil nicht mehr gab.

Also begann ich mit der Arbeit. Etwa siebzig Biobetriebe im Chiemgau und Rupertiwinkel wurden per Brief verständigt, ob sie mitmachen wollten bei einem Bauernladen. Siebzehn Familien, eine Käserei und ein Bäcker fanden sich zusammen, um das Projekt gemeinsam anzupacken. Ich fand eine Bäuerin in Freilassing, deren Hof schon Jahre aufgegeben war, die uns ein kleines Nebengebäude, ein früheres Waschhaus mit Backofen anbot, damit wir es ausbauen könnten.
Wir erledigten dies in vielen hundert Arbeitsstunden. Jeder/jede wusste irgendetwas, wie man dies oder jenes macht, woher wir die Einrichtung

Die Bio-Bauern:

Dandl, Hans
Chieminger Str. 8
8221 Sondermoning
Tel.: 08669/7481
Bioland-Betrieb seit 1987

Gastager, Hans
Knappenfeldstr. 27
8221 Siegsdorf
Tel.: 08662/2178
Demeter-Betrieb seit 1991

Glück, Hans
Grassach 15
8261 Tittmoning
Tel.: 08683/932
Biokreis Ostbayern seit 1982

Graspointner, Marianne und Alois
Vachenlueger Str. 39
8233 Anger
Tel.: 08656/1580
Bioland-Betrieb seit 1989

Heller, Bernhard
Reibach 1
8261 Tittmoning
Tel.: 08683/490
Bioland-Betrieb seit 1988

Hofmann, Anna und Josef
Kindergartenstr. 7
8221 Palling
Tel.: 08629/516
Bioland-Betrieb seit 1991

Jahncke, Anneliese und Karl
Reichhausen 22
8221 Siegsdorf
Tel.: 08662/9869
Demeter-Betrieb seit 1983

Koch, Georg
Steinhögl 18
8233 Anger
Tel.: 08656/1311
Demeter-Betrieb seit 1991

Kraller, Johann
Wies 4
8261 Tittmoning
Tel.: 08683/300
Naturland-Betrieb seit 1981

Kreuzeder, Hias
Eham 9
8228 Freilassing
Tel.: 08654/7510
Bioland-Betrieb seit 1981

Mayer, Simon
Helming 2
8221 Teisendorf
Tel.: 08686/241
Bioland-Betrieb seit 1983

Parzinger, Josef
Geretsham 2
8221 Palling
Tel.: 08629/207
Biokreis Ostbayern seit 1989

Pfaffinger, Sebastian
Grassach 12
8261 Tittmoning
Tel.: 08683/1700
Bioland-Betrieb seit 1989

Rottenaicher, Johann
Halla 3
8261 Kirchweidach
Tel.: 08623/683
Demeter-Betrieb seit 1981

Spiegelsberger, Matthias
Wimmern 20
8221 Teisendorf
Tel.: 08666/1527
Bioland-Betrieb seit 1990

Ufertinger, Paul
Weng 10
8229 Ainring 1
Tel.: 08654/9462
Bioland-Betrieb seit 1983

Urbauer, Hans
Helming 3
8221 Kienberg
Tel.: 08628/634
Bioland-Betrieb seit 1981

Der Käsehersteller:

Chiemgauer Bauernmarkt
Käse-Spezialitäten von Bio-Bauern
Kirchplatz 8
8201 Halfing
Tel.: 08055/772

Die Bio-Bäckerei:

Wolfgruber, Appolonia und Josef
Pfaffendorfstr. 9
8233 Anger
Tel.: 08656/213

Geschäftsführung und Organisation: Franziska Klotz, Edeltraud Nachbar-Fieweger und Gisela Sengl

Unsere Produkte

Gemüse

Auberginen
Kohlrabi
Gelbe Rüben
Rote Beete
Schwarzwurzeln
Knollensellerie
Zwiebeln
Rosenkohl
Chinakohl
Grünkohl
Weißkraut
Blaukraut
Wirsing
Blumenkohl
Mangold
Brokkoli
Tomaten
Gurken
Paprika
Zuckermais
Bohnen
Zucchini
Radi
Kürbis
Kartoffeln

Käse + Milchprodukte

Ziegenkäse
Schafskäse
Rohmilchkäse
Butter
Sauerrahm
Süßrahm
Quark
Joghurt
Molke
Milch auf Vermittlung

Obst

Äpfel
Birnen
Zwetschgen
Kirschen
Pfirsiche

Getreide

Dinkel
Roggen
Nacktgerste
Weizen
Nackthafer

Brot
Gebäck
Dinkelkrapfen

Salate

Kopfsalat
Endivien
Eissalat
Chicoree
Blattsalate

Fleisch + Fleischprodukte

Flugenten
Hühnchen
Gänse
Rinderschinken
Rindersalami
Rinderbratwürste
Geräuchertes
Schwarzer Pressack
Weißer Pressack
Ziegenwurst-Spezialitäten
Blutwurst
Leberwurst
Auf Vermittlung:
Rindfleisch
Kalbfleisch
Schweinefleisch
Putenfleisch
Lammfleisch

Kräuter

Petersilie
Schnittlauch
Thymian
Majoran
Dill

Außerdem haben wir:

Apfelsaft
Birnensaft
Most
Biolog. Wein
Obstessig
Schafwolle
Schafwollsocken
Schaffelle
Honig
Getreidekränze
Flachskränze
Nüsse

Faltblatt zum Freilassinger Bauernladen: Ein Beispiel dafür, dass die Bauern im Alpenvorland nicht nur Milch und Fleisch produzieren können. Zur Produktion einer solchen Vielfalt sind sie auch heute noch in der Lage.

nehmen könnten, wer dies oder jenes besorgen könnte. Dann entwarfen wir ein vierseitiges Faltblatt, sozusagen eine Werbeschrift.

Die Seele unserer Gemeinschaft war gewissermaßen Traudl Nachbar-Fieweger, die uns von Anfang an in allem unterstützte. Ein Glück war auch, dass der Laden nur hundert Meter von der Hauptstraße entfernt lag, dem Einkaufszentrum der Stadt. Bevor die Eisenbahn von München nach Salzburg gebaut wurde, war Freilassing eine Gemeinde aus mehreren Dörfern.
Darum lag der Bauernhof so nahe am Stadtzentrum. Heute hat die schnell gewachsene Stadt um die 17.000 Einwohner und ist eine der hässlichsten Siedlungen, die es in Bayern gibt – für mein Empfinden zumindest. Bauträger führen bei uns das „Regiment", ihre Bauten erinnern mich eher an Hochbunker als an ein gemütliches Heim. Der Ortsteil Salzburghofen, so hieß meine Heimatgemeinde früher, ist außer der Mozartstadt der einzige Ort weltweit, der den Namen Salzburg in seinem Namen tragen darf. Die wunderschöne Weltkulturerbe-Stadt Salzburg liegt nur drei Kilometer von uns entfernt an der Salzach. Statt sich an ihr zu orientieren und den Namen Salzburghofen als Werbung zu benutzen, ist das ehemalige Dorf im Lauf der Jahre zu einer Anhäufung architektonischer Fehlgeburten verkommen. Wie auch immer: Ein Bauernladen passt in jede Umgebung, und so wurde er eröffnet. Zuvor hatten wir vereinbart, dass der Lohn der Verkäuferinnen bei Bedarf von uns aufgebessert wird. Eine spätere Rückfrage ergab, dass dies nicht notwendig war.

Jetzt hatten wir Bauernfamilien also ein eigenes Geschäft, bestimmten selbst, produzierten selbst und hatten die Chance, auf unseren Höfen verschiedene Lebensmittel herzustellen, wenn eine Nachfrage bestand. Das war der wichtigste Unterschied zu allen anderen Bioläden und Biosupermärkten.
Nach einem Jahr fand die erste Versammlung der Betreiber statt. Darin wurde der Antrag gestellt, dass in Zukunft Ware vom Biogroßhandel zugekauft werden sollte. Außer mir hat nur ein einziger Kollege dagegen gestimmt. Ich nahm den Bierdeckel vor mir, schrieb meine Kündigung darauf, und das war´s.
Meine Enttäuschung war so groß, dass ich zu den Teilnehmern dieser Versammlung viele Jahre lang keinen Kontakt hatte. Und noch heute ist mir ihre Entscheidung unergründlich, schon deshalb, weil dreihundert Meter weiter ein Bioladen stand, der alles hatte, was wir nicht hatten. Im Gegenzug hatten wir alles, was er nicht hatte. Gegen Dummheit ist kein Kraut gewachsen. Es kam, wie ich es befürchtet hatte: Nach einer nicht sehr langen Zeit musste der Bauernladen zugesperrt werden. Mein naiver Glaube, dass Biobauern anders sind als ihre konventionellen Kollegen war immer noch nicht verschwunden.

Eines Tages ruft Hans Urbauer an: Viele Biobauern hätten Absatzschwierigkeiten mit ihren Kartoffeln, man wolle sich treffen. Wenn mich die Erinnerung nicht trügt, kamen etwa dreißig Kollegen zu diesem Treffen, um nach Wegen aus der Misere zu suchen. Ein Vorschlag war, in die Kartoffelsäcke Werbezettel zu stecken, in dieselben Säcke, die sie nicht verkaufen konnten? Wer sollte diese Zettel lesen? Konsens war allerdings, dass die Bioverbände zu wenig taten für die Bauern, etwa keine regionale Werbung betrieben.

Mein Hauptgrund, als Biolandbauer aus dem Verband auszutreten, war, dass sich bereits früh eine Tendenz zu Geschäften mit Großabnehmern abzeichnete und dass das Handwerk für den Verband immer uninteressanter wurde. Ich hörte eine Zeitlang zu, ich war ja nicht betroffen, mein Absatz lief blendend. Schließlich machte ich folgenden Vorschlag: Es gibt eine bäuerliche Markthalle, die fast jeder kennt: die Chiemgauhalle in Traunstein. Dort finden hauptsächlich Viehmärkte statt. Man sollte anfragen, ob dort nicht auch ein Kartoffelmarkt abgehalten werden könnte. Mein Vorschlag gefiel. Er wurde umgesetzt, und der Kartoffelmarkt wurde in den folgenden Jahren ein großer Erfolg. Ich nahm trotzdem niemals daran teil, weil ich wie gesagt auf meinem Hof einen sehr guten Absatz hatte.
Nun ist es so, dass ich eine russische Sorte aus der Zarenzeit seit über dreißig Jahren anbaue. Einst hatte mir eine alte Bäuerin in Russland einige Stück davon geschenkt. Ich nahm sie mit nach Hause, vermehrte sie und taufte sie „Katharina die Große". In einem bestimmen Jahr war meine Ernte hervorragend, und es kam mir in den Sinn, dass ein paar Säcke dieser seltenen alten Sorte der Attraktivität des Kartoffelmarkts sehr guttun würde. Also rief ich den Kollegen an, der den Markt organisierte, und fragte, ob ich teilnehmen könne. Seine Antwort: „Nur Biobauern, die einem Verband angehören, dürfen dort verkaufen."

Ich war schon „bio", als einige der Kollegen, die auf dem Markt ihre Erdäpfel anboten, noch in die Schule gingen. Als sie damals darüber jammerten, dass sie ihre Kartoffeln nicht verkaufen könnten und dass die Bioverbände nichts für sie täten, habe ich ihnen gesagt, wie es gehen könnte. Zur Belohnung zeigte sich der Organisator mir gegenüber jetzt so „dankbar", dass es mir die Sprache verschlug. Ich legte den Hörer auf.
Die Bioverbände haben längst begonnen, gegen die Interessen der kleinen Biobauern zu arbeiten. Das beweist mir auch die neueste Entwicklung: Der Milchmenge nach kleine Biobetriebe werden heute zum „Dank" dafür, dass sie ihre Höfe umgestellt haben und dass sie ihr Produkt einer großen Bio-

molkerei liefern, systematisch abgestraft: Sie bekommen für jeden Liter Milch Abzüge, weil sich die Abholung mit dem Milchauto nur bei großen Betrieben rentiert. Für mich ist das eine Ungeheuerlichkeit, nicht wegen der Molkerei und deren Handeln. Die Bauern sind es ja gewöhnt, dass die großen Abnehmer respektlos mit ihnen umgehen. Aber ich kann und will es einfach nicht glauben, dass es selbst unter Biobauern keine Solidarität mehr gibt. Dabei haben wir alle auf unserem Werdegang viel Häme erdulden müssen. Das hat uns zusammengeschweißt, dachte ich. Wo ist der Aufschrei der Größeren? Wo bleibt ihr Boykott der Molkerei für diese Sauerei?

Allmählich verliert man den Glauben an alles, was einem früher einmal Grund zur Hoffnung gegeben hat. Das Duckmäusertum meiner Kollegen ist kaum noch auszuhalten, mir wird übel! Zum Kotzen ist mir, wenn ich die Entwicklung im Biobereich betrachte. Erst kürzlich wurde ein Fernsehteam bei einem der größten Lebensmittelmultis in unserem Land vorstellig, um zu recherchieren, woher die Biolebensmittel kommen, die in den großen Bioabteilungen der Supermärkte angeboten werden. Bei der Frage nach dem Bauern, der das Lebensmittel hergestellt hat, hieß es lapidar: „Das unterliegt dem Datenschutz." – Ja geht´s noch! Anscheinend ja. Hätte ich hier etwas zu sagen, ich würde eine Beugehaft anordnen. Beugehaft, bis ich weiß, woher bei uns „bio" kommt. Der Verdacht besteht, dass man betrügen will.
Kennen Sie jetzt, verehrter Leser, den Unterschied zwischen den Betreibern eines Bauernladens und allen, die mit gesunder Nahrung nur Geschäfte machen wollen? Die Praxis der Gegenwart zeigt, dass ich gescheitert bin. Das ist aber auch kein Wunder, wenn Zwerge gegen Riesen kämpfen.
Ein Ereignis in dieser Zeit hat jedoch alles überschattet. Gegen Dummheit, Verlogenheit, Scheinheiligkeit, gegen Atomkraft und Korruptheit kann man sich auflehnen, dagegen kämpfen, gegen den Tod eines über alles geliebten Menschen nicht.

Erster Januar 1997. Neujahrstag. Ich war mit der Stallarbeit fertig, duschte mich, zog mir das Festtagsgewand an und fuhr ins Krankenhaus. Meine Mutter war dort, ihr Herz war schwach geworden, kein Wunder nach so viel Anstrengung ein Leben lang. Aber es ging ihr schon wieder besser. Wir ratschten eine Stunde lang, wünschten uns ein gutes neues Jahr 1997. Sie fragte, was wir mittags essen. Ich sagte ihr: „Gefüllten Hecht". Ihr Kommentar: „Wer hat den denn scho wieda g´fangt?" und lachte. Peter hatte ihn gefangen. Sie wusste, dass ihre sieben Buben alle „Schwarzfischer" waren und jeder ein Fischgericht zubereiten konnte, natürlich mit Kartoffelsalat und Brunnenkresse von den Bachquellen. Das hatte sie uns schon als Kinder beigebracht, denn um die „gewilderten Fische“ sollten wir uns gefälligst selbst kümmern. Beruhigt fuhr ich nach Hause, Mutter ging es besser, und sie war guten Mutes. Ich freute mich auf das Neujahrskonzert der Wiener Philharmoniker. Bei mir ist es fast schon Tradition, am ersten Tag des Jahres gute Musik zu hören, die zum Tag passt. Die Musiker stimmten noch ihre Instrumente, meine Tochter Rosi meinte, der Hecht sei bald fertig. Da läutet das Telefon. Ich hebe ab, eine Frau sagt, Mutter sei gestorben, Herzstillstand.

Da stand ich nun, ein kräftiger Mensch, körperlich und geistig im besten Alter und plötzlich ein Häuflein Elend. Man will reden, geht nicht, man muss handeln, geht nicht, man will denken, geht auch nicht. Die Geschwister verständigen, ins Krankenhaus fahren: Das musste gehen. Dort standen wir dann in einem Abstellraum, man hatte sie in ein Bett aus Eisen gelegt, die Haare hingen ihr ins Gesicht, ich ging hin, streichelte ihr die Haare zurecht, ihr Körper war schon kalt.
Meine Schwester Rosi sagte leise: „Das hilft jetzt auch nicht mehr“.
Es waren die schlimmsten Tage meines Lebens. Im Haus, im Stall, in jedem Eck die Erinnerung an sie. Ich hörte sie reden, ich roch ihre Schürze. Saß ich beim Melken zwischen den Kühen, flossen wochenlang die Tränen. So wie sie uns beschützt hatte, wollte ich auch sie beschützen, selbst nach ihrem Tod. Auf keinen Fall wollte ich ein falsches Wort bei der Beerdigung hören, kein pseudotrauriges Gesäusel irgendeines Priesters, der sie nie gekannt hat. Also schrieb ich die Predigt. Was ihr wichtig war oder gewesen wäre, stand dort zu lesen.
Ich fuhr zum Pfarrer und sagte: „Hier ist die Predigt für die `Leich´, ich möchte dass Sie sie Wort für Wort vortragen; sonst findet die Beerdigung ohne Kirche statt.“ Er las, sagte ja und hielt sich auch daran. Nie ist mir das Schreiben so schwer gefallen wie damals, und ich schreibe gern. Nichts hat mich jemals mehr berührt als der Tod meiner Mutter.

KAPITEL ZWÖLF: NEUE WEGE IN RUSSLAND

Fragt man heute einen durchschnittlichen Bundesbürger nach Russland, bekommt man etwa solche Antworten: „Russland ist groß, im Winter sehr kalt." Oder: „Sibirien ist noch kälter im Winter."
Die Ausbeute an Informationen über dieses Land wird nicht sehr hoch ausfallen, vielleicht noch „Putin, Gorbatschow, Tolstoi, Krimbesetzung, Katharina die Große oder Peter der Große". Letztendlich könnte man hören, dass Moskau die Hauptstadt und dass St. Petersburg sehr schön ist. Stellt man gar die Frage nach der Landwirtschaft oder dem russischen Bauerndorf – dem Geburtsort der Kultur dort – wird eine sinnvolle Antwort meist völlig ausbleiben. Deshalb eine kurze Einführung in diese Thematik.

Der russische Bauer

Eigentlich gibt es ihn gar nicht, den russischen Bauern. Wir haben es vielmehr mit individuellen, sehr unterschiedlichen Menschen zu tun, die sich mehr oder weniger erfolgreich unter mehr oder weniger günstigen Bedingungen in Russland mit der Landwirtschaft beschäftigt haben.
Wir haben den Großgrundbesitzer des 19. Jahrhunderts, der in Petersburg die Einkünfte seines Guts und seiner Leibeigenen verprasste, ohne sich um das Wohl und Wehe dieser Menschen und ihre Lebensbedingungen zu kümmern. Andererseits haben wir aber auch den Gutsherrn, der auf seinem Gut eine Schule errichtete, der moderne Maschinen kaufte und versuchte, neuzeitliche Arbeitsverfahren einzuführen, der seine Bauern nicht nur als „Seelen" betrachtete, die er beliebig ausbeuten, kaufen und verkaufen oder gar verspielen konnte, sondern der verstand, dass sie selbständige Persönlichkeiten und eigentlich Partner bei der Erzeugung wirtschaftlicher Güter waren.
Genauso kennen wir den Leibeigenen, der sich dumpf in sein Los ergab, der in Elend und Schmutz lebte und dessen einzige eigenständige Aktivität darin bestand, den Gutsherrn zu bestehlen, wo er konnte. Andere Bauern verstanden es hingegen, die Möglichkeiten der Leibeigenschaft bis ins Letzte auszunutzen, umsichtig und eigenverantwortlich zu wirtschaften, sich durch Freikauf oder durch Umwandlung der Herrendienste in eine Geldsteuer bereits über die Leibeigenschaft zu erheben, bevor sie offiziell abgeschafft wurde.
Und wir wissen von den freien Kolonisten – Kosaken, Mennoniten, Deutschen – die schon vor Aufhebung der Leibeigenschaft in Russland blühende Wirtschaften hervorgebracht haben, welche den Vergleich mit Bauerngütern in Westeuropa nicht zu scheuen brauchten.

Seit 1930 können wir überhaupt nicht mehr von russischen „Bauern" sprechen – der „Kolchosnik" ist kein Bauer. Es fehlt ihm ein wesentliches Element des Bauerntums: Er besitzt noch nicht einmal die geringe Selbständigkeit und Eigenverantwortlichkeit in der Wirtschaft, die selbst ein Bauer unter der Leibeigenschaft hatte, er ist nur noch ein rechtloser Landarbeiter.
Trotz dieser Vielfalt von Menschen, die in der russischen Landwirtschaft tätig waren, trotz der unterschiedlichen Verhältnisse in den verschiedenen Regionen des Landes gibt es doch einige generelle Züge, die für Russland und seine Bauern in den letzten 150 Jahren charakterisierend sind:

Die Leibeigenschaft

Bis zum Ende des 18. Jahrhunderts hat sich in Russland das System der Leibeigenschaft voll entwickelt: Die Bauern sind an die Scholle gebunden, die Eigentümer des Bodens – und damit der Bauern – sind Krone, Kirche und Adel. Die Bauern wirtschaften zwar innerhalb des Dorfs eigenständig, können aber das Dorf nicht verlassen, müssen Abgaben und Frondienste leisten.
Durch das System des „Mir", das heißt der gemeinschaftlichen Verwaltung und jährlich neuen Aufteilung des Bodens durch die Dorfgemeinde, ist zudem dem Fortschritt durch Bodenmelioration oder durch Bearbeitung größerer Flächen eine Grenze gesetzt.

Der Bauer verfügt nicht über Kapital, um Maschinen oder Vieh anzuschaffen, und er ist nur vorübergehend Besitzer des Bodens, den er bewirtschaftet. Er ist in allem von den eher zufälligen Fähigkeiten, Wünschen und Vorlieben seines Gutsherrn abhängig.
Dieses System behindert in höchstem Maße die Einführung neuer Methoden der Landwirtschaft, die zwar genauso bekannt sind wie in Westeuropa, deren Anwendung aber eher als „Spleen" des jeweiligen Gutsherrn betrachtet wird und schon an der Grenze des nächsten Guts ihr Ende findet, weil der dortige Herr nichts davon hält. Und es behindert die eigene Entwicklung der Bauern, die von besseren Arbeitsverfahren und höheren Erträgen keinen persönlichen Vorteil haben, sondern allenfalls höhere Abgaben.

Die Bauernbefreiung

Die Aufhebung der Leibeigenschaft durch Alexander II. im Jahre 1861 hebt zwar die Bindung des Bauern an die Scholle und den Grundherrn auf, sie enthält aber den Bauern das wichtigste Produktionsmittel – den Boden – vor.

Die Masse der Landgüter verbleibt in der Hand der Gutsherren, und die nun „freien“ Bauern erhalten oft weniger als einen Hektar eigenen Boden.
Sie werden also entweder zu Pächtern oder zu billigen Landarbeitskräften herabgewürdigt, faktisch geht es ihnen schlechter als vor der Befreiung. Vor allem fehlt es den Bauern wieder an Kapital zur Beschaffung von Betriebsmitteln, und die Gutsherren, die durch die Ablösung von Herrendiensten und durch den Verkauf von Land über dieses Kapital verfügen könnten, nutzen es vor allem für ihre privaten Luxusbedürfnisse.

Erst zu Beginn des 20. Jahrhunderts sind diese Schwierigkeiten überwunden, die Bauernwirtschaften konzentrieren sich. Ein funktionierendes Kreditwesen entsteht. Durch den Zufluss ausländischen Kapitals wird eine eigene russische Landmaschinenindustrie aufgebaut, moderne Produktions- und Weiterverarbeitungsverfahren setzen sich durch.
Periodische Hungersnöte, wie sie noch gegen Ende des 19. Jahrhunderts vorkamen, gehören der Vergangenheit an. Die russische Landwirtschaft erlebt eine Blüte, die nicht nur die ausreichende Versorgung der eigenen Bevölkerung sicherstellt, sondern wegen ihrer Qualität geschätzte Exporte ermöglicht. Diese hoffnungsvolle Periode endet abrupt im Jahre 1914 mit dem Ersten Weltkrieg.

Die Oktoberrevolution

Scheinbar erfüllt die Oktoberrevolution, die 1917 in Russland den Krieg beendet, endlich die langersehnten Wünsche der russischen Bauern: Die Großgrundbesitzer werden enteignet und ihr Land an die Bauern verteilt – allerdings ist diese Landverteilung eher ein Propagandatrick als eine wirtschaftliche Maßnahme:
Der Staat verteilt etwas, was ihm nicht gehört, und die Enteigneten wehren sich, soweit sie es noch können – eine der Ursachen für den folgenden Bürgerkrieg mit unzähligen Grausamkeiten und Opfern. Außerdem werden bei der Landverteilung auch zahlreiche leistungsfähige, für die Versorgung der Bevölkerung wichtige Landgüter aufgeteilt, die nicht ohne weiteres durch Kleinwirtschaften zu ersetzen sind.

Das Land wird zudem ohne Prüfung der Fähigkeit des zukünftigen Eigentümers zugeteilt – „Landlosigkeit“ und Wohnsitz auf dem Dorf genügen als Kriterium. Die Landverteilung ist also in der Rigorosität, wie sie vollzogen wird, wirtschaftlich unsinnig und schädlich. Sie ist aber auch politisch gefährlich:

Der neue russische Staat ist – nach eigenem Bekunden – ein „Staat der Arbeiter und Bauern", ein revolutionärer Staat, der alle bisher bekannten Lebens- und Produktionsverhältnisse verändern will.
Mit der Landverteilung ist jedoch das revolutionäre Ziel der Bauern bereits erreicht, sie verwandeln sich schlagartig in ein eher konservatives Element. Und auch die Sowjetmacht benötigt die Bauern nicht mehr als aktive Teilnehmer der staatlichen Entwicklung: Sie sollen nur noch Lieferanten der dringend benötigten Nahrungsmittel sein. Der sowjetische Staat ist aber nach der Zerschlagung des privaten Groß- und Einzelhandels nicht in der Lage, Transport und Verteilung von Nahrungsmitteln zu gewährleisten, außerdem kann die durch Krieg, Bürgerkrieg und Misswirtschaft ruinierte Industrie nicht in ausreichender Menge Waren als Gegenleistung liefern.

Die Bauern weigern sich, Lebensmittel gegen wertloses Papiergeld abzuliefern, und damit machen sie sich in ihrer Gesamtheit zu erklärten Feinden der Sowjetmacht – man nimmt ihnen nicht nur gewaltsam ihr Vieh und ihr Getreide, sondern man bekämpft sie auch in einem regelrechten Bauernkrieg. Im Jahr 1921 haben die Bauern keine Vorräte mehr. Eine im Sommer des Jahres eintretende Dürre führt zur großen Hungersnot an der Wolga. Hilfslieferungen aus den USA, aus Schweden und Deutschland lindern ein wenig die Not, trotzdem verhungern mehr als fünf Millionen Menschen.

Die Neue Ökonomische Politik

Eine gewisse Erleichterung der bäuerlichen Situation bringt die sogenannte Neue Ökonomische Politik Ende des Jahres 1921. Die Einführung einer stabilen Währung, die Wiederzulassung privaten Handels und die Heranziehung ausländischen Kapitals ermöglichen den Aufbau einer einigermaßen florierenden Wirtschaft nach Jahren des Kriegs und Bürgerkriegs und der brutalen Zwangswirtschaft des „Kriegskommunismus".
Sofort nimmt auch die Landwirtschaft einen ungeheuren Aufschwung. Die Ablieferungspflicht, die sich nach der Höhe der Erzeugung richtete, wird durch eine zwar sehr hohe, aber feststehende Steuer ersetzt, die den Bauern endlich ein kalkulierbares Wirtschaften ermöglicht. Nach verheerender Hungersnot ist die Landwirtschaft wieder in der Lage, das eigene Land zu versorgen und sogar zu exportieren und Devisen zu erwirtschaften.

Eine sich ebenfalls rasch entwickelnde private Kleinindustrie versorgt das Land mit den notwendigen Geräten und Gütern des täglichen Bedarfs, so dass

ein Anreiz zur Mehrproduktion da ist und das Horten und sinnlose Vernichten landwirtschaftlicher Erzeugnisse unterbleibt.
Allerdings bilden sich nun – wie in jedem frei ablaufenden wirtschaftlichen Prozess – Produzenten unterschiedlicher Stärke heraus: Bei der Landverteilung 1917 haben alle Land erhalten, unabhängig von ihrer Qualifikation und Neigung zur Landwirtschaft, unabhängig auch von ihrem tatsächlichen Interesse. Denn vielfach waren auch Menschen auf das Land geströmt, die lediglich den unsäglichen Verhältnissen in den unterversorgten Städten entfliehen wollten. Ganz einfach gesagt: Einige sind geschickt und erfolgreich, andere nicht. Es setzt also eine Differenzierung auf dem Dorf ein – mit sowjetischen Begriffen grob zu unterteilen in „Dorfarmut" und „Kulakentum".

Der Begriff „Kulak" ist nirgends genau definiert. Bereits vor dem Ersten Weltkrieg bezeichnete man damit sogenannte Mittelbauern, die es zu einem relativen Wohlstand gebracht hatten und gelegentlich oder dauernd Lohnarbeitskräfte beschäftigten. In sowjetischer Zeit kann aber bereits ein Kulak sein, wer zwei Pferde oder zwei Kühe besitzt oder sich auch nur einfach über die Masse der Dorfgenossen heraushebt.
Diese Kulaken werden zwangsläufig zum Objekt des Neids und des staatlichen Misstrauens, weil sie unabhängig sind. Sie sind auf die Hilfe des Staates nicht angewiesen, sondern haben ihrerseits eine wichtige Funktion bei der Versorgung der übrigen Bevölkerung, sie sind nicht macht- und willenlos. Faktisch beträgt der Anteil solcher Kulaken an der Landbevölkerung nur einige Prozent, aber die Propaganda macht aus ihnen eine gewaltige Zahl „kleinbürgerlicher", „rückschrittlicher" Elemente, die angeblich die Errungenschaften der Revolution gefährden.

Die Kollektivierung

Im Jahre 1927 reduzieren die Bauern den Verkauf von Getreide und anderen Produkten an den Staat erheblich. Stalin, der sich nach Lenins Tod immer höher an die absolute Führung von Partei und Staat herangearbeitet hat, benutzt diese Tatsache, um zum endgültigen Schlag gegen jegliche Opposition auszuholen. Die angeblich mangelnde Versorgung – tatsächlich droht keineswegs Hunger, lediglich die Exporte müssen wegen zurückgegangener Lieferungen eingeschränkt werden – wird auf die „schädlichen Diskussionen" innerhalb der Führung zurückgeführt.
Die Ablieferung von landwirtschaftlichen Erzeugnissen wird erneut mit Gewalt erzwungen. Geschickt spielt Stalin nun den Neid der „Dorfarmut" auf

die „Kulaken" aus – „Komitees der Dorfarmut" werden beauftragt, gegen 25 Prozent des konfiszierten Getreides Requirierungen bei den „Kulaken" durchzuführen. Die Kulaken werden zu erklärten Feinden des Volks und des Staats – wobei jeder, bei dem es etwas zu requirieren gibt, ein Kulak sein kann.

Ende der 20er-/Anfang der 30er-Jahre laufen in der Sowjetunion drei Prozesse gleichzeitig ab, die alle darauf abzielen, nun endlich die „neue Gesellschaft" zu errichten, aber auch die Position Stalins unerschütterlich zu festigen: die Säuberung der Partei, das Vorantreiben der Industrialisierung im Rahmen des Fünfjahresplans und die Kollektivierung der Landwirtschaft. Die Säuberung erneuert das Klima von Angst und Terror, das während der NÖP-Periode abgeklungen war, der Fünfjahresplan motiviert die Werktätigen zu äußersten Anstrengungen und beeindruckt Kritiker und auch das Ausland. Die Kollektivierung zerstört ein für allemal eine wichtige, sich der staatlichen Macht nicht bedingungslos unterordnende Gruppe: die Bauern.

Angebliche und tatsächliche Kulaken werden von ihren Wirtschaften vertrieben, umgesiedelt und physisch „liquidiert", ihr Eigentum (in den Jahren 1929 und 1930 über 175 Millionen Rubel) wird als Anteil der Landarbeiter und der Dorfarmut in die neu entstehenden Kollektivwirtschaften, die Kolchosen, eingebracht. Die Kolchosen – mangelhaft ausgestattet und unzulänglich geführt – können aber mit dem eingebrachten Gut nichts anfangen und lassen es verludern. Die meisten Kleinbauern schlachten, nachdem sie unter massivem Druck ihre Zustimmung zum Eintritt in die Kolchose gegeben haben, am selben Tag ihr sämtliches Vieh, um es nicht weggeben zu müssen. Die Geschichte der Kollektivierung ist also zunächst vor allem eine Geschichte grenzenloser und hemmungsloser Vernichtung von Menschen und wertvollem Wirtschaftsgut:
Die Zahl der Toten ist bis heute unbekannt, Stalin selber ging in einer Äußerung gegenüber Winston Churchill von etwa zehn Millionen Opfern aus. Vorsichtigen Schätzungen zufolge sind durch die Kollektivierung, die darauf folgende erneute Hungersnot und die politischen Säuberungen der 30er-Jahre etwa 20 Millionen Menschen umgekommen.

Die wirtschaftlichen Schäden lassen sich genauer beziffern:
Von 1929 bis 1934 kommen in der UdSSR 149,4 Millionen Stück Vieh um – ihr Wert übertrifft bei weitem den Wert der während des ersten Fünfjahresplans neu errichteten Fabriken. Die Getreideproduktion nach Abschluss der Kollektivierung beträgt nur noch die Hälfte der Produktion des Jahres 1928.

Der industrielle Fortschritt kann die Verluste nicht ausgleichen – noch 1935, als die Sowjetunion bereits über fast 380.000 Traktoren verfügt, ersetzen diese nicht die Zugleistung der während der Kollektivierung vernichteten Pferde. Schlimmer noch als die Verluste durch die eigentliche Kollektivierung sind – besonders in ihrer psychologischen Wirkung – die Verluste durch die Hungersnot, die der Kollektivierung folgt. Hatte der Staat während der Hungersnot Anfang der 20er-Jahre noch selbst Hilfe organisiert oder anderen Institutionen Hilfeleistungen gestattet, so opfert Stalin die Menschen 1932 und 1933 bewusst: der Hunger ist eine wirksame Waffe zur Disziplinierung und Liquidierung der widerspenstigen Bauern.

Insgesamt kann man wohl ohne Übertreibung sagen, dass die Kollektivierung der russischen Landwirtschaft Schäden materieller und psychologischer Natur zugefügt hat, von denen sie sich nie wieder erholen konnte. Gewachsene Traditionen, überkommene Kenntnisse, althergebrachte Wirtschaftsstrukturen, traditionelle Beziehungen zum Ausland; alles, von dem die Landwirtschaft in guten Zeiten profitieren konnte und was ihr in schlechten Zeiten half, wieder auf die Beine zu kommen, wurde endgültig und unwiederbringlich zerstört.

Vor allem aber wurde den Menschen auf dem Lande mit brutaler Deutlichkeit gezeigt, was sie für die Sowjetmacht darstellten: ein willen- und rechtloses Arbeitskräftepotenzial ohne Eigeninitiative und Kreativität, nur dazu da, die immer wechselnden Ansprüche und Vorstellungen der Herrschenden bedingungslos zu erfüllen. Diese Verachtung der Landbevölkerung wird auch an der Tatsache deutlich, dass die Bauern nach dem Passgesetz von 1932 keine Pässe erhielten, sich also außerhalb ihres Dorfes nicht frei bewegen konnten. Der russische Bauer ist rechtlich wieder auf die Stufe des Leibeigenen herabgesunken – und sogar noch darunter. Diese Diskriminierung wurde erst lange nach Stalins Tod wieder beseitigt.

Aber auch die Sowjetführung selbst lügt sich im Laufe dieses beispiellosen Vorgangs in eine folgenschwere Illusion hinein: Scheinbar lässt sich mit dem Land, mit dem Volk alles machen, man muss nur genug Gewalt, genug Propaganda, genug technische Mittel einsetzen. Rückschläge, übermäßige Verluste an Menschen und Werten spielen keine Rolle, wenn sich nur der Wille der Partei durchsetzt.
So lange die Reserven des Lands ausreichen, lässt sich diese Politik verfolgen. Nach immer neuen Attacken dieser Art sind aber alle Ressourcen ausgelaugt und allgemeine Apathie und Resignation verbreiten sich, es entsteht ein tech-

nisch hochgerüsteter Riese, der aber handlungsunfähig ist – ein Zustand, der die heutige Situation in den Nachfolgestaaten der UdSSR kennzeichnet.

Die Zeit nach Stalin

Chruschtschow, der Nachfolger Stalins, stellt selbst in seinen Memoiren fest, dass die stalinsche Kollektivierung „nichts als Elend und Brutalisierung" gebracht habe. Während seiner eigenen Amtszeit ist Chruschtschow aber nicht in der Lage, das grundlegende Übel der kollektiven Landwirtschaft (jedenfalls in ihrer erzwungenen Form) – die Recht- und Initiativlosigkeit des einzelnen Landwirts – zu überwinden.
Im Gegenteil: Die Kolchosen werden durch Befehl von oben zusammengefasst und vergrößert, die Zahl der Staatsgüter, der Sowchosen, steigt gewaltig. Ziel sind sogenannte Agrostädte, in denen der Landwirt vom Kolchosbauern zum Arbeiter in einer Landwirtschaftsindustrie degeneriert.
Die Gewinnung von Neuland in Kasachstan wird in den 50er-Jahren mit beispiellosem Einsatz von Menschen und Material vorangetrieben, gleichzeitig werden den herkömmlichen Getreidegebieten die notwendigen Betriebsmittel und Gelder entzogen. Die Partei befiehlt den Maisanbau als Allheilmittel, dafür wird der traditionelle Grünfutteranbau vernachlässigt, und als der Mais in vielen Gebieten wegen ungünstiger klimatischer Bedingungen missrät, stehen keine Futtermittel zur Verfügung.

Dabei könnte ein Blick zeigen, wo die grundsätzliche Ursache des Übels liegt: Während Kolchosen und Sowchosen 1964 zusammen über 1 Milliarde Hektar bewirtschaften, trägt die private Nebenwirtschaft der Kolchosbauern auf dem sogenannten „Hofland", das zur selben Zeit nur sieben Millionen Hektar umfasst, ganz wesentlich zur Versorgung der Bevölkerung bei – vor allem mit Fleisch. Auf diesem Hofland werden nämlich etwa 50 Prozent aller Kühe und etwa 30 Prozent aller Schweine gehalten. Ende der 70er-Jahre beträgt der Anteil des Hoflandes etwa ein Prozent der bestellten Fläche, liefert aber 61 Prozent der erzeugten Kartoffeln und 30 Prozent des erzeugten Fleisches. Diese – trotz unzulänglicher Mittel – so leistungsfähigen individuellen Nebenwirtschaften sind aber den sowjetischen Machthabern immer ein Dorn im Auge. In Notzeiten werden sie gezwungenermaßen zugelassen; sowie es ein wenig besser geht, werden sie reglementiert und eingeschränkt.

Trotz der gewaltigen Anstrengungen, und der immer intensiveren Technisierung der Landwirtschaft ist diese immer weniger in der Lage, die eigene

Bevölkerung zu versorgen. Seit 1963 ist die Sowjetunion gezwungen, in zunehmenden Mengen Getreide zu importieren, um die Ernährung des Landes sicherzustellen. Das Angebot in den staatlichen Läden geht seit den 70er-Jahren kontinuierlich zurück, hochwertigere Nahrungsmittel verschwinden ganz.

Immer deutlicher werden auch die ökologischen Folgen der verindustrialisierten Landwirtschaft: In Mittelasien hinterlässt die Neulandkultivierung Bodenerosion, die künstlichen Bewässerungssysteme versalzen den Boden, der Aralsee trocknet aus. Die Ernten lassen sich mit den vorhandenen technischen Mitteln nicht bergen, die geborgene Ernte kann nicht ausreichend gelagert werden, und das Transportwesen sowie der Handel sind nicht in der Lage, die Verteilung der Nahrungsmittel sicherzustellen. Die Trennung in Tier- und Pflanzenproduktion auf den Kolchosen führt zu einer Entvölkerung vieler Dörfer, Flächen bleiben unbearbeitet, Industriekatastrophen vernichten das Produktionspotenzial ganzer Landstriche, die sowjetische Landwirtschaft sinkt auf einen unvorstellbaren Tiefpunkt.

Perestrojka und neue Freiheit

Der misslungene Putsch des Jahres 1991 markiert das Ende der Sowjetmacht. An der Situation der Landbevölkerung ändern Perestrojka und Zusammenbruch des alten Regimes zunächst nichts Wesentliches. Kolchose und Sowchose bleiben die vorherrschende Wirtschaftsform. Seit 1990 ist es für Privatleute möglich, Land zu pachten und zu bewirtschaften. Das Privateigentum an Grund und Boden ist – dank verschiedener Gesetzesinitiativen – erst seit 1997 zulässig.
Die Pächter kämpfen auf relativ schwachem Posten: Die Kollektivwirtschaften treten ihnen die abgelegensten oder die wertlosesten Grundstücke ab, Maschinen sind teuer und vielfach für die Arbeit auf den kleinen Pachtflächen ungeeignet, und ein allgemein zugängliches, zuverlässiges Transportwesen – einen Landhandel für Saatgut, Geräte und Produkte – gibt es nicht. Zudem sehen sich die Pächter massiven, bisweilen sogar tätlichen Angriffen von Seiten der Kolchosen oder der „Mafia" ausgesetzt, die durch eine vernünftige, ertragreiche landwirtschaftliche Produktion den Schlendrian und die Privilegien gefährdet sehen, die dahin herrschten.

Die galoppierende Geldentwertung, die politische Unsicherheit und das Versagen der staatlichen und kommunalen Organe bei der Gewährleistung der simpelsten Erfordernisse an Infrastruktur und öffentlicher Sicherheit machen

das Bauerndasein zu einem ungewissen Abenteuer. Trotzdem halten die Bauern sehr zäh an ihren neuen Errungenschaften fest. Sie wollen ihr Land behalten und mit eigenen Kräften bewirtschaften, nicht nur für sich, sondern auch für die Bevölkerung der Städte. Seit circa 1990 besteht in Russland die Pächtervereinigung „AKKOR", die die neuen Bauern informiert und ihnen mit Krediten, Saatgut und Unterstützung zur Seite steht. Trotz der äußerst widrigen Umstände sind erste Erfolge zu erkennen.
Ich glaube, dass es sich hier tatsächlich um eine „Auferstehung" des russischen Dorfes handelt – daher auch der vielleicht etwas pathetisch klingende Name unseres Vereins, der 1993 gegründet wurde.

Aber schon vorher, zu Bundestagszeiten, war ich mehrmals in Russland. Die Gelegenheit war günstig, ich wurde sofort Mitglied der „deutsch-russischen Parlamentariergesellschaft". Solch lose Vereinigungen gab es viele. Dann nahm ich Kontakt auf mit der Landwirtschaft und ihren Vertretern in Russland, Agrarwissenschaftlern, Kolchoschefs und interessierten Vertretern in der Politik. Die erste Aktion war eine Einladung einer russischen Agrardelegation nach Deutschland. Angeführt wurde die Gruppe von Prof. Alexander Nikonov, dem Präsidenten der Akademie der landwirtschaftlichen Wissenschaften in Moskau. Er war in Begleitung seiner Stellvertreterin Prof. Ludmilla Petrova, die nebenbei Leiterin einer fünfunddreißigtausend Hektar großen Kolchose bei Stawropol im Kaukasus war, und Prof. Pabloski, des Leiters der Universität in Wolgograd (Stalingrad) und Leiter des dortigen Institutes für Bodenmelioration und Waldbau.

Eine Woche lang zeigten wir den Besuchern täglich einen anderen Biobauernhof. Ich erinnere mich an den Besuch eines Demeterbetriebs, wo ihnen der Bauer vorführte, wie man ein Kuhhorn mit verschiedenen Kräutern vollstopft und dann im Kompost vergräbt. Man wird es nicht glauben, aber die gesamte Gruppe war hochinteressiert und aufmerksam, obwohl sie völlig andere Dimensionen gewöhnt waren. Ein Einhunderthektarbetrieb war bei uns ein großer Hof. In Russland gab es diese Größe nicht. Solche „Winzlinge" waren dort unvorstellbar, die meisten Äcker oder Wiesen, wie ich sie besichtigt habe, waren zweihundert Hektar groß oder größer.

Wie erklärt sich dann die gespannte Aufmerksamkeit unserer Gäste? Der Zustand der Landwirtschaft in Russland war dramatisch und ist es noch. Das neugegründete „Staatskomitee für Umweltschutz der UdSSR" hat in einer umfassenden Studie aufgelistet, dass von den 605 Millionen Hektar landwirtschaftlicher Nutzfläche Ende 1988 bereits 157 Millionen Hektar durch falsche Bewässerungsmethoden versalzen seien.

Bei 113 Millionen Hektar ist die Humusschicht durch Erosion weitestgehend abgewaschen, und weitere 87 Millionen Hektar sind aus anderen Gründen – wie zum Beispiel Versauerung – nicht mehr nutzbar. Der Anbau von immer gleichen Produkten hat zu einem immer intensiveren Einsatz von Schädlingsbekämpfungsmitteln geführt. Die Folgen, so heißt es in der Studie, sind eine erhebliche Belastung der Böden, der Gewässer, des Grundwassers und der Nahrungsmittel. (Der deutsche Mais lässt grüßen, armes vermaistes Land.) DDT war bis in die 90er-Jahre in Russland erlaubt. (DDT ist bei uns seit 1974 verboten und durch Atrazin ersetzt, das später auch verboten und durch Glyphosat ersetzt wurde, das noch nicht verboten ist.)
Es hat dazu geführt, nur um ein Beispiel zu nennen, dass in der Millionenstadt Nowosibirsk die ohnehin schon hohen russischen Grenzwerte um das 40- bis 200-Fache überschritten wurden. Deswegen haben unsere Gäste so gut aufgepasst: Weil ihrer Landwirtschaft „das Wasser bis zum Hals stand". Es war eine höchst spannende Woche, bei der es auch sehr persönliche Gespräche gab.

Alexander Nikonov, damals schon um die siebzig Jahre alt, also Kriegsteilnehmer von Anfang bis Ende, erzählte mir von dieser Zeit, von seinem Schicksal. So passierte es beim Mittagessen in einem Restaurant, dass er unter den Blicken aller seine Jacke und sein Hemd auszog, um mir die weggerissene Schulter zu zeigen, das heißt, das Loch, wo einmal das Schulterblatt war. Ich konnte meine Faust hineinlegen. Und es waren keineswegs reißerische Unterhaltungen über Sieg und Niederlage oder gar Glorifizierungen irgendwelcher Art, nein, der kleine Bauer aus Oberbayern und der „Held der Sowjetunion" unterhielten sich, wie zwei Bauern sich eben unterhalten.
Im Hotelzimmer von Prof. Nikonov feierten wir Abschied. Meine Mitarbeiter wurden von den Russen freudig begrüßt, auf dem Schrank lag ein „wirklich alter Koffer", man legte ihn auf den Tisch, man öffnete ihn. Darin befanden sich ausschließlich russisches Roggenbrot in der üblichen Kastenform und Wodka, viel Wodka.

Da ich in meinem ganzen Leben noch kein einziges Bier getrunken habe, geschweige denn Schnaps, schwante mir Schlimmes – und so kam es auch. Bei der letzten Flasche wurde zuerst das Glas geleert und dann zerbissen und geschluckt. Die Folge: Ich ging in ein fremdes Hotel und verlangte dort meinen Zimmerschlüssel. Es dauerte, bis man mir klar machen konnte, dass meine

Herberge sich eine Straße weiter befand. Das war meine erste Begegnung mit Menschen, von denen ich bisher nur vom „Hörensagen“ wusste. Es hat mich tief beeindruckt, bis heute.
Fahren Sie einmal tausend Kilometer durch Russland, von Dorf zu Dorf; nicht auf der Autobahn, nur tausend Kilometer – nicht etwa achttausend durch die sibirische Waldtundra, dann verstehen Sie die Menschen dieses Landes besser, ohne mit ihnen gesprochen zu haben. Dann merken Sie, welch mickrige Erdenbewohner wir sind.

Schon kurze Zeit später fuhr ich das erste Mal nach Russland, privat, in Begleitung von Lena Gerlts, die ich als Dolmetscherin der russischen Delegation kennengelernt hatte. Sie war von uns über ein Büro in Hamburg bestellt worden. Zu dieser Zeit war mir längst klar, dass den meisten Bauern in unserem Land nicht zu helfen ist. Deshalb dachte ich einfach: Den Einsatz für diesen schönen lebenswichtigen Beruf verlagere ich nach Russland. Denn dort lebte jetzt eine Generation, die gar nicht mehr wusste, was eine Bäuerin, was ein Bauer ist.
Die ersten Hilfslieferungen, die ich organisierte, hatten mit Landwirtschaft jedoch nichts zu tun. Lena war in St. Petersburg geboren und aufgewachsen, hatte dort studiert, ihren Ingenieur gemacht und war 1972 nach Deutschland übersiedelt, der Liebe wegen. Ihre gesamte Verwandtschaft und alle ihre alten Bekannten lebten nach wie vor in Leningrad, so hieß die Stadt damals noch, und so erfuhr ich ganz nebenbei in ungezählten Unterhaltungen von den Zuständen in Russland Ende der 80er-, Anfang der 90er-Jahre.

Beispiel eins: Im Landkreis (Rajon) Lomonosov – zugehörig zum Leningrader Gebiet (Oblask) – gab es ein Kinderkrankenhaus für Waisenkinder mit etwa vierzig Patienten. Eine Heizung gab es dort nicht, eine ganze Reihe Fenster waren kaputt. Es kam vor, dass Ratten den Kindern in der Nacht die Zehen anknabberten. Einige der kleinen Patienten waren mit Aids infiziert, weil es im gesamten Krankenhaus nur ein einziges Spritzbesteck gab.

In den schlimmsten Träumen konnte ich mir solche Zustände nicht vorstellen. Ich bekam einen Schock, der tagelang anhielt. Wieder zuhause, suchte ich sofort meinen Hausarzt Dr. Schorsch Vogel auf, der mit meinem Großvater gut befreundet gewesen und dann dessen Nachfolger als Bürgermeister geworden war. Ich erzählte ihm die Geschichte und fragte, ob er mir nicht helfen wolle, da ich selbst keine Einwegspritzen erwerben konnte. Er bestellte zehntausend Stück für mich, zweitausend spendete er selbst. Mit zwölftausend Spritzen im

Gepäck fuhr ich nach Bonn, ging ins Außenministerium und schickte sie als Diplomatenpost deklariert nach Leningrad an die Adresse des Krankenhauses in der Annahme, dass Diplomatenpost sicher ist. Siebentausend wurden gestohlen, fünftausend kamen an. Der Schwarzmarktkurs für eine Spritze betrug zwanzig US-Dollar. Da hatte also jemand einen richtigen Reibach gemacht. Der oberste Seuchenarzt des „Leningrader Gebietes“ schrieb mir einen Brief, bedankte sich aufs herzlichste mit dem Zusatz, dass schon viele Gäste aus dem Ausland über die „Zustände“ Bescheid wüssten und Hilfe versprochen hätten, ich jedoch der Einzige gewesen sei, der auch tatsächlich geholfen habe.

Beispiel zwei: Noch im selben Jahr - ich reiste damals drei- bis viermal im Jahr nach Russland, denn als Volksvertreter verdient man genügend, um sich das leisten zu können - lernte ich den Vorsitzenden des Vereins der „Leningrader Dialysepatienten“ kennen: Aljoscha Blinkow. Er berichtete mir, dass jährlich mehr als sechshundert von ihnen – er gehöre auch dazu – nur deshalb sterben müssten, weil es für die Dialysegeräte keine sauberen Filter mehr gebe. Sobald ich wieder daheim war, klapperte ich alle Krankenhäuser der Umgebung ab. Alle haben geholfen. Mit sechs großen Kartons mit Filtern fuhr ich zum Flughafen. Diesmal vertraute ich nur mir selbst und fragte die anderen Fluggäste, die mit mir für den Flug nach Petersburg anstanden, ob sie nicht eine dieser Schachteln mitnehmen würden. In Petersburg ging es durch den Zoll, anschließend sammelte ich meine sechs Kartons wieder ein. Ein Karton war für Aljoscha gedacht, der diese Hilfe aber mit Blick auf die anderen Patienten ablehnte.

So begann mein Engagement im „Land meiner kindlichen Sehnsucht“. Die Zustände, die damals dort in allen Lebensbereichen herrschten, sind kaum zu beschreiben. Einmal mieteten wir für dreißig DM eine Woche lang eine Wohnung. Die wirklichen Mieter zogen solange zu Großeltern oder Verwandten. Ich wollte wenigstens eine kurze Zeit erleben, wie das Leben dort ist: Sich bereits vormittags anstellen für Butter und Brot, lange Schlangen vor dem Gebäude, nach Stunden endlich Butter erhalten. Ich packte sie zuhause aus. Sie war ranzig. Kein Fünftel davon war mehr genießbar. Ein anders Mal stellten wir uns in einer schier endlosen Schlange an. Auf der gegenüberliegenden Einfahrt einer Querstraße bieb ein kleiner Lastwagen vor einem Geschäft stehen, öffnete die Plane und wollte abladen.
Die Ladung: Hähnchen. Nicht ein einziges erreichte seinen Bestimmungsort. Innerhalb von zehn Minuten hatte sich die Schlange aufgelöst, ein jedermann bediente sich selbst am Lastwagen, natürlich ohne Bezahlung. Der offizielle

Wechselkurs betrug damals zwei Mark für den Rubel, der Schwarzmarktkurs belief sich auf zwanzig Rubel für eine Mark. Zehn Mark, schwarz getauscht, reichten für eine Woche. Alte Mütterchen (Babuschkas) standen vor den Geschäften und versuchten gebrauchte Plastiktüten zu verkaufen, ein Taxifahrer hat uns einmal für zwanzig Mark eine ganze Woche überall hingebracht, wo wir hinwollten.

Wir fuhren in die Wolchowsümpfe, siebzig Kilometer mal hundert Kilometer groß, um das Dorf zu suchen, in dem die Eltern von Oleg gelebt hatten. Dort standen nur noch einige Reste gemauerter Kamine und verwilderte Obstbäume. Wer ist Oleg? Er war der Vorsitzende der ersten Pächtervereinigung in Russland. Dort sammelten sich die ersten Menschen, die Bäuerin oder Bauer werden wollten. Ihr Büro hatten sie im Smolnykloster, einen noch immer herrlichen Prachtbau aus der Zeit der Zarin Katharina, direkt an der Newa. Die Pächtervereinigung hatte dort ein Zimmerchen von vielleicht zehn Quadratmetern. Dort lernte ich die ersten zukünftigen Kollegen/innen kennen. Dort war auch der Anfang der „Auferstehung der freien Bauern Russlands".

Schwierige Arbeitsbedingungen: Oleg auf einem Feld.

Anmerkung zum Foto: Es entstand auf der Straße zwischen dem noch existierenden Dorf Usadisce und dem Heimatdorf von Olegs Eltern Krasawino. Krasawino liegt in den Wolchowsümpfen, durch die im „großen vaterländischen Krieg" der Einschließungsring für Leningrad verlief. Dort kam es zu fürchterlichen Gemetzeln. Noch heute kann man „auf dem Feld der Ehre" Knochen und Schädel der jungen Menschen aus Russland und Deutschland finden, die dort ihr Leben lassen mussten.

Die ersten Menschen, denen ich helfen konnte, waren Luba und Dimar Zwetkow aus einem Dorf namens Kolbino, etwa vierzig Kilometer nördlich von Leningrad gelegen ist, nicht weit vom Ladogasee, der zusammen mit dem Onegasee den größten Süßwasserspeicher Europas bildet. Sie waren Mitglieder einer Kolchose und wohnten in einem der zwei Wohnblocks, die für die Mitarbeiter gebaut worden waren.
Als sich die Kolchose wie viele tausend andere zu jener Zeit aufgelöst hatte, konnten Luba und Dimar ein Grundstück pachten. Grund zu besitzen, war noch nicht möglich. Die Fläche selbst, angeblich Weide und Ackerland, cirka siebzehn Hektar groß und seit Jahren nicht mehr bewirtschaftet, war mit Sträuchern und armdicken Birken bewachsen.
Die Arbeit begann auf einer kleinen, noch freien Fläche von etwa einem Hektar. Ein Holzschuppen diente als Stall für drei Kühe, zwei Schweine und einige Hühner.

Daneben gab es ein aus Holz errichtetes „Zwergenhaus" mit einem gemauerten Kamin für den Winter. Ein Mensch musste immer auch nachts anwesend sein, sonst hätte sämtliches Inventar in kürzester Zeit den Besitzer gewechselt. Das Heu lag lose im Freien. Bis es im Winter verfüttert werden konnte, war mehr als die Hälfte verfault. Eins war klar: ohne Futter keine Tiere, ohne Kühe keine Milch und keine Kälber. Die Lösung war der Kauf einer gebrauchten Heupresse. In den aufgelassenen Kolchosen gab es jede Art von Maschinen, die nur den einzigen Nachteil hatten, dass sie alle kaputt waren.

Dimar erkundigte sich und wurde schnell fündig. Allerdings fehlte das wichtigste Teil der Presse, das Messer zum Abteilen der Ballen. Wir kauften und reparierten Heupresse mit siebenhundert Mark aus meiner eigenen Tasche. Der Erfolg ließ nicht lange auf sich warten: Schon im ersten Jahr wurden fünftausend Ballen für vier Familien gepresst, aufgestapelt und mit einer Plane zugedeckt. Das war gutes Futter ohne Verluste. Den Verein gab es damals noch nicht, also blieb mir nur übrig, die Menschen mit meinem eigenen Geld zu

unterstützen. Ich tat dies mit Gelassenheit und Zuversicht, denn, wie heißt es doch: „Geben ist besser als Nehmen".
Das Ergebnis konnte sich sehen lassen: mit siebenhundert Mark konnte ich einer Bauernfamilie in Russland das Überleben ermöglichen. Wollte ich dasselbe in Deutschland tun, müsste man an die Summe noch drei Nuller anhängen. Auf Dauer konnte ich mir das natürlich nicht leisten, also begann, ich gute Bekannte und Freunde zu fragen, ob sie mich bei dem Vorhaben nicht unterstützen wollten. Viele halfen mir, sodass ich in der folgenden Zeit jährlich etwa zweitausend bis dreitausend Mark an Spenden erhielt. Meine Ausgaben für die Reisen nach Russland waren höher, das machte mir aber nichts. Ich dachte mir: „Gut Ding braucht Weile".

Das Sprichwort erfüllte sich. Maria Stanggassinger, Betreiberin des Bioladens in Berchtesgaden, den ich seit Jahren belieferte, erzählte einer Bekannten, die im Bayerischen Rundfunk arbeitete, welch seltsamen Verein da ein Bauer gegründet hatte. Sie könne sich ja mal erkundigen. Und wieder hatte ich Glück: Eines Tags stand die BR-Reporterin Carola Zinner in meiner Tür. Wir setzten uns in die Stube, sie baute ihr Tonbandgerät auf. Wir unterhielten uns etwa eine Stunde lang. Wochen später lief um neun Uhr vormittags im Schulfunk eine halbstündige Sendung über den Verein und seine Aktivitäten. Und dann passierte etwas, das ich heute noch als kleines Wunder betrachte.
Innerhalb zweier Wochen erhielten wir fünfunddreißigtausend Mark an Spenden! Und das, obwohl wir weder eine Kontonummer, noch eine Telefonnummer oder eine Adresse genannt hatten. Die Menschen riefen beim Rundfunk an und wollten wissen, wie sie uns erreichen. Eine Spenderin hat mir Jahre später erzählt, dass sie mit Lippenstift den Namen des Vereins auf die Windschutzscheibe ihres Autos geschrieben habe, um uns zu erreichen. Liebe Carola Zinner, auf diesem Weg ein großes Dankeschön. Endlich waren wir in der Lage, größere Hilfsprojekte umzusetzen, das Spendenaufkommen ist bis heute gleichgeblieben. Nur sind es jetzt dreißig bis vierzigtausend Euro pro Jahr.

Die Verhältnisse der Menschen in Russland, die selbständige Bäuerinnen und Bauern werden wollen, kann man folgendermaßen erklären: Man braucht zuerst den Boden; ob in Pacht, in Erbpacht oder als Eigentum. Heute gibt es für diese Menschen endlich das Recht auf Besitz. Zwar sind der Acker oder die Wiese zu einem Schleuderpreis zu haben; bei Tula wurde bester Schwarzerdeboden für zwanzig Mark das Hektar verkauft. Der Haken an der Sache ist allerdings, dass uns dann die Eintragung des Kaufs von rund zehn Hektar ins Grundbuch durch einen Beamten siebentausend Euro und mehr kostet, manchmal auch weniger. Die Preise sind je nach Region verschieden und hängen davon ab, wie korrupt der Beamte ist, der die Eintragung vornimmt. In der Petersburger Gegend sind die Preise hoch, in Weliki Nowgorod niedriger, in der Gegend von Twer sind sie „normal".

Ist der Grundbesitz dann endlich gesichert, geht die Arbeit erst richtig los: Der neue Bauer benötigt Stall, Haus, Maschinen, Tiere, alle möglichen Werkzeuge und Gerätschaften, Lagerschuppen und so weiter. Die meisten Neubauern, die wir unterstützen, haben entweder nur den Boden und einen Holzverschlag als Stall, oder ein paar Kühe oder Schafe und einen kleinen Traktor aus den 50er-Jahren. Von den fünf elementaren Voraussetzungen, um Bauer zu sein, sind in der Regel zwei, höchstens drei vorhanden. Da beginnt die Arbeit unseres Vereins, immer unter einer Bedingung, unserer einzigen. Sie lautet: biologische Landwirtschaft im Familienbetrieb. Kolchosen, Sowchosen oder andere Großbetriebe unterstützen wir nicht.
Hier gibt es nur zwei Ausnahmen: Wir sind Partner der landwirtschaftlichen Fachschulen in Wsewolosk und in Weliki Nowgorod, doch dazu später.
Anhand der Familie Ksenofontow möchte ich erläutern, worum es hier geht: Die Familie Ksenofontow, das sind Tatjana und Nikolai und ihre fünf Kinder. Nikolai, der seinen Wehrdienst als Kraftfahrer in Sachsen ableistete, war später in der Petersburger Gegend Kraftfahrer einer Kolchose, die sich nach Gorbartschows Landreform auflöste.
Er träumte davon, Bauer zu werden, und bat um ein Grundstück. Ein solches bekam er dann auch; das schlechteste Grundstück der Kolchose: zehn Hektar Sumpf mit tausenden Steinen, ab Kopfgröße und größer. In einer unglaublichen Energieleistung schuf er sich eine steinfreie Fläche. Ein riesiger Steinhaufen an seiner Grundstücksgrenze erinnert noch heute daran. Die Nachbarn staunten.

Sie staunten noch mehr, als Nikolai Entwässerungsgräben anlegte (rund um sein Grundstück herum und durch sein Grundstück hindurch, mehrere Kilometer lang) und so den Sumpf trockenlegte. Dann kaufte er die ersten Tiere, eine Kuh, ein paar Schafe. Ein kleines Holzhaus war der nächste Schritt, und die Neider wurden mehr. Denn Nikolai war der Einzige weit und breit, der sich selbständig machte. Eines Nachts wurde ihm das Häuschen angezündet. Bis heute weiß man nicht, wer das war.
Außer dem nackten Leben im Sinn des Worts konnte die Familie Ksenofontow nichts retten. Sogar Hund und Katze kamen in den Flammen um. Nikolai trug

schwere Verbrennungen davon, aber seine Familie hat überlebt. Viele Wochen lag Nikolai im Krankenhaus. Nach Hause konnte er nicht zurück, denn ein Haus gab es nicht mehr. Er kaufte einen alten Eisenbahnwaggon ohne Isolierung. In dem hauste die Familie fünf Jahre. Dort lernte ich ihn kennen.

Es war Winter, zwanzig Grad minus. Im Waggon war nicht daran zu denken, die Jacke auszuziehen oder die Mütze abzunehmen, auch nicht beim Essen der Mahlzeit, zu der er mich natürlich eingeladen hatte. Die russische Gastfreundschaft ist sprichwörtlich, sie ist selbstverständlich, nicht aufgesetzt, ein Teil der Kultur. Da saßen wir nun und überlegten, was als erstes zu machen war. Ein Haus war zu bauen, alles andere musste warten. Im Winter sind Zement und Ziegel billiger, zumindest in Russland, und so übergab ich ihm die erste Hilfe. Das war vor mehr als fünfzehn Jahren. Seither hat die Familie ein neues Haus und einen Stall gebaut.
Diverse Geräte wie eine Motorsäge, einen Spalthammer oder eine Zentrifuge für die Milchseparierung habe ich aus Deutschland mitgebracht - apropos Zentrifuge: Ich komme am Zoll des Petersburger Flughafens mit zwei Zentrifugen an, eine für Zwetkow, die andere für Ksenofontow. Die Zöllnerin sagte: „Eine ist bäuerliche Produktion, zwei sind industrielle Erzeugung“. Ich hätte Zoll zu bezahlen. Das verweigerte ich und blieb eine gute Stunde einfach sitzen. Irgendwann wurde ich durchgewunken.

Heute ist Nikolai Ksenofontow ein gefragter Ansprechpartner für viele Menschen. Die Nähe zu Petersburg hilft der Familie sehr bei der Vermarktung ihrer Bioprodukte. Nikolai verkauft alles, was er erzeugt, ab Hof und wurde vor zwei Jahren als bester Privatbauer des Landkreises geehrt. Seine Kinder bauen zurzeit mit Unterstützung durch den Verein einen Stall für Hühner, Enten und Gänse. Es ist ein gutes Gefühl, nach fünfundzwanzig Jahren der nächsten Generation zuzuschauen und zu sehen, dass sie auf dem richtigen Weg ist. Scheinbar haben auch wir es richtig gemacht mit der „Auferstehung“.

Im Durchschnitt betreuen und unterstützen wir sechs bis acht neue Bauernfamilien gleichzeitig. Die Hilfe dauert bis zu zehn Jahre pro Hof. Über jede Familie könnte ich ein ganzes Buch schreiben, einige will ich hier namentlich nennen. Zum Beispiel: Pavel Uteschew und seine Frau Galina. Pavel ist ein einarmiger Invalide aus dem Afghanistankrieg. Er lebt am Illmensee und hat letztes Jahr das Geld für einen Kartoffelvollernter und eine Sortiermaschine von uns bekommen. Die benötigt er, weil fast alle Helfer aus dem Dorf in die Stadt abgewandert sind. Die umgekehrte Richtung – zurück ins Dorf – wäre die Bessere. Aber noch ist es nicht soweit. Unsere ersten Bauern, Luba und Dimar (der vor einigen Jahren verstorben ist), waren in den 90ern Praktikanten auf meinem Hof. Auch ihnen wurde ein Stall finanziert und vieles mehr. Heute verarbeiten sie ihre Milch zu Butter, Quark und seit neuerem zu Joghurt, mit eigenem Markennamen. Die beiden Töchter sind fit, Luba sowieso, das heißt jetzt wieder, denn die Grundstücksmafia, die ihre Fläche haben wollte, hat ihr eines Nachts mit einer Eisenstange den Arm zertrümmert, weil sie ihren Besitz nicht aufgeben wollte.

Weiter zu nennen wäre Slawa Lozik, damals Student in der Landwirtschaftsschule in Wsewolosk. Auch er absolvierte ein Praktikum auf meinem Hof. Anschließend sollte er in der Schule einen Vortrag darüber halten, was er in Bayern gesehen und gelernt hat. In Anwesenheit der Lehrer sagte er, er habe in diesen drei Wochen mehr gelernt als in drei Jahren in der Schule. Damals war er achtzehn Jahre alt. Heute ist er glücklicher Familienvater und selbständiger Biobauer in Landkreis Lomonossow. Von seinem Anwesen aus kann man die Ostsee und Kronstadt sehen, die Insel der „Konterrevolution". Seit drei Jahren braucht Slawa uns nicht mehr. Natürlich haben wir noch Verbindung mit ihm so wie mit allen Ehemaligen. Dann wäre da noch Ivan Gawrilowetz, ein schmächtiger junger Mann aus dem Dorf Smytsch am Fluss Luga, etwa fünfzig Kilometer westlich von Weliki Nowgorod, ehemaliger Student der landwirtschaftlichen Schule dort. Nach den drei Wochen Praktikum in Eham wusste er nicht, ob er Bauer werden will. Wir ließen ihm ein Jahr Zeit, es sich zu überlegen. Dann wollte er.
Das auf einer Anhöhe über dem Fluss gelegene Dorf wäre bei uns eine Touristenattraktion erster Güte, in Russland gehört es eher zu denen, die vom Aussterben bedroht sind. Ivan war der erste Bewohner dort, der wieder Bauer wurde mit Schafen, Hühnern und Kartoffeln. Sein Beispiel blieb nicht unbeachtet. Heute gibt es dort bereits vier junge Männer, die Bauern sind. Einige haben bereits eine Familie, die der Verein unterstützt. Und das ehemals sterbende Dorf hat wieder Zukunft. Die meisten Flächen liegen trotzdem brach und werden nicht bewirtschaftet. Dabei könnten dort ohne Probleme vierzig Bauern ihr Auskommen finden. Aber vier sind schon mal ein Anfang.

Das Dorf liegt im Landkreis (Rajon) Badetzky. Und es heißt, dass eine Oligarchin aus St. Petersburg, die noch niemand gesehen hat, bereits die Hälfte dieses Gebietes besitzt. Das sind tausende Hektar. Möglich wurde eine solche Anhäufung von Grundbesitz, weil die Mitarbeiter der sich auflösenden Kolchosen Anteile derselben erhielten und diese für „ein Butterbrot" verkauften.

Nach Jahren der Unfreiheit wollten sie einfach nur weg, wenn möglich in die Stadt. Vom Leben auf dem Land hatten sie genug. Dieses seltsame Verhalten ist kein Wunder, da den ehemaligen Kolchosarbeitern niemand beistand, am allerwenigsten der Staat. Wie bereits erläutert: Boden allein hilft gar nichts.
Mein letztes Beispiel ist die Geschichte von der letzten Bäuerin und dem letzten Bauern im Dorf Binkowo, Marina und Alexej Savonow. Sie wurden von ihren beiden Söhnen unterstützt und von Michael, Alexejs Vater. Der Verein leidet auch mit, wenn das Schicksal zuschlägt: Vor einem Jahr wurde der jüngste Sohn des Ehepaars Savonow von einem Schulkameraden auf dem Feld erstochen. Wir waren sehr betroffen. Hilfe zu leisten, bedeutet für uns, nicht nur die Freuden des Lebens, sondern auch großes Leid zu teilen.

Der Ort Binkowo liegt etwa vierhundert Kilometer südlich von St. Petersburg in Richtung Moskau im Tweroblask (eigene Gebietsregierung). Er liegt abseits, „einsam und verlassen" könnte man sagen, denn die nächste größere Ortschaft, die Stadt Wyschni Wolotschok, ist etwa zwanzig Kilometer entfernt. Im Dorf Binkowo betreiben Marina und Alexej ihren Hof mit Kühen, Schweinen, Hühnern und Kartoffeln. Marina erzeugt Milchprodukte der Spitzenqualität: Süßrahm, Sauerrahm, Butter und Quark. Sie beliefert zweimal wöchentlich ihre Kunden in der Stadt. Anfangs hat man sie vom Markt vertrieben. Ihre Ware war jedoch so gefragt, dass man ihr nach Jahren sogar einen eigenen Marktstand angeboten hat. Nach einer gewissen Zeit erhöhte man die Standgebühr, deshalb beliefert Marina ihre Kundschaft heute direkt und frei Haus. Als ich Marina und Alexej das erste Mal besuchte, hatten sie außer ihrem Haus und einem Kleinstall nichts außer einem uralten Traktor.
Der Verein hat sie dann ausgerüstet mit dem, was ein Hof braucht: vom Traktor bis zur Melkmaschine, vom Mähwerk bis zum Miststreuer, vom Lieferwagen für den Verkauf ihrer Waren in der Stadt bis zum Neubau eines Stalls und so weiter.
In jüngster Zeit verspüren unsere Bauern Rückenwind: Seit den Anfängen ist ihr gesellschaftlicher Stellenwert in Russland enorm gestiegen.
Das liegt auch daran, dass die Menschen in Russland, nicht zuletzt wegen des Wirtschaftsembargos durch die Europäische Union, allmählich begreifen, dass ihr Land sie nicht mehr ernähren kann. Das größte Agrarland der Welt muss seine Butter mit importiertem Palmöl strecken. Sie schmeckt scheußlich. Die letzten Jahre wurden bis zu siebzig Prozent der Lebensmittel aus dem Ausland geordert.
Jetzt, nach dem Boykott der EU, dreht sich die Sache für die Bauern des Vereins in die richtige Richtung. Selbst in der Verwaltung gibt es mittlerweile sehr positive Entwicklungen. Die junge Tierärztin Maria Batrajewa,

die in einem Großbetrieb für Schweine tagtäglich nur mit der Spritze arbeitete, hatte diese Arbeit satt. Sie gründete eine eigene Landwirtschaft. Die kommunale Verwaltung überließ ihr ein circa zehn Hektar großes Grundstück auf Pachtbasis, und wenn sie es fünf Jahre bewirtschaftet, geht es in ihr Eigentum über. Eine gute Sache, wenn es dabei bleibt. Für den Stall, den Brunnen, den Traktor mit Hänger, das Mähwerk und die Elektrizität hat der Verein schon gesorgt. Nächste Aufgabe wird der Bau eines eigenen Wohnhauses sein. Denn Marias zukünftiges Bauerndasein findet in einer fast unberührten Landschaft statt. Dort will sie leben und viel arbeiten, zusammen mit ihrem zukünftigen Mann, den sie am 30. April 2018 heiraten wird. Außerdem ist sie schwanger. Das „Unternehmen" Haus eilt also.

Anhand der angeführten Beispiele über das Leben und die Existenzgründung als Bäuerin, als Bauer in Russland, kann man erahnen, wie die Wirklichkeit aussieht. Immer, wenn ich von dort nach Hause komme, auf meinen alten Hof, der nicht modernisiert ist und wo ich viel Handarbeit verrichten muss, fühle ich mich, als hätte ich ein Königreich. Müsste ich so beginnen wie unsere Freunde in Russland, würde ich so schnell und so weit laufen, wie ich nur könnte, nur weg, weit weg. Ich bewundere diese Menschen für ihren Mut, für ihre Energie und ihre Ausdauer.
Und immer noch, auch nach 25 Jahren, fragen mich die Leute, warum ich das mache, warum diese Hilfe. Die Antwort ist immer dieselbe: „Weil ich Bauer bin, weil ich frei sein will und weil bei mir zuhause zurzeit dasselbe stattfindet wie in eurem Land unter den Kommunisten. Bei uns jedoch schleichend, auf bairisch „hinterfotzig". Die Bauern werden ruiniert durch die Politiker, die Industrie, die Banken und eine großteils uninteressierte Bevölkerung, die nicht merkt, dass wir geradewegs auf eine Hungersnot zusteuern, wie sie Deutschland noch nicht erlebt hat." Auf solche Antworten reagieren die meisten sehr erstaunt, ist ja auch kein Wunder. Die Sprache von Zwergen, die dem Widerstand angehören, ist nur schwer verständlich, wird jedoch weltweit gesprochen, wenn auch selten.

Und diese Zwerge nehmen auch keine Rücksicht, wenn sie Gäste im Ausland sind: Ich war eingeladen als „Ehrengast" zum 80. Jubiläum der landwirtschaftlichen Fachschule in Wsewolosk. Die Einrichtung wurde 1923 gegründet und besteht bis heute. In Russland ist das bei den permanenten Umbrüchen, die in diesem Zeitraum stattgefunden haben, ein extrem seltenes Fest.
Anwesend waren der russische Landwirtschaftsminister, der Regierungschef des Leningrader Gebiets (Gouverneur) und viele andere „Großkopferte". Alle

hielten große Reden und übergaben Geschenke an Direktor Tschingin: ein Handy, ein Buch, ein Bild und so weiter. Unser Geschenk stand draußen auf dem Parkplatz, ein nagelneuer Traktor für elftausend Mark. Ich durfte als Letzter sprechen, die Übersetzung nahm nach jedem Satz Lena Gerlts vor, meine heldenmütige Begleiterin.

Also begann ich: „Ich bedanke mich für die Einladung, bin gerne den weiten Weg in Ihr schönes Land gegangen, und unser Geschenk steht draußen auf dem Parkplatz. Da ich Sie als Fremder gerne bestimmte Dinge fragen möchte, frage ich Sie ...“ – „Sie“, das waren ein ganzer Saal voll Studenten mit ihren Eltern, die Prominenz saß extra. „Was produziert ein Politiker?“
Kunstpause: „Nichts. Was produziert ein Beamter? - Nichts. Was produziert ein General? - Nichts! Die einzigen, die mit Hilfe von Sonne, Wasser, Luft und Boden imstande sind, etwas zu produzieren, sind die Bauern: Unser Essen – ohne sie würde es das und damit uns alle nicht geben. Deshalb bitte ich die Politiker, den Beamten zu sagen, sie dürfen in Zukunft nur solche Verordnungen und Gesetze machen, die dem General die Möglichkeit geben, seine Soldaten zu füttern. Ich danke Ihnen.“ Die Menschen sind aufgesprungen, haben geschrien vor Freude und geklatscht wie im Zirkus. Die Promis hingegen haben sich artig verhalten.

Danach, in der Turnhalle der Schule, die „große Feier“: Auf zwei langen Tischreihen standen von vorne bis hinten in Zweierreihen Wodkaflaschen. Zwei, drei Stunden später gab es nur noch angetrunkene Gäste. Der Direktor wurde von zwei Helfern in den Vorraum gebracht und dort auf einen Stuhl gesetzt, damit er die Gäste verabschieden konnte, natürlich mit Wodka. Ich reagiere auf Angetrunkene aggressiv. In Russland ist zum Abschied immer ein Trinkspruch der Brauch, der des Direktors kommt zuerst. Lena, die ebenfalls zu tief ins Glas geschaut hat, übersetzt den Meinigen ohne Hemmungen: „Lieber heimlich schlau, als unheimlich blöd“. Hätte der Direktor noch stehen können, er wäre handgreiflich geworden.

Mit dem Traktor als Geschenk hatte es eine besondere Bewandtnis. In der Schule wurde natürlich auch Landtechnik unterrichtet. Es gab eine Riesenwerkstatt mit Pflug, Eggen, Saatgeräten und vier oder fünf Traktoren – genau weiß ich es nicht mehr – alle kaputt, zwei hatten nur noch Schrottwert. Deswegen unsere Hilfe. Wir fuhren also direkt in die Fabrik, um den neuen Traktor abzuholen. Saizew, der stellvertretende Direktor, begleitete uns. Als Traktorist sollte er die Maschine gleich in die Schule bringen. Lena und ich wussten, wer Direktor der Fabrik war, aber er wusste nicht, dass wir es wissen. Schon Wochen vorher war der Preis verhandelt worden. Als der Herr bemerkte, dass ich Deutscher bin, kostete der Schlepper plötzlich vierzehntausend statt der ausgemachten elftausend Mark. Ich stand sofort auf und sagte, dass wir gehen, der Direktor aber meinte: „Warten Sie, ich muss mit dem Direktor sprechen". Er ging in ein leeres Nebenzimmer gegenüber und wollte uns vormachen, er würde ein Gespräch führen. Dieses Theater wiederholte er dreimal. Dann kostete der Traktor wieder elftausend Mark.

Noch ein Beispiel, wie man sich keine Freunde macht oder vielleicht doch? Es wird sich eines Tags herausstellen: Vor drei Jahren hat mich der Leiter des Komitees für Landwirtschaft des Nowgoroder Gebiets eingeladen und mich gebeten, ich möchte doch ein Kurzprogramm entwerfen, welche Maßnahmen meiner Meinung nach am wichtigsten für die Landwirtschaft in der Region wären. Nur sehr ungern bin ich der Einladung gefolgt, die Sergei Pablow, der damalige Direktor der Schule in Nowgorod organisiert hat. Ihm zuliebe bin ich der Einladung gefolgt. Sergei Pablow ist ein toller Mann, der alles für seine Studenten/Studentinnen getan hat. Wir sind seit vielen Jahren befreundet. Ich fasste mein Programm mit den wichtigsten Maßnahmen auf einer Seite zusammen und fuhr hin. Fünf Schwerpunkte in Kurzformat trug ich vor.
Der Leiter des Komitees für Landwirtschaft war ein großgewachsener Mann von etwa vierzig Jahren mit kurzen, nach vorn gekämmten Haaren.
Punkt eins: die sofortige Abschaffung von Korruption und Spekulantentum.
Punkt zwei: der Kauf von Melorationsmaschinen, um die nicht mehr bewirtschafteten Flächen wieder bebaubar zu machen. Dazu muss man wissen: Weliki Nowgorod liegt am Illmensee. Auf einer Russlandkarte erscheint das Gewässer als winziger blauer Fleck. In Wirklichkeit ist es viermal so groß wie der Bodensee. Obwohl der See zweihundert Kilometer von der Ostsee entfernt ist, liegt er nur auf einer Höhe von 18 Metern.

Darum steht das Grundwasser in der Region sehr hoch. Werden die Entwässerungsgräben nicht instandgehalten, verwandelt sich das Land zurück in den Sumpf, aus dem es einst urbar gemacht wurde.
Punkt drei: die Forderung nach der Errichtung eines Bio-Musterhofs auf den riesigen zur Schule gehörenden Flächen, damit die etwa 600 bis 700 Studierenden das in der Praxis erleben und begreifen, was sie in der Theorie in der Schule lernen.
Punkt vier und fünf: Stipendien für junge Leute, die eine Bäcker- oder Metzgerausbildung in Deutschland machen wollen, und die Schaffung einer ei-

genen „Nowgoroder Marke“ für Lebensmittel. Das waren die letzten beiden Wünsche, die ich vortrug. Doch schon beim ersten Wunsch hatte sich seine Haarpracht verändert. Plötzlich standen ihm „die Haare zu Berge“, da ich ihm auch noch Beispiele nannte, was ich unter Korruption vor Ort, in seinem Verantwortungsbereich meinte, konkrete Beispiele mit Ort und Namen. Mag sein, dass der Leiter des Komitees sich nach meinem Vortrag unwohl gefühlt hat.

Punkt zwei bedarf einer längeren Erklärung: Es gibt in ganz Russland nur zwei „Agrartechnische Fachschulen“, die sich speziell mit Bodenverbesserung – mit Entwässerung in der Hauptsache – beschäftigen, eine in Ussurijsk in Sibirien und die andere eben in Nowgorod. Die Maschine dazu, an der die Studenten die Praxis lernen konnten, wurde von einem – ich nenne ihn mal „Oberdirektor“ – als Alteisen verkauft. Dieser Mann war gleichzeitig Chef von zwei Fachschulen, denn es gibt dort noch eine für Veterinärwesen. Mit dem Erlös aus dem Alteisen kann man sich durchaus mal einen Skiurlaub in Österreich leisten, umso mehr, wenn man auch noch ganz zufällig in der Duma, dem russischen Parlament, sitzt. Der Stiftenkopf, dem ich die Sachen erzählte, wusste sehr genau, wen ich meinte. Mit einer zweiten Einladung ist nicht zu rechnen, und ich kann meine knappe Zeit mit den Bäuerinnen und Bauern und mit den Studenten verbringen und ihnen den Widerstand gegen solche Schweinereien beibringen.
Und diese Zeit ist aufgrund der Strecken, die wir zu bewältigen haben, wertvoll. Die Bauernhöfe liegen weit verstreut im westlichen Russland: einer bei Kaluga (nicht weit von Moskau), einer bei Smolensk, (dreißig Kilometer von der weißrussischen Grenze entfernt), einer bei Demjansk, einer bei Nowgorod, einer bei Wsewolosk bei St. Petersburg, einer im Twergebiet und alle anderen irgendwo dazwischen. Sie sind miteinander „vernetzt“, um sich auch gegenseitig helfen zu können, worauf wir großen Wert legen. Sie sollen wissen, dass sie nicht mehr allein sind.
Der Verein „Auferstehung“ hat außerdem noch zwei Verbündete in Russland, es sind die beiden Fachschulen in Wsewolosk und Weliki Nowgorod. Auch die unterstützen wir nach Kräften und sie uns, denn von den beiden Schulen waren schon mehr als zwanzig Studenten in Deutschland im Praktikum auf den Biobetrieben der Vereinsmitglieder oder als Bäckerlehrling, eine als Praktikantin in einer Tierarztpraxis, aber manche auch einfach, um nebenbei ihre Deutschkenntnisse zu verbessern. Denn in beiden Schulen wird unsere Sprache unterrichtet, die beiden Lehrerinnen Swetlana Dikarewa und Olga Owtschinnikowa waren in den ersten Jahren unserer Zusammenarbeit eine

große Hilfe und sind es noch. Die Schulen wiederum profitieren von unserer finanziellen Hilfe. Dringend auf diese Hilfe angewiesen ist die Fachschule in Weliki Nowgorod. Da fragt man sich schon: Wo bin ich hier? Ein Zwergerlverein aus Oberbayern bezahlt innerhalb von drei Jahren über dreißig Fenster für die Unterrichts- und Ausbildungsräume, weil sonst im Winter kein Unterricht mehr stattfinden kann. Dazu muss man wissen: Alle Schulen des Lands waren bis vor einigen Jahren Einrichtungen des Staats Russland. Mittlerweile wurden die Fachschulen den Gebieten (Oblasken) überlassen, und die haben keine oder zu wenig Mittel, um diesen auch nur die notwendigsten Dinge zu finanzieren. Exkursionen der Studenten waren nicht möglich, da kein Fahrzeug vorhanden war. Wir haben einen Bus für vierzig Personen in Weißrussland gekauft. Ein Fahrschulauto gab es. Es war völlig kaputt. Der Verein besorgte ein neues. So können die Studenten/Studentinnen den Führerschein in der Schule machen. Das kostet einen Bruchteil dessen, was Fahrschulen verlangen. Der Zulauf ist dementsprechend. Wenn es regnet, braucht man im Speiseraum der Nowgoroder Schule Kübel und Lappen. Das Dach ist nicht mehr dicht. Die Schule benötigt Traktoren, Pflüge, neue Fenster und so weiter. Der Verein unterstützt sie gerne. Die Rechnung ist einfach: Wenn es keine jungen Menschen mehr gibt, die Bauern werden, weil man diesen Beruf nicht mehr lernen kann, was hätten wir dann in Russland noch verloren? Wir werden weitermachen wie bisher, der Zulauf vor allem junger Frauen und Männer, die sich in der Landwirtschaft selbständig machen wollen, wird größer. Selbst aus Sibirien bekomme ich Anrufe und E-Mails. Sibirien ist leider zu weit weg. Ich kann die zwei Wochen, die ich jährlich durch das schöne Land reise, nicht im Flugzeug oder Auto verbringen, schließlich bin ich immer noch Vollerwerbsbauer, der zuhause genug Arbeit hat.

Die Arbeit für den Verein hält sich noch in Grenzen: Zweimal jährlich eine Woche bei unseren Freunden, Ende Oktober jeden Jahres eine vierseitige Bilanz über die Aktivitäten, wofür wie viel Geld ausgegeben wurde, an wen und warum. Dazu ein Bericht über all die anderen Vorkommnisse in dieser Zeit. Die Bilanzen werden den etwa 800 Spenderinnen und Spendern schriftlich zugesandt. Im zeitlichen Wechsel gibt es das eine Jahr eine Gruppenreise für unsere Unterstützer, damit sie mit eigenen Augen sehen, was mit ihrer Spende gemacht wird. Das andere Jahr laden wir einen bis drei Praktikanten ein, drei Wochen auf unseren Höfen mitzuarbeiten.
Und wöchentlich besprechen wir am Telefon aktuelle Ereignisse, den Rubelkurs, Geburten und Sterbefälle, aber auch amüsante Geschichten. Beispiel gefällig? Maria Batrajewa hat sich letztes Jahr zur Auffrischung ihrer 40-köp-

figen Schafherde per Luftfracht einen Schafbock aus Kaliningrad (ehemals Königsberg) kommen lassen. Unsere jungen russischen Bäuerinnen krempeln die Ärmel hoch, wie man hört, ganz zur Freude der russischen Schafe.
In den 25 Jahren unseres Bestehens haben wir weit über eine Million Euro in den Dörfern verteilt. Mehr als einhunderttausend Familien und Einzelpersonen in Russland würden gerne selbständige Höfe gründen, doch niemand hilft. Unser Einsatz ist nicht mal ein Tropfen auf den heißen Stein. Aber die Hoffnung, die wir den Menschen damit geben, ist unbezahlbar.
Wenn den Leser das interessiert, was er eben gelesen hat: Es gibt eine Homepage www.russischebauern.de. Auch eine E-Mailadresse können Sie nutzen: russischebauern@t-online.de.
Abschließend möchte ich mich bei zwei Frauen bedanken: Lena Gerlts hat mir mit ihrem Wissen über ihre Heimat Russland, den russischen Menschen und seine Kultur erst einen Zugang zu diesem Land und Volk ermöglicht, zumindest ein wenig. Welche Persönlichkeit Lena ist, soll folgender Vorfall verdeutlichen. Lena lebte seit Jahren in Deutschland und arbeitete als selbständige Industriedolmetscherin. Da erhält sie die Nachricht aus St. Petersburg, dass ihre Mutter gestorben sei. Sie fliegt sofort hin. Aber am Flughafen wollen Agenten des russischen Geheimdienstes sie nicht einreisen lassen, es sei denn, sie erklärt sich bereit, für diesen in Deutschland Spionage zu betreiben. Lena verzichtet auf die Einreise. Sie fliegt zurück, ohne ihre Familie gesehen zu haben. Sie liebt ihre Eltern über alles, beide waren jahrelang in der Verbannung.

Die aus Petersburg stammende Übersetzerin Lena Gerlts ist Mitbegründerin des Vereins „Auferstehung der freien Bauern Russlands". Sie hat mich ins Seelenleben der russischen Menschen eingeführt und mir ihre Heimat nähergebracht. Das Foto zeigt sie am Ufer der Newa, die durch St. Petersburg fließt, im Hintergrund eine der dort typischen aufklappbaren Brücken.

Lena und ich waren die Gründer und Geburtshelfer des Vereins, zusammen mit ihrem Mann Christoph.

Genauso bedanken möchte ich mich bei Sonja Kronawettleitner, meiner Lebensgefährtin. Als zweite Vorsitzende, Kassenwartin und Hilfsmannschaft - oder besser Hilfsfrauschaft - leistet sie viel, viel Arbeit, von der die Existenz unseres Vereins abhängt. Etwa 500 bis 600 Spendenquittungen auszustellen, zu adressieren und das seit zwanzig Jahren, ist keine Kleinigkeit. Dank ihr ist es möglich, dass „der Zwerg" alle Geschichten, Belege, Adressen und vieles mehr zur Hand hat, wenn er sie braucht. Das verdient höchste Anerkennung. In den Anfangsjahren waren wir an vielen Abenden bis spät in der Nacht damit beschäftigt, die 700 bis 800 Adressen der Spender/innen mit der Hand auf die Kuverts zu schreiben und die Briefmarken aufzukleben. Nie hat Sonja mich im Stich gelassen. Und noch heute muss sie Holz hacken, die Öfen heizen und auf den Hof aufpassen, wenn ich in Russland bin. Meistens ist das im Winter, denn im Sommer habe ich keine Zeit. Lena und Sonja, diesen beiden Frauen verdanke ich viel. Ohne sie wäre vielleicht alles anders oder gar schon zu Ende.

Hias Kreuzeder und seine Lebensgefährtin Sonja Kronawettleitner als Milizionäre in St. Petersburg. Sonja erledigt die Büroarbeit für den Verein „Auferstehung der freien Bauern Russlands" praktisch im Alleingang.

Eine letzte Anmerkung ist politischer Art: 2015 wurde der 70. Jahrestag der Befreiung des Konzentrationslagers Auschwitz durch die Rote Armee begangen. Es gab ein großes Zeremoniell. Staatsoberhäupter aus ganz Europa nahmen daran teil, auch die deutsche Kanzlerin. Nur die Befreier selbst waren nicht eingeladen, weil die polnische Führung mit Argwohn auf ihr russisches Nachbarland schaut. Das ist eine ungeheure Beleidigung, nicht für Putin – der ist mir als vorübergehende Erscheinung egal – aber für ein ganzes Volk. Die einfachen Menschen und Familien in Russland so vor den Kopf zu stoßen, eine Nation, die mehr als zwanzig Millionen ihrer Söhne, Männer, Frauen und Kinder verlieren musste, damit wir die braunen Bastarde loswurden, ist für mich eine nicht zu überbietende Schande.
Dahinter stecken Rechtspopulisten wie der polnische Parteichef Jarosław Kaczyński. Dass sich unsere Politiker von einem solch ausgewiesenen Rassisten dermaßen einlullen lassen, anstatt ihm sofort eine Absage zu erteilen und nach Moskau zu fahren, wo der Jahrtag ebenfalls feierlich begangen wurde; dafür fehlt mir jedes Verständnis. Aber wenigstens ein unbedeutender bayerischer Bauernzwerg hat schriftlich bei der russischen Botschaft sein tiefes Bedauern geäußert für diesen Affront. Und ich schäme mich noch heute für so viel Dummheit und Arroganz unserer Volksvertreter.

Ebenso unerklärlich ist mir das Verhalten der EU, das Kürzel heißt doch „Europäische Union und Gemeinschaft". Haben die Europapolitiker in Erdkunde die Schule geschwänzt? Oder warum sonst wissen sie anscheinend nicht, dass Europa erst am Ural endet und somit der größte Teil des europäischen Kontinents russisches Territorium ist. Ich erinnere mich noch sehr gut an die Rede des damals noch in ganz Europa hofierten Präsidenten Wladimir Putin vor dem deutschen Bundestag. Anstatt ihm damals, wenigstens symbolisch, die Hand zu reichen, schickte und verkaufte man Panzer und andere Waffen an die an Russland grenzenden Staaten. Es wird Zeit, auch gegen eine dermaßen kurzsichtige Politik Widerstand zu leisten und zwar laut und deutlich. Sagt der Zwerg.

Widerstand gegen schlechte Entwicklungen heißt nicht, bloß auf die Straße zu gehen und die verheerenden Beschlüsse von Politikern anzuprangern; ebenso wichtig ist es, Alternativen anzubieten. „Aller guten Dinge sind drei". Das Sprichwort stimmt nicht ganz. Das erste Angebot, der „Freilassinger Bauernladen", ging voll in die Hose, weil man nicht verstand oder nicht verstehen wollte, was man damit hätte zeigen und bewegen können. Das zweite Projekt, der Verein „Auferstehung der freien Bauern Russlands e. V.", ist hingegen eine

Erfolgsgeschichte, und der Erfolg wird jedes Jahr ein Stückchen größer. Sie macht einigen wenigen Aktiven eine riesengroße Freude. Den Menschen, die uns unterstützen, geht es dabei wohl ebenso. Die dritte Möglichkeit, etwas zum Positiven zu verändern, war „der bessere Weg" für die Gemeinde Kirchanschöring. Die ersten Gedanken dazu gebar mein Freund Rainer Georg Zehentner. Er ist der Urheber und Initiator, gleichzeitig auch Bürger dieser Gemeinde und somit den Dingen näher als andere. Darum hat er selbst das nächste Kapitel geschrieben. Lieber Rainer, es ist eine große Bereicherung für mich, dich zu kennen.

KAPITEL DREIZEHN: „DER BESSERE WEG"
von Rainer Georg Zehentner

Als ich im Januar 2017 dem Hias zusagte, ihm bei seinem Buch zu helfen, dachte ich ans Tippen seiner handgeschriebenen Texte und Ausbessern von Rechtschreibfehlern. Schließlich bat er mich, selbst ein Kapitel beizutragen, weil ich mich mit dem Thema Waginger See besser auskennen würde als er. Mein Kapitel behandelt das dritte der Projekte, über die der Hias zum Abschluss seines Buchs berichten möchte. Er selbst nannte es „den besseren Weg", ein Name, der von allen Beteiligten übernommen wurde. Das Projekt zeigt einen Weg auf, den die Landwirtschaft nach unserer Überzeugung einschlagen muss. Ich habe lange darüber nachgedacht, warum der „bessere Weg" so kurz vor seiner Verwirklichung stehengeblieben ist: nicht etwa, weil uns in der Sache Denkfehler unterlaufen wären, sondern weil wir damit unserer Zeit voraus waren. Dieses Kapitel handelt nicht von einer Vergangenheit, die nie stattgefunden hat, sondern von einer möglichen Zukunft.

Ausgangspunkt war, dass der Waginger See, an dem ich aufgewachsen bin, sich in den letzten Jahrzehnten des 20. Jahrhunderts in eine trübe Brühe verwandelte. Verursacher ist eine Landwirtschaft, die sich am Großhandel und am Weltmarkt orientiert, was mit unserem kleinstrukturierten Naturraum nicht vereinbar ist. Allerdings dauerte es viele Jahre, bis die zuständigen Behörden – Wasserwirtschaftsamt und Landwirtschaftsamt – endlich auch öffentlich einräumten, dass das Sterben des Sees von der Landwirtschaft verursacht wird.
Meine Heimatgemeinde Kirchanschöring liegt im Landkreis Traunstein und grenzt im Westen an den Waginger See, den wärmsten See Oberbayerns. Dieser war bis in die 60er-Jahre des 20. Jahrhunderts ein Naturparadies. Damals war unsere kleine Welt noch in Ordnung. Der See lockte Touristen an, die in den Dörfern übernachteten oder an den Ufern campierten, Bootsfahrten unternahmen und stattliche Fische an Land zogen. Sein klares Wasser und sein Fischreichtum sind unvergessliche Eindrücke aus meiner Kindheit.

Etwa ab den 90er-Jahren verwandelte sich das Seewasser in eine Brühe. Schillers Ballade: „Es lächelt der See, er ladet zum Bade ..." wäre am Waginger See, wie er heute ist, niemals geschrieben worden. Ein erstes Alarmsignal gab es in den 70er-Jahren. Der Sauerstoff verschwand erstmals aus dem Wasser. Der Verursacher stand bald fest: Es handelte sich um eine Molkerei aus der Gegend, die ihr Abwasser nicht ausreichend klärte, ehe sie es in den See leite-

te. Monatelang wurde mittels schwimmender Anlagen Sauerstoff in den See gepumpt. Schließlich erwachte die Wasserleiche zu neuem Leben. Als Kind bestaunte ich die großen Anlagen und hatte zum ersten Mal das vage Gefühl, dass irgendetwas mit meiner Heimat aus dem Ruder lief. Für die Molkerei, bei der die meisten Bauern aus der Gegend ihre Milch ablieferten, wurde eine längst fällige Kläranlage gebaut.
Seither ist unsere Kommunalpolitik für das Thema See sensibilisiert. Und so leistete man Vorbildliches: In den 90er-Jahren wurde ein Ringkanal errichtet, an den sämtliche größere Ortschaften und Siedlungen rund um den See angeschlossen werden mussten. „Kein häusliches Abwasser darf in den See gelangen", lautete das von den Bürgermeistern propagierte Credo, das aus dem bayerischen Innenministerium stammte und in Wirklichkeit auf eine Belebung des Tiefbaus abzielte. Nur so ist es zu erklären, dass der Staat beim häuslichen Abwasser penibel vorging, während die Bauern rings um den See ihre Flächen nach Belieben mit Kunstdünger bestreuen und mit Gülle überschwemmen konnten.

Trotz des Ringkanals verschlechterte sich die Wasserqualität in den 90er-Jahren zusehends. Die zuständigen Behörden und Politiker stellten sich unwissend. Niemand wagte offen auszusprechen, was jedem klar war, der sehen und schlussfolgern kann: Schuld an dieser Misere war die intensive Landwirtschaft. Doch das wollten die Verantwortungsträger damals noch nicht wahrhaben. Eine wissenschaftliche Untersuchung entlastete die Bauern sogar: Der nach der jüngsten Eiszeit vor zwölftausend Jahren entstandene See ist die tiefste Fläche eines großen Beckens. Sein Wassereinzugsgebiet erstreckt sich über sieben Gemeinden.
Das Wasser jeder Quelle, jeden Bachs, jeden Drainagerohrs, jeden Straßengrabens fließt in den See. Hinzukommt, dass der Untergrund aus Lehm besteht und das Oberflächenwasser deshalb nicht tief versickern kann. Das alles sei ungünstig für den See, aber die Schuld der Bauern sei es nicht. Eine andere Untersuchung stellte einen stark erhöhten Phosphorgehalt im Seewasser fest. Wir lernten: Phosphor lässt Algen und Wasserpflanzen wachsen. Wenn diese sterben, sinken sie auf den Gewässergrund und werden von Bakterien zersetzt, die dem Wasser Sauerstoff entziehen. Der Sauerstoffgehalt im See sinkt mit der Zunahme des Phosphorgehalts. In warmen Sommern kann der Sauerstoff aus den tiefen Zonen sogar ganz verschwinden.
Dass der Phosphor überwiegend aus der Landwirtschaft stammt, ist heute unbestritten. Am Anfang war es alles andere als das, zumindest für die Behörden, Politiker und Bauernvertreter. Sie argumentierten geschickt: Es gebe ja

auch den natürlichen Phophoreintrag aus Mooren, gab das Landwirtschaftsamt zu bedenken. Außerdem seien auch die Hausbesitzer nicht unschuldig, ergänzten die Vertreter des Bauernverbands. Diese würden die Rasenflächen der Eigenheime viel stärker düngen, als je ein Bauer seine Wiesen düngt. Die alleinige Schuld liege also nicht bei den Bauern.
Bevor ich als Redakteur der Heimatzeitung, ohne öffentlich verunglimpft zu werden, erstmals Ross und Reiter nennen konnte, wartete ich weitere Untersuchungen ab. Die erste mit dem Namen „SeenKulturLandschaft" fand von 2004 bis 2007 statt und brachte uns die Einsicht, dass der übermäßige Viehbestand, die ungünstige Bodenbeschaffenheit und sehr viele Drainagerohre zur Belastung des Sees mit Phosphor führen. Wir begannen vorsichtig zu vermuten, dass ein allfälliger Versuch, den See zu retten, irgendwo bei der Landwirtschaft ansetzen musste. Es war höchste Zeit. Denn am Horizont drohte eine Wasserrahmenrichtlinie der EU: Bis 2015 mussten alle Gewässer einen „guten ökologischen Zustand" erreicht haben, sonst drohten Zwangsmaßnahmen aus Brüssel. Dass der Waginger See diese Richtlinie reißen würde, war schon Jahre zuvor absehbar.

Trotzdem erfüllten alle Untersuchungen aus der internen Sicht der Behörden einen wichtigen Zweck: Sie täuschten der Bevölkerung vor, dass etwas zur Rettung des Sees unternommen wurde. Das war aber nicht der Fall. Denn den See allen Ernstes zu retten, daran denkt bis heute niemand.
Nicht immer spielen Politiker eine unrühmliche Rolle. Es gibt Ausnahmen. Eine solche Ausnahme war mein früherer Schulkamerad Roland Richter aus Freilassing, von 2003 bis 2013 Stimmkreisabgeordneter der CSU zum bayerischen Landtag. An einem Donnerstagnachmittag im Frühjahr 2010 versandte er an die Lokalzeitungen in seinem Stimmkreis eine Nachricht, die er selbst für eine Erfolgsmeldung hielt: Es sei gelungen, aus dem Interreg-IIIa-Programm Geld zu erhalten. Die Mittel sollten für eine noch genauere Untersuchung verwendet werden, woher die Phosphatfracht kommt, die den Waginger See belastet. Ich las die Mitteilung und griff zum Telefon:
„Grüß dich, Roland! Zu deiner Pressemitteilung möchte ich Folgendes sagen: Eine solche Irreführung der Leser werde ich in unserer Zeitung nicht veröffentlichen ..."
„Irreführung? Warum Irreführung? Das verstehe ich nicht ..."
„Der Waginger See wird seit Jahren untersucht. Bald wissen wir bei jedem Bauernsach', jedem Graben und jedem Drainagerohr, wie viel Phosphor von dort in den See gelangt. Was dem See helfen könnte, wäre eine andere Landwirtschaft, nicht eine weitere Untersuchung."

Roland schwieg, dann sagte er:
„Hast du morgen Zeit? Ja? Komm Mittag zu mir ins Büro, sprechen wir bei einem Kaffee darüber."

Bei diesem Gespräch, an dem auch Rolands wissenschaftlicher Berater teilnahm, vereinbarten wir eine Fahrt nach Cormons im Friaul. Der Vorschlag kam von Rolands Berater. Er ist ein exzellenter Kenner der italienischen Küche und begeistert davon, wie im Friaul landwirtschaftliche Erzeugnisse veredelt und regional vermarktet werden.
So etwas könnte auch unseren hiesigen Bauern weiterhelfen, schwärmte er: Extensiver zu wirtschaften, auf Spitzenqualität und regionale Vermarktung zu setzen, das würde dem See guttun.
Warum nicht? dachten wir, und so fuhren wir Anfang Oktober nach Cormons, wo wir uns auf einem Jagdschloss inmitten von Weinbergen einquartierten. Es gehörte einem alten Grafen. Der Berater stellte ihm Roland Richter als Mitglied der bayerischen Staatsregierung und mich als Chefredakteur einer großen bayerischen Zeitung vor.

„Das macht man so in Italien", beteuerte der Berater, der selbst italienische Wurzeln hat, auf meinen irritierten Einwand hin. Wir wollten gut essen und trinken und ein Wochenende lang intensiv über die Misere unserer Landwirtschaft sprechen. Der Berater traf bei Roland und mir den richtigen Nerv: Nach einigen Tagen im Ort und in den Weinbergen waren wir inspiriert davon, wie die Bauern von Cormons ihre Erzeugnisse veredeln und in einer Önothek im Ort verkaufen. Wie selbstverständlich aßen und tranken die Einheimischen ausschließlich Lebensmittel aus der eigenen Gemeinde. Warum sollte dasselbe nicht auch bei uns im Rupertiwinkel funktionieren?

Und welch ein Unterschied besteht zwischen Cormons und der Lage bei uns daheim! Dort gibt es saftige Oliven, würzigen Käse, bestes Gemüse, Brot aus der Gemeinde, hochwertige Schinken und Würste und alle möglichen Weinsorten. Hingegen erzeugen unsere Bauern daheim nur Milch und Fleisch, die sie an Großabnehmer abliefern, weil sie sich dazu keine Alternative denken können. Die Folgen sind fatal: Der Großhandel diktiert ihnen Preise, die so niedrig sind, dass sie, um zu überleben, zwangsweise auf Masse setzen und keinen Gedanken an die Qualität verschwenden können. Darunter leiden nicht nur die Bauern selbst, sondern die ganze Gegend, Mensch, Vieh, Natur und vor allem der See.
Am Abend überlegten wir bei einem Glas Wein am offenen Kamin, wie wir

das Gesehene auf die Verhältnisse am Waginger See übertragen könnten. Eins war klar: Der See war nur zu retten, wenn die Bauern auf eine umweltverträgliche Landwirtschaft umstellten. Dass die Erzeugung und ortsnahe Vermarktung hochwertiger Lebensmittel ein Zukunftsmodell ist, davon hatten wir uns den ganzen Tag überzeugt. Hingegen führt unsere Landwirtschaft im Rupertiwinkel zum Artensterben, zur Verseuchung des Grundwassers, zum Umkippen des Sees und letztlich zum Verschwinden der Bauern selbst. Die Folgen sind im See lediglich früher zu sehen und früher zu riechen als anderswo, aber sie beschränken sich nicht auf diesen.

Wir waren uns einig: Der See braucht eine andere Landwirtschaft, eine, welche die Natur nicht zerstört und die Bauern nicht zu Sklaven des Lebensmittelhandels macht, sondern eine, welche die Natur schont und den Bauernfamilien zugutekommt. Die Frage war nur, wie soll man Bauern, die scheinbar keinen Handlungsspielraum haben, dazu bringen, ihre Wirtschaftsweise umzustellen, ihr Leben umzukrempeln? Den Finger in die Wunde zu legen und die Landwirtschaft an den Pranger zu stellen, war keine Option, schon gar keine, um den See zu retten.

Die Flammen im Kamin knisterten. Auch der Roland hatte Feuer gefangen. Er fand diesen Zustand „zum Kotzen“ und versprach uns, er werde sich in seiner Fraktion für eine andere Landwirtschaft einsetzen.
„Weißt du schon, was du da sagst?“, fragte ich. „Wenn du darüber auch nur laut nachdenkst, ist es vorbei mit deiner politischen Kariere.“
„Das weiß ich auch“, brummte er, „in meiner Fraktion bin ich sowieso unten durch.“ Und er verriet uns, dass er nicht in der Politik bleiben werde.
Nicht lange zuvor hatte er sich einen „Fehltritt“ erlaubt und bei einer wichtigen Abstimmung eine eigene Position vertreten:

Roland und ein einziger Kollege aus seiner Fraktion hatten gegen ein Rettungspaket des Freistaats für die Bayern-LB gestimmt: Ihm seien zehn Minuten Beratung, die die Staatsregierung seiner Fraktion eingeräumt hatte, zu wenig gewesen, um über eine Summe von zehn Milliarden Euro zu entscheiden, sagte er, „ich hab nix zu verlieren. Deshalb kann ich mich endlich einmal für ein wichtiges Projekt in meinem Stimmkreis einsetzen.“
Tatsächlich sollte der Versuch, den Waginger See zu retten und den Familien der kleinen Bauern zu helfen, Rolands letztes politisches Thema sein. Für die Landtagswahlen 2013 kandidierte er nicht mehr. Seine Nachfolgerin wurde seine Mitarbeiterin Michaela Kaniber, die in der Rekordzeit von fünf Jahren

von der Stimmkreisabgeordneten zur bayerischen Landwirtschaftsministerin aufstieg.

In den Wochen nach Cormons machten wir eine genauere Bestandsaufnahme der Situation unserer Bauern und bezeichneten das Ergebnis als „Zustand A". Dem stellten wir den „Zustand B" gegenüber: unsere Vision, wie eine Landwirtschaft aussieht, die das Überleben des Sees und ein selbstbestimmtes Leben der Bauern ermöglicht. „Zustand B" besagt, dass die Bauern die Vielfalt ihrer Produktpalette erheblich erweitert haben, weggekommen sind vom Schwerpunkt „Fleisch und Milch" und zum Beispiel wieder Kartoffeln anbauen. Ein weiteres Merkmal ist, dass sie auf Kraftfutter, Gülle, chemische Dünger, Herbizide und Antibiotika verzichten und ihre Erzeugnisse selbst vermarkten. „Zustand B" besagt weiter, dass sich die Bauern aus ihrer Abhängigkeit vom Großhandel ebenso befreit haben wie aus ihrer Abhängigkeit vom Milchpreis, der nicht auf dem freien Markt, sondern auf Erpressung beruht. Unsere Devise lautete: „Weniger Masse, mehr Klasse und Selbstvermarktung in der Region."

Die große Frage war: Wie kommen wir von „A" nach „B"? Wir wussten es nicht. Dazu fehlten uns die Erfahrung und ein schlüssiges Konzept, das die Bauern akzeptieren und umsetzen würden. Wir wussten einstweilen nur eins: „Diesen Weg müssen wir finden."
Unterdessen schrieb ich für meine Zeitung regelmäßig Artikel über den Zustand des Waginger Sees. Das Thema bewegte unsere Leser. Es wirkt im Nachhinein geradezu lächerlich, trotzdem möchte ich mein Ziel bei dieser Sache nicht verschweigen: Ich suchte noch immer einen Behördenleiter, der öffentlich erklärte, was alle längst vermuteten, nämlich dass die Landwirtschaft am schlechten Zustand des Sees schuld war.

Nun ja, ganz so lächerlich war mein Bestreben vielleicht doch nicht, denn dahinter steckte ein tiefes Bedürfnis: die Sehnsucht der Schwachen – denn als solche sahen wir uns - nach der Wahrheit. Solange die Starken die Wirklichkeit leugnen, bleibt der Schwache wie gelähmt und kann sich nicht aus dem geistigen Gefängnis befreien, in das ihn die Starken gesteckt haben.
Die Wahrheit macht frei. Und diese Freiheit ist nötig, wenn man die richtigen Entscheidungen treffen will. Wie auch hätten wir nur daran denken können, für den See etwas Entscheidendes in Gang zu setzen, wenn es noch nicht einmal öffentlicher Konsens war, dass die praktizierte Landwirtschaft ihn zerstörte? Aber soweit waren wir nicht. Noch immer weigerten sich die Verant-

wortungsträger, diese Wahrheit auszusprechen.

Zuständig für die Zukunft des Gewässers waren das Landwirtschaftsamt Traunstein und das Wasserwirtschaftsamt Traunstein. Beide Ämter hatten sich nach meiner Überzeugung selbst damit beauftragt, das Problem zu leugnen, und, wo dies nicht möglich war, es klein zu reden, besorgte Bürger zu beruhigen, empörte Bürgermeister abzuwiegeln und der Öffentlichkeit vorzutäuschen, die Rettung des Sees sei bereits angelaufen, während in Wirklichkeit nichts passierte. Schließlich stellte sich die Leiterin des Landwirtschaftsamts Traunstein, eine passionierte Jägerin, meinen Fragen. Die Kernaussage ihres Interviews war kurz und prägnant: Es gibt viel zu viele Rinder im Wassereinzugsgebiet des Sees. Die intensive Landwirtschaft ist zu viel für den See. Die Landwirte seien wenig sensibel für das Thema See und hielten sich nicht an die Regeln der guten fachlichen Praxis.

Auch ihre persönliche Einschätzung teilte sie mir mit:
„Wenn Sie dem See wirklich helfen wollen, dann müssen Sie schon jeden Bauern einzeln erschießen ... aber das schreiben Sie bitte nicht als Zitat von mir!"
Deutlicher ging´s nicht mehr. Aber auch sonst waren diese Worte wie eine Erlösung: Nach all den Jahren des Leugnens, der Scheindebatten und des Abwiegelns hatte es eine zuständige Behördenleiterin endlich offen ausgesprochen, dass die Landwirtschaft zum Sterben des Sees führt. Das Interview habe ihr unglaublich viel Ärger und Verdruss eingebracht, erzählte sie später. Am heftigsten seien ihre eigenen Mitarbeiter über sie hergezogen:
Solche Äußerungen gegen die eigene Klientel in der Öffentlichkeit müssten tabu sein, hätten diese geschimpft.

„Der bessere Weg“

Den damaligen bayerischen Landwirtschaftsminister Helmut Brunner interviewte ich zweimal zum Thema Waginger See. Brunner legte unseren Lesern dar, dass die Bauern verantwortungsvolle Menschen seien und sich ein jeder an die „gute fachlich Praxis“ halte.
„Ein schöner Begriff: gute fachliche Praxis“, schlussfolgerte ich. „Dann ist diese gute fachliche Praxis halt zu viel für den See. Meinen Sie nicht auch?“
Der Minister nickte:
„Dann müssen wir wohl überlegen, ob der Ausdruck richtig definiert ist.“
Nachdenklich stimmende Worte, die niemandem halfen, schon gar nicht dem See. Ein wenig später sollte gerade Helmut Brunner eine wichtige Rolle spielen beim „besseren Weg“. Er wurde ein starker Befürworter.
Noch immer offen blieb die Frage, wie man von „Zustand A“ zu „Zustand B“ gelangt. Deshalb schlug Roland Richter vor:
„Ich glaube, wir sollten mit einem Biobauern sprechen, einem mit viel Erfahrung in der Selbstvermarktung. Wen würdest du vorschlagen?“

Ich musste nicht überlegen:
„Sprechen wir mit dem Kreuzeder Hias.“
„In Ordnung“, meinte der Roland. Ich staunte:
„Aber der Kreuzeder ist ein Radikaler, der Schwarze wie dich auf den Tod nicht ausstehen kann.“
„Ist mir wurscht“, sagte Roland.
Der Hias war augenblicklich interessiert. Und so kam es, dass sich ein extrem linker früherer grüner Bundestagsabgeordneter und ein konservativer CSU-Landtagsabgeordneter nach Feierabend in meiner Lokalredaktion zusammensetzten, um nach einem neuen Weg für die Bauernfamilien am Waginger See zu suchen. Zu meiner Überraschung verstanden sie sich auf Anhieb, vermutlich, weil sie nur auf die Sache schauten und ihnen Parteipolitik egal war. Beide wussten: Es ist völlig unmöglich, die aus dem Gleichgewicht geratenen Zustände in der Natur mit Parteipolitik ins Lot zu bringen.

Hias Kreuzeder holte alte Weggefährten ins Boot, drei erfahrene Biobauern: den Stadtrat Hans Glück aus Tittmoning, den Traunsteiner Kreisrat Franz Obermeyer aus Tengling und Bürgermeister Hans Urbauer aus Kienberg. Die vier Biobauern zusammen waren bald so etwas wie eine starke „bäuerliche Denkfabrik“ mit mehr als einem Jahrhundert Erfahrung auf dem Gebiet des Ökolandbaus und der Selbstvermarktung und jeder für sich ein versierter

Kommunalpolitiker. Das machte uns Mut. Die Gruppe war in der Lage, eine Art „geistige Lufthoheit" in der Region auszuüben, wenn es um Ökolandbau und Regionalvermarktung ging. Kein Funktionär des Bauernverbands würde es wagen, sich ihnen offen in den Weg zu stellen.

Der geistige Durchbruch gelang Hias Kreuzeder: Bei einer Reise nach Russland schrieb er im Dezember 2011 in der Lobby des Hotels „Wolchow" in Weliki Nowgorod ein Programm für den Umstieg auf eine nachhaltige Landwirtschaft in Bayern. Er nannte es den „besseren Weg" und formulierte es als Antrag der CSU-Landtagsfraktion an die bayerische Staatsregierung: Diese möge „ein Programm zum Wiedereinstieg von Zu- und Nebenerwerbsbetrieben der Landwirtschaft in den Vollerwerb" beschließen. Kreuzeders „besserer Weg" kommt harmlos daher; ist aber subversiv. Seine Umsetzung würde nicht nur die Landwirtschaft am See, sondern die ländliche Gesellschaft umkrempeln. Umso erstaunlicher ist es, dass er bei Realpolitikern, selbst bei Minister Helmut Brunner, Unterstützung fand.

Der „bessere Weg" ist ein Handlungsauftrag an die Politik und leitet sich von Artikel 153 der bayerischen Verfassung her: „Die selbständigen Kleinbetriebe und Mittelstandsbetriebe in Landwirtschaft, Handwerk, Handel, Gewerbe und Industrie sind in der Gesetzgebung und Verwaltung zu fördern und gegen Überlastung und Aufsaugung zu schützen. Sie sind in ihren Bestrebungen, ihre wirtschaftliche Freiheit und Unabhängigkeit sowie ihre Entwicklung durch genossenschaftliche Selbsthilfe zu sichern, vom Staat zu unterstützen. Der Aufstieg tüchtiger Kräfte aus nichtselbständiger Arbeit zu selbständigen Existenzen ist zu fördern."
Dazu ergänzten wir in unserem Entwurf: „Der bessere Weg knüpft direkt an diesen Verfassungsartikel an. Das Gegenteil geschieht heute mit den Klein- und Mittelstandsbetrieben in der bayerischen Landwirtschaft: Noch nie in der Geschichte hatte die bäuerliche Landwirtschaft in Bayern einen solchen Aderlass zu verzeichnen wie in den letzten fünfzig Jahren. Die Entwicklung geht unzweideutig in Richtung Sterben kleinerer Betriebe – darunter fallen mittlerweile bereits Höfe mit einer Betriebsgröße bis zu 50 Hektar – und in Richtung einer Zunahme der Zahl der größeren Betriebe ab 50 Hektar (...) Diese Entwicklung ist politisch gewollt und von allen großen Parteien in Bayern mitgetragen. So lautet seit Jahrzehnten das offizielle Credo in der Landwirtschaft `wachse oder weiche´. Nicht absehbar war allerdings lange Zeit für die politischen Parteien, dass dieser gewollte Strukturwandel im Lauf der Zeit unerwünschte Nebenwirkungen zeitigt, die immer offensichtlicher werden: von

beträchtlichen ökologischen Problemen, über tierquälerische Viehhaltung, einen Verlust an ländlicher Struktur, bäuerlicher Kultur, Lebensqualität und Heimat bis hin zu einer nicht abreißenden Kette von Lebensmittelskandalen.

Das hat enorme Auswirkungen auf die Volksgesundheit und ist mit unabsehbaren Folgekosten verbunden. Weitere Nebenwirkungen sind eine wachsende Verschuldung der Höfe und eine immer größere Arbeitsbelastung der Hofbesitzer, die in den wenigsten Fällen ohne ein zweites oder gar drittes Standbein auskommen. Die Folgen des Strukturwandels bleiben nicht auf die Umwelt und Höfe beschränkt, sondern betreffen das gesamte Leben im ländlichen Raum. So entwickeln sich viele Dörfer im Freistaat zu reinen Wohn- und Schlaforten mit einem hohen Überschuss an Auspendlern, oft sogar ohne verbleibende Arbeitsplätze im Ort, mit einer deformierten Infrastruktur, ohne Bäckereien, Metzger, Gasthöfe und Lebensmittelgeschäfte (...). Ein großer Teil unserer Nahrungsmittel wird tausende Kilometer durch Europa transportiert. Dabei wäre die Landwirtschaft im Freistaat nach wie vor in der Lage, flächendeckend eine Vielfalt gesunder Lebensmittel zu erzeugen. Diese Missstände könnten durch das vorgeschlagene Programm reduziert, langfristig vielleicht sogar beseitigt werden.

Der „bessere Weg“ sieht vor, dass die Staatsregierung jeder geförderten Gemeinde über einen Zeitraum von zehn Jahren jährlich zwei Millionen Euro zur Verfügung stellt. Das Programm ist auf zehn Gemeinden begrenzt, damit es überschaubar und finanzierbar bleibt. Die Gesamtsumme beläuft sich auf zwanzig Millionen Euro im Jahr.
Für die Teilnahme an diesem Programm muss ein Landwirt oder eine Landwirtin drei Kriterien erfüllen: Erstens muss er oder sie seinen/ihren Betrieb auf ökologische Landwirtschaft umstellen. Zweitens muss er/sie seinen/ihren Hof, falls dies noch nicht geschehen ist, auf einen Gemischtbetrieb umstellen und wegkommen von der Monostruktur „Milch und Fleisch“, insofern die betrieblichen Grundlagen wie die Qualität der Böden und die Meereshöhe dies zulassen. Und drittens muss er/sie seine/ihre gesamte Produktion regional, das heißt, in einem Umkreis von zwanzig Kilometern, vermarkten. Bei einigen Erzeugnissen sind Ausnahmen möglich, etwa bei Holzprodukten oder biologisch erzeugter Milch, die an eine dafür geeignete Molkerei abgeliefert wird.
Die wichtigsten Begleitmaßnahmen für das Förderprogramm sind die finanzielle und administrative Unterstützung durch den Staat und die teilnehmenden Kommunen bei der Gründung, Einrichtung oder Wiederbelebung des re-

gionalen Lebensmittelhandwerks. In Frage dafür kommen traditionell mit der Landwirtschaft verbundene Handwerksberufe wie Müller, Bäcker, Schlachter, Metzger, Käser, Gärtner, Schnapsbrenner, Koch, Imker, Fischzüchter oder Teichwirt, Schäfer, Schneider, Möbelschreiner, Korbflechter. Die Unterstützung entsprechender Betriebe wie Schlachthäuser, Mühlen, Käsereien, Gasthäuser, die regionale Produkte anbieten, oder Geschäfte und genossenschaftliche Zusammenschlüsse, die regionale Produkte verkaufen, gehört ebenso dazu.
Alle Maßnahmen in diesem Programm sind mit intensiver Bewerbung, die sich über mehrere Jahre erstreckt, durch den Staat finanziell zu begleiten und zu fördern. Darin enthalten sind Marketingmaßnahmen wie eine regionale Etikettierung, die Schaffung und Bewerbung regionaler Marken, produktbezogene Aufklärung, Aktionen auf Regionalmärkten oder in Schulen, der Einstieg in die Schulspeisung, die Einrichtung entsprechender Internetseiten und die Zusammenstellung und bewerbende Veröffentlichung von Herstelleradressen usw.

Das Programm bezieht sich immer nur auf eine Gemeinde. Allen Gemeinden des Freistaats ist es überlassen, sich daran zu beteiligen. Die Begrenzung auf einzelne Kommunen ist deshalb von großer Bedeutung, weil dadurch gesichert wird, dass das Programm überschaubar und finanzierbar bleibt und tatsächlich auch nur regional beworben wird. In jedem Amt für Landwirtschaft muss im Bedarfsfall eine Stelle geschaffen werden, welche dieses Programm begleitet und koordiniert.
Nicht zuletzt können und sollen auch Vollerwerbsbetriebe das Programm in Anspruch nehmen. Darunter fällt auch die Ausbildung junger Menschen im Lebensmittelhandwerk, die sich vertraglich verpflichten, den zu erlernenden Beruf in einem festzulegenden Zeitraum in der am Programm teilnehmenden Gemeinde auszuüben. Beispiele für solche Berufe sind weiter oben benannt. Zusätzlich sollten Ausbildungskosten oder entsprechende Existenzgründungen im Rahmen des Programms finanziert werden.
Ein sogenanntes Pilotprojekt ist unbedingt erforderlich, um langfristig Fehler bei später teilnehmenden Kommunen möglichst von vornherein auszuschließen und auf diese Weise die weitere Entwicklung und Umsetzung des Programms zu beschleunigen."

Soweit der Vorschlag vom Hias. Wir diskutierten intensiv darüber. Nicht in allen Punkten bestand Einigkeit. Schließlich wurde „der bessere Weg" aber von allen gutgeheißen. Der nächste Schritt war es, eine geeignete Pilotgemeinde zu finden. Ich schlug meinen Heimatort Kirchanschöring dafür vor. Das Dorf hatte die Goldmedaille im Bundeswettbewerb „Unser Dorf soll schöner werden" gewonnen. Mehrmals wurden dort Projekte verwirklicht, die von einem großen Gemeinschaftssinn der Kirchanschöringer zeugen, zum Beispiel die Anlegung eines kommunalen Obstgartens, die Pflanzung von für jedermann frei zugänglichen Obstbäumen in allen Gemeindeteilen und das Schulprojekt „Brot wächst". Gleichzeitig war Kirchanschöring Anliegergemeinde des Waginger Sees.

Wir entschieden uns also für Kirchanschöring. Das hatte zwei große Vorteile: In der nächsten Umgebung gab es die Aichermühle in Fridolfing und den Schlachthof in Laufen. Eine Mühle und ein Schlachthof würden für die Umsetzung des Programms erforderlich sein. Wir sprachen mit dem Kirchanschöringer Bürgermeister Hans-Jörg Birner. Der Zeitpunkt war günstig, denn Birner hatte gerade viel Verdruss wegen des Problems mit dem Waginger See. Er und seine Bürgermeisterkollegen in den Nachbargemeinden mussten sich aus der eigenen Bevölkerung einiges anhören. Sie fühlten sich von ihren Parteifreunden im Stich gelassen. Weder der Landrat, noch die Staatsregierung hatten Lösungen parat. In den CSU-Ortsverbänden am See rumorte es. Der Bürgermeister einer Nachbargemeinde hatte Birner bereits seinen Austritt aus der CSU angekündigt, wenn die Partei keinen Ausweg finden würde.
Was wir Bürgermeister Birner berichteten, machte ihn staunen. Er hätte nie damit gerechnet, dass Roland Richter sich in einem solchen Maß für den See engagieren würde. Mit dem Vorschlag, dass sich Kirchanschöring als Pilotgemeinde für den „besseren Weg" zur Verfügung stellen sollte, rannten wir offene Türen ein. Birner erklärte sich augenblicklich bereit dazu.

Etwa in dieser Zeit ließ uns eine Regierungserklärung aus dem bayerischen Landwirtschaftsministerium aufhorchen:
Am 18. April 2012 kündigte Staatsminister Helmut Brunner an, sein Ministerium wolle die Zahl der Biohöfe in Bayern bis zum Jahr 2020 verdoppeln. Den Hintergrund erläuterte er für unsere Zeitung wie folgt: „Diese Erklärung ist aus der ganz banalen Erkenntnis zustande gekommen, dass wir in Bayern mit einem sehr hohen Aufwand das Zwei- bis Dreifache dessen produzieren, was vom Verbraucher an Lebensmitteln nachgefragt wird, während wir im Biobereich den Bedarf nicht decken können."

Unsere Gruppe verspürte Rückenwind: Wir durften unsere Hoffnung fortan auf die bayerische Staatsregierung setzen und waren zuversichtlich, auch den

Minister für den „besseren Weg" gewinnen zu können. Wir konnten es kaum erwarten, Helmut Brunner unser Konzept vorzustellen. Und es zeigte sich, dass auch der Minister neugierig auf uns war.

Roland Richter vereinbarte einen Termin. Das erste Treffen fand am 14. Juni 2012 im bayerischen Landtag statt. Mit am Tisch saßen leitende Mitarbeiter des Ministeriums. Bürgermeister Hans-Jörg Birner erinnerte den Minister an die Regierungserklärung und versprach vollmundig: Das „Golddorf Kirchanschöring" sei bereit und fähig, seine Erfahrungen der Bürgerbeteiligung bei diesem Projekt zur Rettung des Waginger Sees einzubringen. Die Gemeinde Kirchanschöring könne mithelfen, die Anregungen der Regierungserklärung in die Realität umzusetzen. Bevölkerung und Gemeinderat seien dafür sehr aufgeschlossen. Und auf die Frage von Ministerialdirigent Dippold, welcher Motor denn diesen Karren ziehen werde, antwortete Birner selbstbewusst: „Wenn Sie nach dem Motor fragen: Die Entwicklung einer nachhaltigen Gemeinde ist für mich selbstverständlich Chefsache."

Brunner beklagte, dass er bislang nicht die richtigen Instrumente habe, um solche Probleme wie das am Waginger See zu lösen. Konkret sprach er das „Kulap" an. Das Kulturlandschaftsprogramm ist ein Förderungsinstrument für Bauern, die bereit sind, in sensiblen Bereichen weniger intensiv zu wirtschaften. Dieses stoße bei mehreren Objekten an die Grenzen, meinte Brunner. Das sei leider auch beim Waginger See der Fall, dessen Wasserqualität nicht in Ordnung sei. Deshalb brauche die Politik hier neue Wege.
Roland Richter stimmte zu: „Wir können den See nur retten, wenn wir eine Strukturreform in der Landwirtschaft auf den Weg bringen."
Mitglieder unserer Gruppe erinnerten daran, dass bei jedem schweren Gewitterregen 20 Tonnen Humus von den ungeschützt daliegenden Maisfeldern in den See gespült würden. Trotz aller Förderprogramme zum Gewässerschutz verschlechtere sich die Situation zusehends.

Nun meinte der Minister: „Wie Kirchanschöring dieses Problem angehen will, ist begrüßenswert: Sie haben aus der Krise eine Chance entwickelt, wenn man so will. Ihr Konzept geht sehr weit: Es dreht sich nicht nur um die Frage, wie man die Flächen extensiver bewirtschaften kann, sondern versucht, daraus vor Ort Wert zu schöpfen und den Wirtschaftskreislauf zu stärken."
Abschließend bekräftigte Brunner: „Sie haben mir heute eine Fülle guter Ideen vorgestellt, mit denen sich arbeiten lässt. Ich sehe hinter all dem eine Geisteshaltung. Das ist doch genau das, was wir uns von der Dorferneuerung

erhofft haben: Dass eben nicht nur ein schöner Blumengarten angelegt wird, sondern dass die Dorferneuerung auch Anstoß zu einem neuen Denken gibt. Ich empfinde, dass Sie genau das tun, was wir vor Ort erwarten."
Alle in unserer Gruppe waren begeistert. Wir hatten soeben grünes Licht aus dem Ministerium erhalten.

Um einen strategischen Partner zu gewinnen, besuchten wir kurz nach dieser Unterredung die Herrmannsdorfer Landwerkstätten der Familie Schweisfurth in der Gemeinde Glonn. Jahre zuvor hatten Hias Kreuzeder und Hans Urbauer Karl Ludwig Schweisfurth beim Aufbau dieses 180 Hektar großen Biomusterhofs beraten. Der Bochumer Metzgermeister Karl Ludwig Schweisfurth hatte in seiner Zeit als „Saulus" – der Vergleich stammt von ihm selbst - auf dem europäischen Fleischmarkt sehr erfolgreiche Innovationen eingeführt und war damit bis zum Eigentümer der größten Wurstfabrik Europas aufgestiegen. Dass seine Söhne es ablehnen, das Unternehmen als Erben weiterzuführen, hatte Karl Ludwig zum Umdenken veranlasst.

Über Nacht wurde er zum „Paulus". Er verkaufte seine Firma für einen dreistelligen Millionenbetrag an Nestlé und widmet sein Leben seither der ökologischen Landwirtschaft und der Herstellung gesunder Nahrungsmittel. Für dieses Anliegen konnte er auch seine Söhne gewinnen. Wir fanden bei unserem Besuch in Herrmannsdorf eine Minitatur dessen vor, was der „bessere Weg" aus der Gemeinde Kirchanschöring machen wollte: Die landwirtschaftlichen Produkte werden vor Ort durch Lebensmittelhandwerker zu Brot, Käse, Wurst, Bier und Milchprodukten veredelt. Besucher können einen Rundgang machen und sich davon überzeugen, wie die Tiere dort gehalten werden. Man kann im Hofladen einkaufen und im Hofgasthaus zu Mittag essen. Karl Ludwig Schweisfurth war sichtlich erfreut, dass sein Anliegen einer tierfreundlichen Landwirtschaft und gesunden Ernährung die Unterstützung einer ganzen Gemeinde gefunden hatte. Er sagte uns spontan seine Hilfe für den „besseren Weg" zu.
Er versprach uns sogar, in Herrmannsdorf Metzger, Bäcker und andere Lebensmittelhandwerker auszubilden, die in Kirchanschöring als Angestellte für die teilnehmenden Bauern arbeiten sollten.

Nicht lange nach der Zusage des Ministers und unserem Besuch in Herrmannsdorf stellte Birner das Projekt dem Kirchanschöringer Gemeinderat vor. Das geschah in einer Klausursitzung, die wieder bei der Familie Schweisfurth in Herrmansdorf stattfand.

Als externe Teilnehmer waren Bürgermeister Hans Urbauer, Kreisrat Franz Obermeyer und der junge Kirchanschöringer Bio-Gemüsebauer Michael Steinmaßl dabei, der zu unserer Gruppe gestoßen war und auf eine Unterstützung seiner Tätigkeit durch seine Heimatgemeinde hoffte.

Karl Ludwig Schweisfurth nahm sich drei Stunden Zeit, um dem Kirchanschöringer Gemeinderat seinen Bio-Musterhof zu zeigen und den Betriebsablauf zu erläutern. Dabei erneuerte er seine Zusage, den „besseren Weg“ in Kirchanschöring zu unterstützen. Am Ende fasste der Gemeinderat jeweils einstimmig folgende Beschlüsse: Das Gremium sprach sich für die Errichtung einer Regionalmarkthalle in Kirchanschöring aus und beauftragte den Bürgermeister, darüber Gespräche mit Gebäude- und Grundstückseigentümern zu führen. Der Gemeinderat befürwortete außerdem, dass das Lebensmittelhandwerk wieder in der Gemeinde angesiedelt wird, und sprach sich für die Errichtung einer Warmfleischmetzgerei nach dem Herrmannsdorfer Vorbild aus. Ferner beauftragte das Gremium den Bürgermeister, Informationen einzuholen und die Errichtung einer solchen Metzgerei vorzubereiten.

Am 13. Dezember 2012 trafen wir uns erneut mit Helmut Brunner im bayerischen Landtag. Dabei bekräftigte der Minister nochmal, dass er die Gemeinde Kirchanschöring und ihr Konzept unterstütze. Roland Richter machte deutlich, dass der „bessere Weg“ auf mehr abziele als auf das Abrufen von Fördergeldern, es gehe um eine neue Politik: „Beginnen wir jetzt und sammeln wir erste Erfahrungen. Und wenn´s gut läuft, können wir in zwei Jahren darüber reden, aus diesem Konzept ein bayernweites Programm zu machen.“
Brunner erläuterte, dass sein Ministerium seit unserem letzten Gespräch nicht untätig gewesen sei, sondern ebenfalls ein Konzept entwickelt habe, um damit das Ziel seiner Regierungserklärung zu erreichen, die Zahl der Biohöfe in Bayern zu verdoppeln. Er wolle im gesamten Freistaat Ökomodellregionen einrichten. Das Konzept des Ministeriums sah vor, aus einem Bewerberpool Regionen auszuwählen und in diesen Zielgebieten Maßnahmen zu fördern, die das allgemeine Klima für die Umstellung von Höfen zu Biobetrieben begünstigen.
Wir meldeten Bedenken an: Wie sollte ein Konzept, das auf eine ganze Region abzielt, den einzelnen Bauern erreichen und ihn dazu bringen, seinen Hof auf bio umzustellen?

Die Mitarbeiter des Ministers gaben uns Recht und räumten ein, dass ihr Konzept hier eine Lücke aufweise. Auch Brunner selbst sah dieses Problem. Minis-

terialrat Günter Ewald meinte schließlich: „Das Kirchanschöringer Konzept könnte vielleicht ein fehlender Mosaikstein für unsere eigenen Überlegungen sein. Wir könnten damit die Lücke in unserer Förderstruktur schließen."
Brunner bekräftigte, dass wir auf dem richtigen Weg seien: „Die Dorferneuerung ist ein geistiger Prozess." Der Höhepunkt des Tages kam für uns beim Händeschütteln zum Abschied: Der Minister versprach Hans-Jörg Birner erneut, dass sein Ministerium die Gemeinde Kirchanschöring beim „besseren Weg" unterstützen werde. Wegen der Finanzierung sollten wir uns keine Gedanken machen. Das Geld werde sein Ministerium auf jeden Fall zur Verfügung stellen. Wörtlich sagte Brunner: „Fangt schon mal an. Habt keine Angst. Ihr dürft gerne auch experimentieren. Es muss nicht alles auf Anhieb gelingen. Das schadet nicht. Auf unsere Hilfe könnt ihr zählen."

Auf der Heimfahrt war Hans-Jörg Birner sichtlich aus dem Häuschen. Er meinte, die Worte des Ministers seien ein „vorzeitiges Weihnachtsgeschenk". Wir befanden uns in Hochstimmung, waren wir doch auf dem besten Weg, in der Region etwas zum Besseren zu wenden, im Sinne des Sees, im Sinne der Artenvielfalt, im Sinne der Bauernfamilien und im Sinne der Kirchanschöringer Dorfgemeinschaft. Wir hatten allen Grund zum Optimismus: Wenn fünf erfahrene Biobauer, zwei Bürgermeister, ein Landtagsabgeordneter und ein früherer Bundestagsabgeordneter an einem Strang ziehen und dabei die Unterstützung des Ministers haben, kann nichts mehr schiefgehen. Glaubten wir. In den nächsten Monaten schrieb Hans-Jörg Birner jede Bauernfamilie in der Gemeinde an und berief die „1. Kirchanschöringer Bauernkonferenz" ein. Zu dieser Konferenz hatte Hias Kreuzeder seit geraumer Zeit gedrängt.
Das Wort „Konferenz" sollte den Unterschied deutlich machen: Die Veranstaltung sollte den Rahmen des Üblichen sprengen. Der Bürgermeister sollte auf diese Weise kommunizieren, dass ihm die Bauern wichtig sind. Ziel der Konferenz war es, die Bauern über den „besseren Weg" zu informieren und in Erfahrung zu bringen, wer sich mit uns auf diesen Weg machen wollte.
Also schrieb Birner an die Bauern:

> „Viele von euch haben die jüngsten Veröffentlichungen in der Presse und in den Bürgerversammlungen noch in Erinnerung. Dabei haben wir versucht, euch über die Grundzüge für ein in unser aller Alltag einschneidendes Projekt zu informieren oder zumindest neugierig zu machen: leben und wirtschaften in der Gemeinde Kirchanschöring – Sicherung der Nahversorgung mit hochwertigen Lebensmitteln durch eine nachhaltig betriebene Landwirtschaft."

Die Wirklichkeit sehe leider Gottes gerade in der Landwirtschaft etwas anders aus. Das Bauernsterben gehe weiter, und die Nahrungsmittelproduzenten stünden nur zu oft vor der Entscheidung: wachsen oder weichen. Dieser Vorgang bereite große Sorge, weil er scheinbar unaufhaltsam fortschreite. Wörtlich schrieb Birner.

> „Hand in Hand mit dieser Entwicklung ist auch ein Rückgang bei den handwerklichen Begleitern der Landwirtschaft wie Bäcker, Metzger, Müller oder etwa Imker festzustellen. Parallel dazu ist durch die immer wieder vorkommenden Lebensmittelskandale ein steigender Vertrauensverlust des Verbrauchers in die Lebensmittelproduktion festzustellen. Die Gemeinde Kirchanschöring, der Gemeinderat und ich als euer Bürgermeister haben uns deshalb entschlossen, in Zusammenarbeit mit den in der Gemeinde ansässigen Bauernfamilien und Grundstückseigentümern Wege zu suchen, die insbesondere der Landwirtschaft, aber auch den handwerklichen Begleitern wieder die Bedeutung zukommen lassen, die ihnen von Alters her gegeben ist. Dieses Vorhaben können wir allerdings nur mit eurem Ideenreichtum, eurem Erfahrungsschatz, eurer Phantasie und letztendlich eurer Mitarbeit in die Tat umsetzen."

Die Konferenz fand am Dienstag, 16. April 2013, im Salitersaal statt. Der Besuch war so überwältigend, dass wir alle nur staunen konnten. Der Hias rieb sich die Hände:
„Die sind neugierig. Etwas Besseres kann uns gar nicht passieren."
War es das Wort „Konferenz", das dermaßen eingeschlagen hatte? Noch nie zuvor in der Kirchanschöringer Geschichte waren die Bauern der einzige wichtige Adressat der Gemeindepolitik gewesen. Noch nie hatte es einen Kirchanschöringer Bürgermeister gegeben, der ihre Bedürfnisse und Nöte zur „Chefsache" erklärte und ernsthaft beabsichtigte, die ganze Gemeinde auf Nahversorgung umzustellen. „Lebensqualität durch Nähe" lautete Birners Devise. Doch es kam noch besser: Nach der von Hias und mir bereits erwarteten Runde allgemeinen Murrens und Knurrens – „Bürgermeister, wie kannst du so etwas nur planen, ohne uns um Erlaubnis zu fragen!" – begannen gerade die besonnenen und am meisten respektierten Bauern frei von der Leber über ihre Situation zu sprechen: dass es so nicht weitergehe, dass ihr Hof keine Zukunft habe, dass keins der Kinder bereit sei, den Hof einmal zu übernehmen. Ich glaube, noch nie zuvor haben Bauern in Kirchanschöring in einer so großen Runde dermaßen ungeschminkt über ihre Probleme und Zukunftssorgen

gesprochen. Nach all der Arbeit und all der Diskutiererei war ich sehr bewegt, denn ich sah, dass unser Projekt die Bedürfnisse der Menschen traf.

Die Gemeinde hatte im Saal Listen ausgelegt, in die sich ein jeder eintragen konnte, der sich am Projekt beteiligen wollte. Über 90 Prozent der anwesenden Bauern erklärten sich mit ihrer Unterschrift dazu bereit, beim „besseren Weg" mitzumachen. Mit einer solch überwältigenden Quote hätten wir nie und nimmer gerechnet.
Nach der Konferenz saßen der Hias und ich drunten in der Gastwirtschaft zusammen. Wir waren uns einig: Die Gespräche mit Minister Brunner waren wichtig, aber diese Konferenz war der Durchbruch gewesen. Wir hatten genau das im Angebot, was die Bauern am meisten brauchten, mehr noch: Wonach sie sich sehnten.
Indes gingen unsere Bewertung und die des Bürgermeisters weit auseinander.

Hans-Jörg Birner setzte sich zu uns, sehr blass im Gesicht. Er hielt die Konferenz für eine Katastrophe, weil die Bauern ihn zu Beginn sehr heftig angegriffen hatten. Damit hatte er nicht gerechnet, das war er nicht gewohnt. Er begriff nicht die Chance, sondern spürte nur die Beleidigungen, die ihm widerfahren waren. Hias Kreuzeder winkte ab: Davon dürfe er, Birner, sich nicht beeindrucken lassen. „Was wirklich zählt, ist die fast geschlossene Bereitschaft deiner Bauern, sich am besseren Weg zu beteiligen. Das ist heute der Durchbruch gewesen!"
Nicht nur von einigen Bauern, auch aus den Nachbargemeinden blies dem Hans-Jörg plötzlich ein heftiger Wind ins Gesicht. Ich nehme an, dass dies für ihn bei weitem schlimmer war als die Maulerei seiner Bauern. Als in der Zeitung ein Bericht über die Bauernkonferenz und den „besseren Weg" für Kirchanschöring erschien, bekamen das Birners Bürgermeisterkollegen in den falschen Hals. Sie verwechselten unser seit zwei Jahren vorbereitetes Projekt mit den Denkansätzen für die Rettung des Sees, die sie in jüngster Zeit selbst angestrengt hatten. Noch heute ist mir schleierhaft, wie es zu einer solchen Verwechslung kommen konnte. Wie auch immer, ihre Reaktionen waren stark negativ: Sie fühlten sich von Hans-Jörg Birner verraten. Dieser habe ihre Ideen gestohlen und brüste sich nun in aller Öffentlichkeit damit, selbst der „Erfinder" zu sein. Dass Helmut Brunner gerade Kirchanschöring unterstützen wollte und im Ministerium von den anderen Gemeinden keine Rede war, löste in den Rathäusern der Nachbargemeinden Eifersuchtsanfälle aus – gerade davor hatte uns ein Mitarbeiter Brunners nachdrücklich gewarnt. Wie Recht der Mann doch hatte!

Ich vermute, dass Birner aus den Nachbargemeinden einiges zu hören bekam. Zum heftigsten verbalen Ausfall ließ sich ein Mitarbeiter der Gemeinde Waging am See hinreißen. Er schrieb dem Kirchanschöringer Bürgermeister ein E-Mail, das der an Roland Richter und mich weiterleitete, sodass wir davon Kenntnis erhielten. Darin beschimpft der Mann Birner als „Judas" und „Verräter" und wirft ihm vor, er habe das Konzept gestohlen, das die Marktgemeinde Waging am See seit langem für die Rettung des Sees vorbereite. In seiner grenzenlosen Eitelkeit gebe Birner das nun als seine eigene Idee aus. Und überhaupt mache er sich lächerlich, wenn er die Unterstützung von Roland Richter suche. Denn dieser sei das „abgehalfterte Auslaufmodell eines Möchtegernpolitikers".

Birner hat nie mit uns darüber gesprochen, wie er mit solchen Beschimpfungen fertig wurde. Vermutlich empfand er sie als Riesenwatsche. Wie auch immer, fortan war sein Engagement gedämpft, während wir darauf drängten, endlich ein Startprojekt für den „besseren Weg" auf die Beine zu stellen.
Womit sollten wir beginnen? Mit dem vom Gemeinderat beschlossenen Bau einer Regionalmarkthalle im Dorfzentrum? Mit der Einrichtung einer Warmfleischmetzgerei? Möglich gewesen wäre viel. Am einfachsten schien uns für den Anfang der Bau eines Erdkellers. Solche Erdkeller hat es früher allerorten gegeben, oft waren sie Bestandteil der Bauernhäuser, zuweilen standen sie allein. Heute sind sie vergessen, weil Wissen verschwindet, wenn man es nicht abruft. Das Prinzip ist einfach: Der Erdkeller nutzt die Temperatur der Erde unterhalb der Frosttiefe, die sommers wie winters zwei Grad plus beträgt und optimal für die Aufbewahrung von Feldfrüchten, Obst und anderen Lebensmitteln ist. Sichtbar ist von einem Erdkeller nur das Dach.

Der Bau eines Erdkellers war nach unserer Überzeugung das beste Startprojekt. Nicht nur, dass sich auf diese Weise sehr günstig Lagerraum für die teilnehmenden Bauern und die Bevölkerung schaffen ließ. Der Erdkeller half auch, Energie zu sparen, weil man auf den Strom für ein Kühlaggregat zur Gänze verzichten konnte. Er hätte darüber hinaus einen nicht zu unterschätzenden Vorteil für die Psyche der Bauern gehabt: Der Erdkeller sollte zu einem Treffpunkt des Dorfs werden und die Bauern und ihre Ernte mitten hinein in die Dorfgemeinschaft bringen, dort, wohin sie gehörten. Sie sollten wieder jemand sein, dem man Vertrauen schenkt, jemand, den man um Rat fragt, auf den man baut.
Bürgermeister Birner stimmte dem Bau eines Erdkellers prinzipiell zu, zögerte die Umsetzung aber immer wieder hinaus. Er zögert bis heute, vermutlich

hat er ihn vergessen. Es lag auf der Hand, dass unser „Motor“ in eben dieser Zeit anfing zu stottern, und aufhörte zu ziehen.
Birner begann, sich von seiner eigenen Beratergruppe zurückzuziehen und hörte auf, sich vertrauensvoll mit uns auszutauschen. Um Verwaltungs- und Verfahrensfragen zu klären, sprach er ein weiteres Mal mit einem leitenden Mitarbeiter des Landwirtschaftsministeriums. Man einigte sich darauf, dass die Hilfe für Kirchanschöring bei der Abteilung für Zentrale Aufgaben im Amt für ländliche Entwicklung angesiedelt werden solle. Um die Koordination zu organisieren, beauftragte Birner, wohl auf Anraten des Ministeriums, einen „Kümmerer“, den Vorsitzenden einer Beraterfirma, die laut eigenem Bekunden darauf spezialisiert ist, sich um die Verwirklichung von Projektideen vor Ort zu kümmern. Diese „Dienstleistung“ hat die Gemeinde dann auch bestens entlohnt.

Das Ergebnis war für mich verheerend und für den Hias „eine der größten Enttäuschungen in meinem ganzen Leben“. Ich glaube, wir hatten diese Art „Hilfe“ nicht nötig. Das war ja fast, als würde man einem Radrennfahrer, der bei der Tour de France mitfährt, Stützräder an seinem Rennrad anbringen, damit er sicherer fährt. Einfach lächerlich.
Birner lud den Berater zu einer Sitzung unserer Gruppe ein und teilte uns zu unserem Erstaunen mit, dass der uns unbekannte Neue künftig die Schlüsselfigur für die Umsetzung unseres Projekts sein werde. Unsere Irritation wuchs, als sich herausstellte, dass der Überraschungsgast noch nicht einmal wusste, worum es beim „besseren Weg“ ging. Selbstbewusst definierte er seine Aufgabe wie folgt: Er sehe sich als eine Art Dolmetscher und werde den formulierten Willen und die Beschlüsse, die wir vor Ort treffen, präzise in Verwaltungssprache übersetzen, sodass unsere Anliegen von den Beamten in München passgenau verstanden und behandelt werden könnten. – Aber ja doch, bestätigten der Berater und Birner auf unsere Frage hin, ein solcher Dolmetscher sei unbedingt erforderlich, auch wenn wir das jetzt noch nicht verstehen würden.
Dem Hias wurde an dieser Stelle, wie man auf bairisch sagt, „der Schmarrn zu groß“. Er schimpfte, dass ihm seine knappe Freizeit zu schade sei, um bei einem solchen Unsinn mitzutun. Für ihn sei klar, Birner habe den „besseren Weg“ verraten und damit zum Scheitern verurteilt. Für ihn habe sich die Sache erledigt. Der Hias stand auf und verließ die Runde. Er kehrte nicht zurück.
Das Erscheinen des Beraters war für uns wie ein Schlag in die Magengrube: Irgendetwas lief gründlich schief. Indes übte sich der Bürgermeister in Geschäftigkeit.

Scheinbar wichtige Dinge standen an: Über das Beraterbüro ließ Birner zwei Versammlungen für uns Gemeindebürger organisieren, um abzuklopfen, ob wir für den „besseren Weg“ auch wirklich bereit waren.
In der ersten Versammlung ließ uns der Berater „mit den Füßen abstimmen“, ob wir Kirchanschöringer eine wohnortnahe Versorgung mit Lebensmitteln denn auch wollten. Natürlich wollten wir!

Ich sehe es noch heute vor meinem geistigen Auge, wie wir hintereinander wie Indianer auf dem Kriegspfad den von uns erwarteten Weg durch die Schulhausaula gingen und damit bekundeten, dass wir bereit für etwas Großes sind. Nicht einer von uns scherte aus! Ach herrje, dachte ich, unser Projekt ist auf Kindergartenniveau angekommen. Das sprach ich zum Schluss der Versammlung an: Geschehen sei heute nichts, der Berater habe uns anscheinend nichts Wichtiges zu sagen. Es sei schade um die Zeit.

Ich bin überzeugt, der gute Mann weiß bis heute nicht, worum es beim „besseren Weg“, an dessen Scheitern er so engagiert mitgearbeitet hat, denn eigentlich geht. Nach der zweiten Versammlung waren wir so schlau wie vor der ersten.
Die Sensiblen unter uns erahnten, dass die Gemeinde etwas von uns erwartete, etwas Gutes und Großes. Was genau das sein sollte, wusste niemand, erst recht nicht, was das alles mit den Bauern und dem Waginger See zu tun hatte. Irgendwie war es wie immer, wenn sich die Politik einmischt: Alle waren eifrig und aktiv, aber es bewegte sich nichts. Die Zusammenkünfte unserer Lenkungsgruppe wurden in der Folgezeit seltener. Schließlich blieben Birners Einladungen aus. Das Projekt war zu Ende.
Aber es gab noch einen Nachschlag. Ein paar Monate später flatterte mir eine sensationelle Erfolgsmeldung auf den Redaktionstisch:
Das bayerische Landwirtschaftsministerium habe die Anliegergemeinden des Waginger Sees aus der langen Liste der Bewerber ausgewählt und sie zur Teilnahme am Projekt „Ökomodellregion“ bestimmt. Eine Seenberaterin, deren Stelle im Traunsteiner Landwirtschaftsamt anzusiedeln sei, werde die Maßnahmen koordinieren. Ziel sei die Umstellung möglichst vieler Betriebe auf ökologischen Landbau.

In der Folgezeit wurden geschäftig die Weichen zur Rettung des Sees gestellt: In den Anliegergemeinden wurden Nährstoffsenken errichtet; einfache, mechanisch wirkende Vorrichtungen, Auffangbecken in den Zuläufen des Sees. Dort sammelte sich der von den Feldern geschwemmte Humus.

Dumm ist nur, dass sich 80 Prozent des Phosphats nicht im Schlamm, sondern gelöst im Wasser befinden und dieses über diese Senken hinwegströmt. Den Vorschlag, dass es vielleicht besser wäre, wenn die Bauern weniger Kunstdünger und Gülle ausbringen, wagte niemand mehr zu machen.
Wir waren wieder dort, wo wir Jahre zuvor angefangen hatten. Doch das hatte alles seinen Sinn, nämlich einen politischen:

Man dürfe konventionelle nicht gegen Biobauern ausspielen, warnte Hans-Jörg Birner in den Versammlungen der Ökomodellregion.
Für ihn persönlich war das alles eine Erfolgsgeschichte: Er wurde zum Vorsitzenden der Region gewählt. Es hat sich erwiesen, dass er diesen Vorsitz ausüben kann, ohne von Bauern und leitenden Angestellten aus den Nachbargemeinden unflätig beschimpft zu werden. Der Kirchanschöringer Bürgermeister gilt heute als ökologischer Vordenker unter den Landkreisbürgermeistern. Da kann man nur gratulieren!

In diesem zweifelhaften Sinne ist auch die Ökomodellregion selbst ein Erfolgsmodell: Die Zahl der Biobauern im Landkreis stieg bis zum Jahr 2018 um siebzehn. Vor Kurzem traten die Stadt Laufen und die Gemeinde Saaldorf-Surheim der Region bei, auch wenn sie nichts, aber auch gar nichts mit dem Waginger See zu tun haben. Wie es dem See geht, ist ohnehin kein Thema mehr. Die befürchteten Zwangsmaßnahmen aus Brüssel sind ausgeblieben, und Birner wirbt allerorten für eine gewässerschonendere Landwirtschaft. Die Akzeptanz für den Biolandbau ist gestiegen. Die Funktionäre des Bauernverbands murren nicht mehr, allenfalls nur noch leise, und die Gemeinden ziehen mit beim Gewässerschutz. Dass es einmal einen „besseren Weg" gegeben hat, wer weiß das heute noch!
Nur einer hat sich die Erinnerung bewahrt, ein aufrichtiger Streiter, der einst große Hoffnungen auf uns setzte, Hoffnungen, die wir enttäuscht haben: Landwirtschaftsminister Helmut Brunner.
Bei einer Bauernversammlung im April 2015 in der Rupertihalle in Fridolfing zog er sich den Unmut der BBV-Funktionäre zu, weil er offen für die Umstellung auf eine ökologische Landwirtschaft und die Regionalvermarktung warb. Anscheinend hatte der Minister Birners Warnung nicht im Ohr, dass man konventionelle nicht gegen Biobauern ausspielen darf. Als Unterstützer seines Anliegens nannte Brunner dann auch noch Hans-Hörg Birner: Die Region sei in Hinsicht auf biologischen Landbau und Regionalvermarktung doch schon recht weit, so Brunner zu den BBV-Vertretern.
Der Kirchanschöringer Bürgermeister habe ihm, Brunner, versprochen, in

seiner Gemeinde für die Bauern eine Regionalmarkthalle zu errichten. Er sei zuversichtlich, dass Birner das noch tun werde.

Birner saß an einem Nachbartisch, starrte auf die Tischplatte vor sich, ertrug die Blicke der Anwesenden, die plötzlich auf ihn gerichtet waren, und schwieg. Nicht jedes ministeriale Lob ist angenehm.

Bis heute haben wir nicht genau verstanden, warum der „bessere Weg" fallen gelassen wurde. Waren es die Beleidigungen durch die eigenen Bauern, die Birner in der Bauernkonferenz einstecken musste?
War es die unflätige Beschimpfung durch einen leitenden Mitarbeiter der Nachbargemeinde?
Oder fehlte ihm der Schneid, etwas Neues anzupacken?
Am mangelnden Interesse der Bauern lag es nicht. Für die war der „bessere Weg" ein Hoffnungsschimmer, ein Versprechen auf eine gute Zukunft. Auch am Widerstand des eigenen Gemeinderats ist Birner nicht gescheitert. Von den grundlegenden Beschlüssen, die das Gremium in Herrmannsdorf traf, wurde nicht einer umgesetzt.
Roland Richter, der nicht mehr Abgeordneter, und Helmut Brunner, der nicht mehr Minister ist, warten bis heute auf ein Lebenszeichen aus Kirchanschöring. Der junge Gemüsebauer Michael Steinmaßl machte Nägel mit Köpfen und eröffnete in Kirchanschöring seinen eigenen Bioladen. Helmut Brunner besuchte ihn dort und war erfreut über Steinmaßls Initiative. „Hilfe von der Gemeinde habe ich nie bekommen", sagt Steinmaßl.
Kirchanschöring hätte beinahe Geschichte geschrieben und wäre um ein Haar zum Hoffnungszeichen für Bürgersinn, Umweltschutz und Nachhaltigkeit geworden. Am Ende lief viel Engagement ins Leere. Der Hias sagt, das sei die größte Enttäuschung seines Lebens gewesen. Ich meine, Pessimismus ist nicht angebracht, wenn es um die Zukunft geht. Sonst bräuchten wir am Morgen nicht mehr aufzustehen. Der „bessere Weg" machte Mut. Weil er bewies: Eine Abkehr vom Holzweg, auf dem wir uns befinden, wäre möglich. Kein Bauer ist per se eine Umweltsau. Jeder wäre für ein Leben und Wirtschaften in Harmonie mit der Natur bereit, wenn er dafür die richtigen Signale erhielte. Der „bessere Weg" ist nicht vorbei. Er wartet darauf, dass man ihn geht.

KAPITEL DREIZEHN: ZEIT ZUM AUFSTAND

Warum schreibt jemand wie ich ein Buch über eine Zeit und einen Beruf, den meine Nachkommen nicht mehr erleben werden? Ich schreibe, weil ich in eine Zeit hineingeboren wurde, zufällig, in der die Menschheit an ihrem eigenen Untergang arbeitet. Damit meine ich nicht die atomare Gefahr durch einen letzten Weltkrieg, nein, wir führen Krieg gegen uns selbst. Wir zerstören unsere Lebensgrundlagen, verwandeln den Planeten in eine „heiße Kugel", auf der es keine Möglichkeit mehr geben wird, als Mensch zu überleben. Viele Zeitalter haben wir hinter uns, die Steinzeit, die Eiszeit, die Kupferzeit, die Bronzezeit, die Eisenzeit, die Antike, das Mittelalter. Das Industriezeitalter wird das Letzte sein, wenn wir nicht aufhören, den Märchenerzählern zu glauben, die global an den Schaltstellen der Macht sitzen.

Wir haben keine Zukunft, wenn wir unseren lächerlichen Irrglauben an Geld und Wachstum nicht aufgeben. An dieser Stelle appelliere ich an alle, dass wir das Wort „Wachstum" in Zusammenhang mit unserer Wirtschaft ein für allemal aus dem Wortschatz der deutschen Sprache streichen. So wie die Mächtigen uns beigebracht haben, das Wort zu verwenden, ist es eine Lüge. Wir haben längst zu wachsen aufgehört und begonnen, uns zu verwachsen. Wir verwandeln uns in ein Ungeheuer. Die deutsche Sprache sieht für einen solchen Vorgang nicht das Wort „wachsen" vor, sondern spricht von „wuchern". An Scheinheiligkeit nicht zu überbieten ist es für mich, dass evangelische und katholische Christen im „Vaterunser" um das tägliche Brot bitten, während dieses pünktlich um 20 Uhr in Müllcontainern landet, noch warm, da es frisch aus dem Backofen kommt, kurz bevor der Supermarkt zusperrt, der seinen Kunden bis zur letzten Minute frisches Brot verspricht.

Der Begriff „Wohlstand" beinhaltet auch Gesundheit und langes Leben. Und da erzielen wir trotz einer wachsenden Autolawine enorme Fortschritte. Die Lebensgrundlage „saubere Luft" genießt höchste Priorität. Die Autoindustrie wird zur Rechenschaft gezogen, der Feinstaub von Dieselfahrzeugen muss endlich reduziert werden, fordern wir. Und die Lösung? Man schlägt dem Kunden den Kauf eines Neuwagens mit Preisnachlass vor. Allerdings weigern sich die Konzerne, in diese Neuwagen die bereits vorhandene Technik zur Reduzierung der Abgase und des Feinstaubs einzubauen, weil dies ihre Gewinne schmälern würde.

Soviel zu den Neuwagen. Was nun die durch sie ersetzten alten Autos betrifft, sei mir die Frage erlaubt, ob die Menschen in Bulgarien, Rumänien, Russland,

der Slowakei und überall dort, wohin die alten Luftverpester verhökert werden, andere Atmungsorgane als wir besitzen. Wir handeln mit einer Ignoranz und einem Egoismus, die nicht mehr zu überbieten sind. Und wie dumm wir sind. Weil wir so tun, als ob die verpestete Luft vor unseren Grenzen Halt machen würde. Das alles ist auf die Diskussion um die Dieselautos bezogen. Von den giftigen Abgasen der Fahrzeuge mit Benzinmotor reden wir sowieso nicht.
Die Zahl solcher Beispiele ist groß, die beiden angeführten sind Gründe, ein Buch zu schreiben, sogar für einen Bauern.
Hinter all dem steckt eine Ideologie: der Glaube an die Wucherung. Die magische Zahl in unserem Land lautet drei Prozent Wirtschaftswucherung jährlich. Ist die Wucherung geringer, werden wir nervös. Banker und Wirtschaftsexperten schlagen Alarm: Unser Wohlstand sei in Gefahr!

Welchen Wohlstand meinen sie? Den der Milliardäre, die ihr Vermögen im Jahr 2018 um zwölf Prozent vermehrt haben? Dass die Mehrheit der Weltbevölkerung im selben Jahr um elf Prozent ärmer wurde, stört anscheinend niemand. Mich schon. Wenn selbst in kleinen Städten und Gemeinden sogenannte „Tafeln" entstehen, in denen Lebensmittel verteilt werden, weil die Rente von Menschen, die fünfzig Jahre gut und hart gearbeitet haben, nur noch knapp für die Miete reicht, stört mich das ebenfalls.
Man schwärmt von der neuen Industrienorm 4.0. Sie werde Arbeitsplätze für Hochqualifizierte schaffen, heißt es. Roboter seien der nächste Antrieb des Wucherns, sagt man. Wie viele Millionen Menschen dadurch weltweit zusätzlich arbeitslos werden, sagt man nicht. Und wer, bitteschön, soll die von den Robotern erzeugten Produkte kaufen, wenn er keine Arbeit und kein Geld hat? Darüber denkt man nicht nach.

Eine andere Folge der Wirtschaftswucherung ist die drohende Zerstörung unseres Planeten. Drei Prozent Wucherung jährlich bedeutet mittelfristig eine Verdoppelung der Dürren, der Überschwemmungen, der extremen Wetterkapriolen, Stürme und Taifune. Das Eis an den Polen wird immer schneller schmelzen, der Meeresspiegel wird nicht um Zentimeter, er wird um Meter steigen. Und damit wir dieses Horrorszenario nur ja nicht verfehlen, spucken wir täglich kräftig in die Hände und strampeln uns ab!
Die entscheidende Frage in unserer Zeit ist doch, was wir den nach uns Lebenden hinterlassen werden, damit sie überhaupt weiterleben können. In diesem Zusammenhang haben für mich die kleinbäuerlichen Familien und ihre Arbeit, ihre Produkte allerhöchsten Stellenwert. Die Bäuerin, der Bauer

werden für das Überleben der Menschheit die entscheidende Rolle spielen. Auch darum schreibe ich dieses Buch. Nicht etwa, weil ich einer von ihnen bin, sondern damit die Menschen endlich begreifen, was verloren geht, wenn wieder ein Hof verschwindet.

Was ist eine Bäuerin, ein Bauer? Verstehen wir unsere eigene Sprache nicht mehr? Das sind Menschen, die das bebauen, was uns auf diesem Planeten das Leben ermöglicht, den Boden. Egal ob einen, fünf oder mehr Hektar. Diese Menschen nannte man Jahrhunderte Bäuerin oder Bauer. In dieser Zeit haben sie ein ungeheuer großes Wissen angesammelt. Der heute so gern missbrauchte Begriff „Nachhaltigkeit" war ihnen unbekannt. Ihre Praxis jedoch war von morgens bis abends, von Frühling bis in den Winter hinein die „Nachhaltigkeit" selbst und zwar ohne Hilfe der Agrarindustrie.
Heute nennt man diese Leute „Landwirte". Nach Jahren eines vergeblichen Überlebenskampfs heißen sie dann irgendwann Zuerwerbslandwirte, später Nebenerwerbslandwirte. Schließlich heißt es: „Ich war mal Landwirt".

Seltsamerweise hörte ich in meiner Zeit als Abgeordneter in hunderten Gesprächen immer wieder die gleichen Formulierungen zum Einstieg in ein Gespräch mit mir: „Meine Großeltern hatten einen Bauernhof" oder „Meine Eltern waren noch Bauern" oder „Ich bin in einem Bauerndorf aufgewachsen". Niemand sagte „Landwirtehof", „Landwirt" oder gar „Landwirtedorf". Und immer schwang ein Unterton mit, aus dem die Sehnsucht an vergangene Zeiten und Erlebnisse herauszuhören war. Da war er wieder, der „Bauer". Das Wort, fast nostalgisch verklärt, wurde meist nur noch in Verbindung mit Zuständen in der Vergangenheit benutzt.
Zurecht. Denn die, die sich heute Landwirte nennen, bebauen den Boden nicht, sie bewirten ihn. Aber sie bewirten ihn für andere, für die sie die Drecksarbeit erledigen.

Der ehemals selbständige selbstbestimmte freie Bauer ist zur Durchgangsstation für riesige Zulieferer und Abnehmer erniedrigt worden. Er bewirtet seinen Boden wie ein schlechter Wirt, der solange ausschenkt, bis er nichts mehr hat. Die Agrokapitalisten werden es mit Hilfe ihrer „leibeigenen" Landwirte noch einmal soweit bringen, dass uns der Boden nichts mehr gibt. Wir vergiften ihn, wir versalzen ihn, wir verdichten ihn oder opfern ihn für eine durchgedrehte Bauwirtschaft, die in meinem Land den Menschen eintrichtert, Wohlstand bedeute mindestens 50 Quadratmeter Wohnfläche für jeden – vom Baby bis zur Großmutter. Und so zerstören wir alle in einer Art Größenwahn unsere Zukunft und die der nächsten Generationen. Denn die Ideologie des Wucherns - „immer mehr, immer größer, immer schneller“ - führt uns längst in die entgegengesetzte Richtung: Immer mehr Menschen verhungern, immer größer wird die Zahl der Armen auf dieser Welt. Und immer schneller – in immer kürzeren Abständen – wehrt sich die Natur gegen uns, mit immer verheerenderen Auswirkungen.

Ein letztes Beispiel soll verdeutlichen, wie die Menschheit und speziell meine Berufskollegen um das goldene Kalb „Wucherung“ tanzen: Vor etwa zwei Monaten hatte ich ein Gespräch mit meinem Müller. Er hatte meinen Weizen gemahlen. Das Mehl verbackt der Bäcker im Ort. Die Kleie, also die Schale des Korns, war abzuholen. Ich verfüttere sie an Rind, Schwein und Huhn. Mein Müller berichtete, der Absatz der Kleie an die Bauern sei mittlerweile ein großes Problem. Meine Kollegen verfütterten neuerdings keine Kleie mehr, sondern gepresstes Stroh, das mit Aminosäuren getränkt wurde.
Am Tag zuvor hatte mir mein Freund Hans Urbauer erzählt, dass im Landkreis Traunstein eine Fabrik dieses mit Aminosäure getränkte Futter herstellt und dafür Millionen investiert hat. Ein Werbeslogan preist das Produkt an und verspricht den Bauern, dank dieses Futters dauere es von dem Tag, an dem das Küken schlüpft, bis zur Schlachtung des Hühnchens nur noch 28 Tage. 28 Tage, dann ist das beliebte „Oktoberfestschmankerl“ schlachtreif. Guten Appetit! Oder essen Sie doch lieber bei der Ochsenbraterei? Dazu nur soviel: Die Einfuhr von Soja aus den USA in die EU hat von Juli bis Dezember 2018 auf 5,1 Millionen Tonnen zugenommen. Das sind 75 Prozent mehr als im selben Zeitraum des Vorjahrs. Wie viel davon wohl genmanipuliert war? Ich weiß es nicht. Nochmal: Guten Appetit!

Wollen wir immer so weitermachen oder reicht es? Setzen wir Zeichen, leisten wir endlich massiven Widerstand, wir, die Bauern, die Handwerker, die Verbraucher und vor allem diejenigen, die dieses Buch lesen. Ihretwegen wurde es geschrieben. Denn im Vergleich mit den angeblich Großen dieser Welt – Industriebossen, Politikern, Milliardären – bin ich ein ohnmächtiger Zwerg. Wenn aber alle, die so denken wie ich, handeln wie der Zwerg, dann sind wir eine Macht, die alles verändern wird.

KAPITEL VIERZEHN: HEIMATVERTRIEBENE

Wovon handelt dieses Buch? Es handelt von Menschen, die von ihren Großvätern lernten und dieses Wissen an ihre Kinder und Enkel weitergaben, bevor sie starben. Es handelt von Menschen, die im Einklang mit ihrem Land lebten und nicht mehr nahmen, als der Boden und die Natur ihnen gaben. Es handelt von Entwurzelten, die ihre Heimat verloren, als ihr Land geschändet und zerstört wurde. Das war nicht nur ein materieller, sondern vor allem ein geistiger Verlust.

Die Politik im Freistaat scheint das zu spüren. Sie reagiert fortwährend mit Ersatzhandlungen. Doch Wichtiges lässt sich nicht so ohne weiteres ersetzen und Ersatzhandlungen dringen nicht bis zum Kern des Themas: Wenn die Umwelt vor dem Kollaps steht, gründet man ein Umweltministerium. Wenn unsere Dörfer zu seelenlosen Schlafstätten verkommen, entdeckt man plötzlich, dass es „ländliche Strukturen" gibt und dass diese verbessert werden müssten. Wenn die ehemals intakte Landschaft auf einen kleinen Rest zusammengeschrumpft ist, den die Bauwut noch nicht erfasst hat, beginnt man darüber zu sinnieren, dass man den Bodenfraß stoppen sollte. Nachdem man uns die Heimat zerstört hat, richtet man ein „Ministerium für Heimat" ein.
An diesem Punkt überkommt mich der Zorn auf eine Politik, die uns, nach all dem, was sie angerichtet hat, noch immer vorgaukelt, ihr liege unsere Heimat am Herzen. Denn seit fast einem Jahrhundert tut sie alles, um diese Heimat zu zerstören, und unterlässt alles, was dieser Heimat helfen könnte. Dem bevorstehenden Supergau in der Natur zum Trotz versprechen uns Politiker noch immer: Sie seien diejenigen, die diese Entwicklung stoppen können. Dass die Mehrheit der Bevölkerung diesen Leuten glaubt und sie sogar wählt, zeugt vom Versagen des Verstands.

Wenn der seit Generationen mutwillig herbeigeleitete Zustand erst einmal eingetreten ist und es keine Bäuerinnen und Bauern mehr gibt, können wir auf unseren Verstand oder die Reste davon getrost verzichten. Er wird mit unserem Körper verhungern.
Bis es soweit ist, führen unsere Politiker Scheingefechte zur Verteidigung unserer Heimat. Oder wie sonst lässt es sich erklären, dass der bayerische Ministerpräsident Markus Söder glaubt, es stärke unsere Identität, wenn er in allen öffentlichen Gebäuden des Freistaats wieder Kreuze aufhängen und die abgelegensten Höfe ans schnellste Internet anschließen lässt? Er sagt aber nicht, dass seine Parteikollegen in Berlin daran festhalten, dass die deutschen

Bauern für den Weltmarkt produzieren müssen, was ihren Untergang und den Untergang unserer Heimat beschleunigen wird.

Und wie schaut es überhaupt mit dem Recht der Anderen auf Heimat aus?
Da wir Menschen der Bundesrepublik Deutschland bis Mitte April 2018 unsere Ressourcen für dieses Jahr bereits aufgebracht haben, bedienen wir uns notgedrungen an den Ressourcen anderer Länder, um den Rest des Jahres zu überleben. Wie sagte Jesus, bevor man ihn ans Kreuz genagelt hat? „Was du den Geringsten meiner Brüder tust, hast du mir getan." Er hat es nur anders gemeint, also runter mit den Kreuzen in den Ämtergebäuden, wenn man die Frohbotschaft nicht versteht! Im Internet kann man lesen, dass die bayerischen Agrarexporte 1960 rund 170 Millionen Mark Erlös brachten. Diese Summe stieg bis 1985 auf 6,3 Milliarden Mark, also auf das 36-Fache.
Die Produktionsfläche hat sich indes verringert. Das sollte jeden praktisch denkenden Menschen stutzig machen: Wie ist trotz eines Rückgangs der Anbaufläche eine Explosion der landwirtschaftlichen Produktivität möglich? Die Antwort ist einfach: Die Anbaufläche ging lediglich in unserem eigenen Land zurück. Dass für die Steigerung unserer Agrarproduktion anderswo auf der Welt Millionen Hektar Urwald vernichtet wurden und dass ihr hunderttausende kleinbäuerliche Familien - Männer, Frauen, Kinder - in Asien, Afrika und Südamerika zum Opfer fielen, gehört zwar ebenfalls dazu, aber halt zu jenem Teil der „Erfolgsbilanz", den keiner hören will. Ich schon! Und ich frage unsere Politiker: Was ist mit dem Recht auf Heimat jener namenlosen Menschen, deren Existenzen man zerstört und die man aus ihren Heimatgebieten vertreibt, nur um den Moloch „Weltmarkt" füttern zu können?

Wenn wir so weitermachen, werden wir alle verhungern: Das wichtigste Gut in der Landwirtschaft ist nicht länger – wie seit undenklichen Zeiten – der Boden, sondern nur noch die schiere Größe der Produktionsfläche. Doch wir begehen einen schweren Denkfehler: Wir verwechseln die Landwirtschaft mit der Industrie. Und ohne darüber nachzudenken, gehen wir wie selbstverständlich davon aus, dass wir die Wucherung der Industrieproduktion einfach auf das Wachstum der Landwirtschaft übertragen können: schneller, größer, mehr. Wir übersehen, dass der Boden kein x-beliebiges Produktionsmittel ist, dessen Ertragskraft sich ins Unermessliche steigern lässt.

Nein, der Boden ist ein begrenzender Faktor für jedes Wachstum in der Landwirtschaft. In unserem Größenwahn haben wir das nur vergessen. Aber wenn wir versuchen, die Produktionskraft des Bodens immer weiter zu erhöhen, wird uns die Natur eine Rechnung präsentieren, die wir mit allem Geld der Welt nicht begleichen können. Als Bauer weiß ich, dass ich den Boden behandeln muss wie ein lebendiges Wesen. Das ist keine Agrarromantik, sondern eine Tatsache. Wenn wir dieses lebendige Wesen durch unsere Unvernunft und Gier töten, wird es sterben und eines gar nicht fernen Tages den Dienst verweigern. Ich habe es mit eigenen Augen gesehen bei meinen Reisen durch die ausgedehnten Gebiete Südrusslands. Glauben Sie mir: Dort ist Landwirtschaft heute nicht mehr möglich. Die Böden sind versalzen, der Humus ist vom Wind fortgeweht, das Grundwasser ist verschwunden. Die Menschen haben ihre Hoffnungen verloren und sind in die großen Städte abgewandert. Ihr geistiges Elend wird durch keine staatliche Statistik erfasst.

Auch hierzulande sind wir auf einem schlechten Weg: Unser Boden verkommt flächendeckend zu einer „Mülldeponie" der Chemieindustrie. Und diese Praxis bezeichnen wir dann auch noch als „ordnungsgemäße Landwirtschaft". Vor lauter Ideologie und Fortschrittsglauben werden wir blind für die Wirklichkeit. Ein trauriges Beispiel ist ein leitender Beamter des Landwirtschaftsamts Traunstein. Der glaubt fest daran, dass der Regenwurm schuld an der Überdüngung unserer Gewässer sei, weil er fortwährend Gänge gräbt, in denen die Gülle direkt in die Vorfluter und in den Waginger See fließt. Die Südostbayerische Rundschau hat darauf mit einem Aprilscherz reagiert – siehe Anhang. Das Erschreckendste daran war, dass Honoratioren aus der Gegend darauf hereingefallen sind. Wir sind schon alle wirr im Kopf.

Schon vor dreißig Jahren habe ich auf den Veranstaltungen behauptet, dass die nächste Regierungsform die „Ökodiktatur" sein wird. Jetzt kommt sie mit Riesenschritten auf die Bauern zu. Deren Aufschrei ist groß. Sie fühlen sich ertappt und schieben die Schuld an der Misere jetzt auf den Verbraucher. Wie primitiv kann man sein? Ministerpräsident Markus Söder tischt protestierenden Landwirten in Seeon dann auch noch auf, es würde ihnen besser gehen, wenn der bundesdeutsche Landwirtschaftsminister von der CSU gestellt wird. Die Bauern sind zufrieden und ziehen ab.
Herrgottsakra! Wie dumm kann man sein? Liebe Bauern, zu eurer Erinnerung: Von den 16 bundesdeutschen Agrarministern seit 1949 wurden neun von der CSU gestellt, also mehr als die Hälfte. Seit 1949 schrumpfte die Zahl der Bauernhöfe in Deutschland von über zwei Millionen auf 267.000 heute. Herr Söder, wie kommen Sie zur Annahme, dass ausgerechnet ein CSU-Minister eine Trendwende einleiten könnte? Die Geschichte der Bundesrepublik zeigt, dass das Gegenteil wahrscheinlicher wäre. Doch Düngeplan etc.

sind erst der Anfang. Es geht ums materielle Überleben. Denn geistig sind wir längst entwurzelt. Unsere alte bayerische Kultur ist tot.

Kostproben gefällig? Kräht der Hahn, kommt der Rechtsanwalt. Läutet eine Kuhglocke, kommt er auch. Riecht man aus der – Gott sei Dank – noch verbliebenen Bäckerei am Morgen den Duft von frischem Brot, droht ein Gerichtsverfahren. Wenn ich im Sommer abends auf der Hausbank sitze und statt des würzigen Dufts von Heu nur Güllegestank rieche, dann ahne ich, dass meine Heimat für immer verschwunden ist, so wie die Handwerkerzwerge im Märchen verschwanden.
In meinen ersten dreißig Lebensjahren haben mich auf derselben Hausbank in der Dämmerung tausende Frösche mit ihrem Abendkonzert daran erinnert, dass es Zeit ist, ins Bett zu gehen. In lauen Sommernächten begleitete mich das Zirpen der Grillen durch meine Träume. Ich lebte ein gutes Leben und fühlte mich sicher, weil ich wusste, dass die Welt in Ordnung ist.

Heute raubt mir der Lärm tausender Lkw und anderer Fahrzeuge den Schlaf, weil durch die einstige Heimat der Frösche und Grillen eine Bundesstraße gebaut wurde. Da soll ich gelassen bleiben und den Mund halten? Nein, das werde ich nicht! Erst recht nicht, wenn ich an diesen pharisäerhaften Heimatstolz denke, der sich hierzulande breitmacht, nachdem man uns die Heimat plattgemacht hat. Wir betrachten uns als Deutsche, als Christen, und meinen in unserer Ignoranz, wir müssten unser Land gegen Fremde verteidigen. Darunter verstehen wir Schwarze, Syrer, Afghanen, Moslems oder Buddhisten! Wir kapieren nicht, dass die neu Angekommenen Heimatlose sind wie wir selbst, dass sie von denselben Mächten und Strukturen entwurzelt und vertrieben wurden, unter denen auch wir leiden. Statt Brüder und Leidensgenossen sehen wir Fremde in ihnen, Aggressoren. Nein! Wenn wir unsere Heimat oder das, was von ihr übrig ist, verteidigen wollen, sollten wir uns nicht gegen die Migranten wenden. Viel besser wäre es, wenn wir endlich aufhören würden, diejenigen zu wählen, die unsere Heimat täglich verkaufen und verraten. Und Rassenstolz zeugt nur von Dummheit, gerade in Bayern.
Wir Bayern sind doch selbst die größte Promenadenmischung der Geschichte. Die Kelten, die Römer, die Ungarn, die Franzosen, die Schweden, die Amerikaner. Alle waren schon hier. Glaubt im Ernst jemand, dass sie immer enthaltsam waren, sie oder die vor Wien gefangenen „Mohammedaner", die Kurfürst Max Emanuel als „Beutetürken" mit nach München brachte, wo sie nach ihrer Taufe freigelassen wurden? Meine eigenen Vorfahren waren bis 1815 Österreicher. Die sind zuweilen gefährlicher als die Moslems. War es doch einer von

ihnen, der uns das Tausendjährige Reich versprochen hat. Diese Hetze gegen Migranten, die zurzeit bundesweit stattfindet, hat mit Heimat und Erhalten der Heimat nichts zu tun. Dass die Bauern und Handwerker sterben wie die Eintagsfliegen, dass unsere Lebensgrundlagen „den Bach runtergehen", dass wir uns an ein unnatürliches Leben gewöhnt haben, eins, das nur auf Kosten eines hemmungslosen Raubbaus an der Natur möglich ist; das ist die wirkliche Zerstörung unseres Zeitalters. Man sieht ihre Folgen draußen in der Natur. Sie spielt sich aber auch in unseren Köpfen ab. Das ist es, was uns entwurzelt, was uns heimatlos macht. Dass auf dem Land die Dorfkultur verschwunden ist, dass die Menschen dort, wo sie geboren werden und ihre Kindheit und Jugend verbringen, keine Arbeit mehr finden, dass keiner mehr den anderen kennt, dass für die verbliebenen Alten zweimal die Woche ein Händler mit Kleinlastwagen hupend durchfährt, damit sie Butter und Brot kaufen können – soll das die Heimat sein, die wir verteidigen?

Heimat ist für mich weg. Sie ist verschwunden, als man den Supermarkt auf der grünen Wiese baute. Denn ich will auf dieser Wiese nicht einkaufen, sondern mein Essen produzieren. Heimat ist verschwunden mit der Gülle, mit der man unsere Wiesen und Felder malträtiert, bis der letzte Regenwurm erstickt. Zu meiner Heimat als Bauer gehört Mist als Dünger, damit der Regenwurm leben kann, zu meiner Heimat als Bauer gehören blühende Obstbäume, Kräuter und Blumen, damit die Biene Nahrung findet.
Meine Heimat ist verschwunden, als die Massentierhaltung aufkam. Die ist nur möglich mit Antibiotikaeinsatz, mit dem Import von Soja aus ehemaligen Urwaldgebieten und mit der Überdüngung der Böden durch den Einsatz von Gülle. Früher wusste auf dem Land ein jedes Kind, dass der Boden der begrenzende Faktor ist und dass ein Bauer pro Hektar nur 1,5 Großvieheinheiten halten kann, also eine ausgewachsene und eine noch nicht ausgewachsene Kuh. Futtermittelimporte zerstören Lebenswelten in armen Ländern und in der Folge das Bodenleben bei uns. Sie müssen abgeschafft werden. Wollen wir eine Zukunft, müssen alle chemischen Dünger und alle Pestizide verboten werden. Unethisch auf einem Planeten, auf dem Kinder verhungern, ist es auch, Biogas aus Nahrungsmitteln zu erzeugen.

Aber ich will nicht nur schimpfen, auch wenn ich zornig bin. Ich sehe Wege aus der Misere. Noch ist es nicht zu spät: Meine Vision für dieses Land ist ein Milliardenprogramm zur Schaffung von fünf Millionen neuen Arbeitsplätzen in Handwerk und Landwirtschaft. Ich stelle mir vor, dass wieder junge Familien in die verlassenen Höfe ziehen und dass sie diese als Gemischtbetrieb be-

wirtschaften. Die angestrebte Größe sollte zwanzig Hektar nicht überschreiten. Davon kann eine Familie gut leben.
Und sollte man mir jetzt unterstellen, ich litte an Größenwahn, fordere ich auch gleich noch die Einstellung der Milliardengräber „Stuttgarter Bahnhof" und „Berliner Flughafen". Geld ist in diescm Staat im Übermaß vorhanden. Es fließt nur an die falschen Stellen und dient unserer Vernichtung, nicht der Sicherung unseres Überlebens. Mit diesem Unsinn müssen wir aufhören!

Dieses Buch ist extrem radikal. Manchen wird es bei seiner Lektüre vermutlich übel. Ich bin weder ein Griesgram, noch vom Leben verbittert. Ich bin nur überzeugt: Die Zeit der Kompromisse ist endgültig vorbei. Wachen wir auf! Wir alle sind gefordert, den Teufelskreis von immer mehr Wirtschaftswucherung und immer höherem Profit zu durchbrechen, der unsere Lebensgrundlagen vernichtet. Wir sind auf dem falschen Weg. Er entfremdet den Menschen sich selbst und seiner Umgebung. Er führt zur Zerstörung unserer - noch - demokratischen Gesellschaft und unseres Planeten.

Ich will nicht leben wie eine Blume, die aus dem Samen sprießt, wächst und eine Zeitlang blüht, bevor sie welk wird und verschwindet. Ein solches Leben führen wir heute. Mein Leben soll sein wie das eines Baumes. Er wurzelt tief. Seine Wurzeln speisen ihn durch die Jahrhunderte und sorgen jedes Jahr für eine Neugeburt, für Schönheit, für Jugend, für den Fortbestand des „Alten", sorgen dafür, dass er vielen Lebewesen Heimat ist. Er gibt seine Lebenserfahrung immer wieder weiter. So stelle ich mir das Leben vor. Denn auch Zwerge machen dieselben Erfahrungen durch wie die Menschen.
Die Bäuerinnen und Bauern, von denen dieses Buch handelt, betrifft das alles nicht, denn kurz vor dem 12. Oktober 1986 traf doch noch eine göttliche Eingebung bei der bayerischen Staatsregierung ein. Der damalige Ministerpräsident Franz Josef Strauß hat sie sofort schriftlich im ganzen Land – natürlich als seine eigene – verkünden lassen.

Ich zitiere:

> „Unseren Bauern reicht es nicht, wenn man ihnen bestätigt, dass man sie noch braucht, man muss ihnen auch die Möglichkeit zum Überleben geben. Es ist kurzsichtig, egoistisch und falsch, wenn man den Wert eines gesunden Bauernstandes erst dann voll anerkennt, wenn die Nahrungsmittelerzeugung am geringsten und die Not am größten ist. Wer nur dann an die Bauern denkt, wenn die Not zum Fenster hereinschaut,

der hat nichts aus der Geschichte gelernt und lebt nur von der Hand in den Mund."

Leider, liebe Bauernfamilien, war das nur Wahlkampfgetöse. Am besagten 12. Oktober 1986 fanden in Bayern Landtagswahlen statt. Helfen müsst ihr euch schon selbst. Vielleicht trägt dieses Buch dazu bei?

ANHANG:

Aprilscherz in der Südostbayerischen Rundschau

Russische Hilfe für den Waginger See

Sibirische Wurmart könnte heimischen Landwirten die Arbeit erleichtern – Podiumsdiskussion heute Abend

Waging am See/Tettenhausen. Eine heiße Debatte ist für heute Abend um 20 Uhr beim Badwirt in Tettenhausen angesagt. Einmal öfter geht es um die Wasserqualität des Waginger Sees. Eingeladen zu einer Podiumsdiskussion haben der BBV-Kreisverband, der Bund Naturschutz und der Sportanglerbund Waginger See e.V. Auf dem Podium werden sich unter anderem BBV-Kreisgeschäftsführer Reinhard Lampoltshammer, Ilse Englmaier vom Bund Naturschutz, Sepp Hofmann vom Sportanglerbund und Rolf Oehler vom Landwirtschaftsamt Traunstein den Fragen des Publikums stellen. Moderator des Abends ist unser Redaktionsleiter Karlheinz Kas.

Hintergrund ist die vom Landwirtschaftsamt Traunstein in einer Feldstudie bewiesene Tatsache, dass der Gemeine Regenwurm (lat. Lumbricus Terrestris) eine der Hauptursachen für die schlechte Wasserqualität des Waginger Sees ist (wir berichteten mehrmals). „Nach Hochrechnungen des bayerischen Landwirtschaftsministeriums gibt es im Einzugsgebiet des Waginger Sees acht bis neun Milliarden Regenwürmer", sagt ein Mitarbeiter des Landwirtschaftsamts Traunstein, der namentlich nicht genannt werden will. Zwar leisteten diese Bodentiere einen unschätzbaren Beitrag bei der Humusbildung; doch habe jede Medaille zwei Seiten: Negativ falle ins Gewicht, dass Milliarden Regenwürmer eben auch Milliarden Gänge graben. Und eben diese Gänge würden die von den Landwirten ausgebrachte Gülle aufnehmen und in die Vorfluter leiten, von wo aus die Nährstofffracht direkt in den Waginger See gelange.

„Die Bauern haben doppelt das Nachsehen", so der Mitarbeiter des Landwirtschaftsamts: „Zum einen fehlt ihnen auf ihren Maisfeldern wertvollster Dünger; zum anderen werden sie dann in den Medien auch noch als Sündenböcke abgestempelt für etwas, das sie im Grunde nicht zu verantworten haben."
Von dieser Misere hat auch der frühere agrarpolitische Sprecher der Grünen

im Deutschen Bundestag, Hias Kreuzeder, erfahren. Der streitbare Biobauer aus Freilassing, der die unglaublich klingende Geschichte über das Problem mit dem Gemeinen Regenwurm anfangs für einen schlechten Scherz hielt, hat nach einer Rückfrage bei seiner ehemaligen wissenschaftlichen Mitarbeiterin Ulrike Höfken, die heute Landwirtschaftsministerin von Rheinland-Pfalz ist, die Tragweite des Problems begriffen und nach einer weiteren Rückfrage bei einem mit ihm befreundeten russischen Agrarwissenschaftler einen erstaunlichen Lösungsvorschlag unterbreitet. Und eben dieser Vorschlag wird heute Abend im Brennpunkt der Debatte stehen. Was die einen für einen „völlig unverantwortlichen Eingriff ins sensible Ökosystem des Voralpenlands mit unabsehbaren Folgen" (Ilse Englmaier) halten, könnten sich andere als „erwägenswerte Alternative für die nach dem Auslaufen der Milchquote unabwendbar gewordene Intensivierung der oberbayerischen Milchwirtschaft" (Reinhard Lampoltshammer) vorstellen,die in einem „als bayernweites Pilotprojekt staatlich zu fördernden Feldversuch" möglichst bald erforscht werden sollte.

Worum geht es konkret?
Hias Kreuzeder, der den Verein „Auferstehung der freien Bauern Russlands" leitet und sich im Lauf der Zeit zu einem führenden Experten des russischen Ökolandbaus entwickelt hat, ist bei einer seiner Reisen auf eine alte Spezies gestoßen: den „Länglichen Granitbeißer" (lat. Ulcus Oeleralis). Dabei handelt es sich um einen entfernten Verwandten des bei uns heimischen Regenwurms, der an den östlichen Ausläufern des Urals in Westsibirien vorkommt und nach Schätzungen russischer Experten eine der ältesten lebenden Tierarten überhaupt ist. Der Längliche Granitbeißer spielt in der westsibirischen Flussfischerei eine zentrale Rolle und wird von dortigen Anglern mit Erfolg gezüchtet. Deshalb könnte er nach Kreuzeders Vorstellung problemlos auch im Einzugsgebiet des Waginger Sees angesiedelt werden und nach und nach unseren heimischen Regenwurm verdrängen.
In einem Arbeitspapier, das unserer Redaktion vorliegt, listet der mit Hias Kreuzeder befreundete Professor Dr. Vladimir Vurmatov, Mitglied der Russischen Akademie der Wissenschaften, die positiven und negativen Eigenschaften des Ulcus Oeleralis auf:

Positive Eigenschaften
Dank seines sehr schlanken Körpers sind seine Gänge schmal und deshalb nicht gülledurchlässig. Ulcus Oeleralis zerkleinert Steine und sorgt so für eine optimale Kalkversorgung der Böden. Harte Böden sind für Ulcus Oeleralis kein Problem: Einer starken Vermehrung steht selbst in Böden nichts ent-

gegen, die durch schwere Maschinen und Gülleausbringung extrem verdichtet sind.
Ulcus Oeleralis ist ein attraktiver Köder, der sich zum Angeln auf alle Fischarten eignet, die im Waginger See vorkommen.
Die russischen Partner könnten sofort liefern. Ulcus Oeleralis ist von den wechselseitigen Sanktionen zwischen der Russischen Föderation und der Europäischen Union nicht betroffen.

Negative Eigenschaften:
Ulcus Oeleralis ist ein sogenannter „Stickstoffzehrer“ (lat. Phagus Nitrogenii). Mehrmalige Stickstoffgaben pro Jahr in Form von Gülle oder Kunstdünger könnten erforderlich werden.
Ulcus Oeleralis zersetzt Steine und damit potenziell auch Gebäude. Russische Historiker gehen davon aus, dass die Wurmart Hauptgrund für die traditionelle Holzbauweise der russischen Dörfer ist. Bei Extremvorkommen empfiehlt Professor Dr. Vurmatov unterirdische Fangzäune aus Metall.
Es besteht Diskussionsbedarf. Zur heutigen Podiumsdiskussion ergeht deshalb herzliche Einladung an alle Landwirte, Tierfreunde, Angler und sonstige Interessierte. Für ein reichhaltiges Gratis-Kuchenbuffet sorgt die Katholische Frauengemeinschaft Tettenhausen. Beginn ist pünktlich um 19:30 Uhr. - rgz